◎本书得到安徽省人文社科重点研究基地——安徽大学舆情与区域形象研究中心以及安徽大学舆情与区域发展协同创新中心专项出版基金资助

Yuqing Yu Shehui Fazhan Luntan (2016) Lunwenji

舆情与社会发展论坛（2016）论文集

主　　编／芮必峰

执行主编／刘　勇

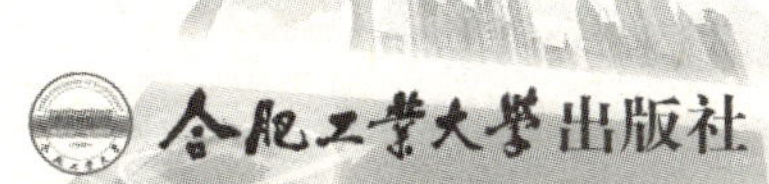

图书在版编目(CIP)数据

舆情与社会发展论坛(2016)论文集/芮必峰主编．—合肥：合肥工业大学出版社，2017.9

ISBN 978-7-5650-3605-7

Ⅰ.①舆…　Ⅱ.①芮…　Ⅲ.①舆论—中国—文集②社会发展—中国—文集　Ⅳ.①C912.63-53②D668-53

中国版本图书馆 CIP 数据核字(2017)第 246333 号

舆情与社会发展论坛(2016)论文集

芮必峰　主编　　　　责任编辑　张　慧

出　版	合肥工业大学出版社	版　次	2017 年 9 月第 1 版
地　址	合肥市屯溪路 193 号	印　次	2017 年 10 月第 1 次印刷
邮　编	230009	开　本	710 毫米×1010 毫米　1/16
电　话	人文编辑部：0551-62903205	印　张	17.75
	市场营销部：0551-62903198	字　数	306 千字
网　址	www.hfutpress.com.cn	印　刷	安徽昶颉包装印务有限责任公司
E-mail	hfutpress@163.com	发　行	全国新华书店

ISBN 978-7-5650-3605-7　　　　定价：43.00 元

如果有影响阅读的印装质量问题，请与出版社市场营销部联系调换。

《舆情与社会发展论坛(2016)论文集》

编 委 会

总　序

芮必峰

当下中国的舆情研究已经进入一个新的时期，在这期间我们所做的研究是怎样的，以及我们的舆情研究还存在哪方面的问题，我想在这里提出几个问题，这既是我对当下中国舆情研究的几点思考，也希望能够抛砖引玉，以此激发后续的讨论。我这里有四个方面的问题，想提出来请教各位专家和在座的同学。

先谈第一个问题。大概近五年来，几乎每一所大学的新闻传播院系都有舆情研究或设立舆情所，舆论问题何以成为当今的热点问题？实际上在这之前，舆论学是从西方引进来的。西方的“舆论”和中国翻译过来的汉语“舆论”不是一个概念。中国古代也了解舆人之情、舆人之论，但是那样的了解是为了统治、得民心，为了统治者更受人爱戴。而今天的这个“舆论”问题成为社会热点，我认为，大致上有四个方面的原因：第一，改革开放以后，利益开始多元。在过去，实际上只有几本舆论书，其中有几本是翻译过来的，还有几本是拼拼凑凑的。没有像今天这样大规模地、细致地尤其是定量地分析。过去，利益是一元化的，一元化的利益造成了对这些方面不够关注。第二，中国在经历改革开放以后，中产阶级的力量相对壮大。他们在社会上产生了一定的作用，这部分人力量的壮大带动了社会其他方面力量的崛起。第三，社会急剧转型带来的各种各样的社会矛盾。因为前面所说的这些变化，加上这些矛盾，各种利益诉求和观点针对社会上的矛盾就要有一个表达的渠道。第四，在这三个前提下，恰恰新媒体开始在中国普及。它的普及也就十来年的时间，而西方也从20世纪90年代中后期才开始兴起，到我们中国就更晚了。这四个条件综合到一起，

作者系安徽省人文社科重点研究基地——安徽大学舆情与区域形象研究中心主任；安徽大学舆情与区域发展协同创新中心主任；安徽大学新闻传播学院教授，博士生导师；安徽大学江淮学院院长。

舆论就受到人们的关注，舆论开始成为问题。随着这四个条件的转换，我们的舆论研究和舆论变化，可能还会出现与我们今天所看到的情况不一样的东西。

第二个问题，现在的舆论、舆情、民意等，我们到底怎样看待这些概念，或者说我们现在研究的到底是什么，绝大多数的研究报告研究的到底是什么。其实，我认为，它研究的不是舆论，而是民间的情绪。这种研究有点类似于下述情况：两个人在发生观点争论，我们没有研究这两个人的观点在谈些什么，而是研究旁边的起哄者，看起哄的人谁声音大，占多大的比例。这样来说，我们到底是在研究舆人之情即舆人的情绪，还是舆人之论？如果要研究舆人之情，该怎么研究？这个研究到底有什么意义？无非是谁的嗓门大一些，无非是哪边的人多一些。嗓门大、说的人多，自然它能产生压力，产生一些影响。我们现在究竟在研究什么，舆情是否代表民意，这些问题，我认为还有思考的必要。这里不是死抠概念，我不清楚包括我们现在的舆情中心到底是在研究什么。我看到的一些报告，基本上是民间情绪，我们通过电话访谈，问受访者怎么看，然后比例出来，是怎样的情况；最多，加一点所谓的原因分析。这完全是研究民间情绪，我们似乎还没有达到真正的舆论研究的程度，更不要说在舆论研究中上升到民意的推断。

第三个问题，我们为什么要进行舆情研究？我现在有个担忧，也许这样说不合时宜，当然，高校的应用学科要为社会服务，但是高校为社会服务，到底怎么服务？我发现现在多数的舆情研究或者舆论研究，基本上是在充当“绍兴师爷”的角色——摇摇扇子，帮主子出谋划策。这是不是高校服务社会的主要功能，我们到底应该充当现代化军队里的“参谋长”，还是当古代社会的“绍兴师爷”？因为存在这样一个问题，我们现在整个的社会研究一头倒在行政研究上，缺少批判研究；正是存在这样的原因，我们现在的研究一头倒在实证研究上，而在实证研究上，更重要的是倒在量化研究上。现在的质化研究少，量化研究多，凡是转化成数量的东西，基本上取得的是最大的交换值。它把事物最丰富的内涵全部掏空，给你一个简单的数据，其实这数据后面还有很多复杂的东西，我们没有去关照。没有质化研究，更别说在量化和质化基础上的批判研究。因此，现在得到的大量数据和报告，却没有人沉下心来对它们去做更高层次的理论研究，并在这个基础上，形成一些流传下来的社会科学的著作。

最后一个问题，我们整个舆情或者舆论研究是重描述轻规范。描述解决“是什么”问题，这当然是首先需要弄清楚的问题。但是，仅仅停留在这个问题上还远不够。在这基础上还应该进一步研究为什么是这样，还可能有什么样态，应该怎么样等，在“描述”的基础上还需加强“规范”。只有在了解了这些情况后，才对我们国家的社会经济的发展、和谐社会的构建有更大意义。

这四个问题，也正是我在主持我们的研究所工作的过程当中，不断在感受和思考的问题。我的这些问题也希望能给读者带来一些思考。

是为序。

［本文系芮必峰教授在“舆情与社会发展论坛”（2013）开幕式上的主题发言］

目　录

"可见性"赋权

——舆论是如何"可见"的

姜 红 开薪悦

摘　要：关于"舆论是否可能"的问题一直受到广泛争议。本文以丹尼尔·戴扬（Daniel Dayan）提出的"可见性"（visibility）概念为核心，在综合阐释相关理论研究成果的前提下，尝试将"可见性"作为媒介研究的一种新路径，进而在"可见性"赋权的新情境下对"舆论"的三个要素——主体、客体和本体进行重新审度，分析社会化媒体出现后"舆论"的内涵和意义正在发生的演变，从而对"舆论如何是可能的"这个命题做出新的探索和回答。

关键词：舆论；可见性；公众；公共领域；社会化媒体

舆论是什么？它可能是卢梭（Jean-Jacques Rousseau）在经历启蒙运动后对建立契约化平等的民主社会的殷切期望，可能是阿伦特（Hannah Arendt）眼中古希腊文明时代雅典广场展现的市民辩论，可能是哈贝马斯（Jürgen Habermas）在咖啡馆、沙龙或是社交聚会上看到的理性而自由的对话，也可能是李普曼（Walter Lippmann）心目中的"幻影公众"，"不是上帝的声音，也不是社会的声音，而只是旁观者的声音"①。

虽然，在不同的文化语境中，对于舆论的解读意见纷呈、莫衷一是，但毋庸置疑，它已然在不经意间变成了一个被广泛使用的跨文本概念。有关舆论最为经典的教科书认为：舆论具有三个要素。舆论的主体是公众，公众是由社会中占大多数的具有独立自我意识的人组成的；舆论的客体是

作者简介：姜红，安徽大学新闻传播学院院长，教授；开薪悦，安徽大学新闻传播学院博士研究生。

① ［美］沃尔特·李普曼．幻影公众［M］．林牧茵，译．上海：复旦大学出版社，2013（中文版译者序）：13.

与公共利益有关的公共事务；舆论的本体是意见，即公众对公共事务的评价性意见。[①] 然而，这样的判断在互联网，特别是移动互联网崛起下的现实环境和媒介环境中，变得缺乏解释力。马克·波斯特早在20世纪90年代就敏锐地发现，“现代的分析范畴限制了人们对这些（新）交流手段的理解”，“现在正在形成一种探讨新传播技术的话语，这种话语在很大程度上受到现代性视野的限制”。[②]

一、“可见性”：一种媒介研究的新路径

2013年，丹尼尔·戴扬（Daniel Dayan）针对以虚拟网络为代表的新媒体出现后当下公共空间领域发生的转向，提出了“可见性”（visibility）的概念，尝试探索一种打破传统范式的对于新媒体的阐释路径。“可见性”探讨个体能否被他人看见，能否获得他人注意力的权利问题，[③] 这一概念极大地拓展了公共领域的内涵与外延，人们可以在“看见”的基础上重构人际关系，再造社会议题，新建公共领域，尝试探索媒介生态的新变革。

但“visibility”一词指向“看见”和“获得他人注意力”的意义本身其实并不新鲜，如福柯（Michel Foucault）曾借用杰里米·边沁（Jeremy Bentham）的“全景敞视监狱”（panoption）设想来探讨权力技术对空间的规训和管理，他认为监视（surveillance）这一行为会给被监视者“造成了一种有意识的和持续的可见状态，从而确保权力自动地发挥作用”[④]，并强调，“在一种中心化的观察系统之中，身体、个人和事物的可见性是他们最经常关注的原则”[⑤]。而汤普森（John B. Thompson）则倒置了福柯的“全景敞视监狱”的权力模型，他认为电视媒介往往把掌握权力的少数人置于多数人的眼前，将大众传播媒介的“可见性”视为具有对权力进行反制的潜能，“可见性的斗争”，亦即对传播媒介中的可见性的斗争，从而探

---

① 姜红．舆论如何是可能的？——读李普曼《公众舆论》笔记［J］．新闻记者，2006（2）：84-85.

② ［美］马克·波斯特．第二媒介时代［M］．范静哗，译．南京：南京大学出版社，2001：46.

③ Daniel Dayan. Conquering visibility, conferring visibility: visibility seekers and media performance［J］. International Journal of Communication, 2013（7）：137-153.

④ ［法］米歇尔·福柯．规训与惩罚［M］．刘北成，杨远婴，译．上海：生活·读书·新知三联书店，2003：226.

⑤ ［法］米歇尔·福柯．权力的眼睛［M］．严峰，译．上海：上海人民出版社，1997：149.

讨现代社会如何通过媒介交流得以重建的问题。①

如果说在虚拟传播手段出现之前，"可见性"的具体场景是实体的公共空间，那么在此之后，这一场景将无所不在，这一理论内涵也将得到巨大突破。在互联网时代，社交网络时刻存在的危机与福柯所言的"监视"恰恰相反，因为用户真正害怕的恰恰是失去可见性的风险，渐渐变得不那么可见，成为无形，甚至彻底消失。② 可见证明他们值得尊敬，而不可见让他们变得无足轻重。③ 可见性已经成为公众的一种追求，对于他们来说就像一座待被攻克的"巴士底狱"。④ 国内也有学者意识到这个问题，并发现微博的问世给了无论是信息还是意见以最大的可视性（visibility），使得任何信息都必须随时准备直面可能的质疑、补充与修正，任何意见都必须随时准备直面可能的批评、解释与再解释。⑤ 传播手段的更新赋予了权力以新形式的可见性，从而使得权力处于一种永恒的公共注视（public - gaze）⑥ 和公共监视之下。

在当下的媒介环境中，"可见性"似乎是一个研究媒体角色更为恰当的范式。在戴扬的理解中，"媒介是赋予事件、个人、群体、辩论、争端、叙事等可见性的机构"⑦，社会化媒体将"可见性"当作公共生活中不可或缺的构成基础，这一概念将媒介话语从单纯地提供信息、生产文本的禁锢中解放出来，并赋予它全新的理论维度。在这层维度下，媒介的公共领域不仅仅是社会持续对话的有机组成部分，更是一种提供展现和表演的可见性空间。甚至，在高度媒介化的社会中，可见性可等同于公共性。⑧ 可见性取代了对话，逐渐成为媒介公共性的核心元素。

这一"可见性"的权利几乎是互联网时代的一种人权，而这种权利在

---

① Thompson. J. B. The media and modernity：a social theory of the media ［M］. Stanford University Press，1995.

② Bu cher，T. Technicity of attention：constructing attention in social networking sites ［M］. Presentation at the Seminar conducted by D. Dayan at the University of Oslo，Norway，2011.

③ Daniel Dayan. Conquering visibility，conferring visibility：visibility seekers and media performance ［J］. International Journal of Communication，2013（7）：137-153.

④ Daniel Dayan. Conquering visibility，conferring visibility：visibility seekers and media performance ［J］. International Journal of Communication，2013（7）：137-153.

⑤ 尹连根．结构·再现·互动：微博的公共领域表征［J］．新闻大学，2013（2）：60-68.

⑥ Thompson. J. B. The media and modernity：a social theory of the media ［M］. Stanford University Press，1995：125.

⑦ Daniel Dayan. Conquering visibility，conferring visibility：visibility seekers and media performance ［J］. International Journal of Communication，2013（7）：137-153.

⑧ Thompson. J. B. The media and modernity：a social theory of the media ［M］. Stanford University Press，1995.

过去很长一段时间里，曾被视为某些人的特权：被看见的权利，以他们自己定义的方式被看见的权利，赋予他人可见性的权利。[①] 至此，如果“可见性”足以作为一种研究新媒介的新路径，那么从这个框架去审度舆论，也许传统教科书中的舆论观就有了被“再书写”的必要。

二、“公众”：“每个人都有被看见的权利”

追本溯源，舆论，译自英文“Public Opinion”一词，按照其本义，是“公众意见”。作为舆论的主体，公众扮演的角色具有本源性的意义，一切舆论皆来源于人类的头脑及其理智所作出的判断。

在传统的舆论观中，舆论之“舆”强调数量的众多，而“占大多数”的意见被“可见”则需要一个由量变达到质变的过程。刘建明先生认为：“按照感知事物比例的思维习惯，四分之一的比数通常被认为是‘较多’的底数。也就是说，一定范围内有四分之一的人议论某一事物或持有一种意见，使人能够获得‘相当多数’的概念，标志着舆论已经形成。”[②] 只有当人们能够“可见”或可感知到一定数量的共同意见时，才被认作舆论的成型。陈力丹先生更是将舆论的数量当作“辨别舆论存在与否、存在程度的一个客观标准”[③]，并对所谓的“大多数”也有明确的定量，“舆论的数量起点，在于一定范围内持某种意见的人数需要达到总体的约三分之一，这时，这种意见可称为‘舆论’”[④]。

如果说曾经的“圆形监狱”使得多数人为少数人所见，那么互联网则赋予了“每个人都有被看见的权利”。媒体的作用，主要是将权力行使的主体，而不是权力行使的对象置于新的视界之中。[⑤] 当大量的信息、观念和表征借由传播击穿了社会不同的横截面，少数人如今也可以为多数人所见。诸如近些年来使得舆论沸反盈天的一系列“新闻反转剧”，其中，许多事件发生逆转的关键力量往往源于少数人的质疑。“少数人的意见可以

---

① Daniel Dayan. Conquering visibility, conferring visibility: visibility seekers and media performance［J］. International Journal of Communication, 2013（7）：137-153.

② 刘建明．舆论的量度和舆论的增长［J］．民意，1996（6）．

③ 陈力丹．舆论学——舆论导向研究［M］．北京：中国广播电视出版社，1999：17.

④ 陈力丹．舆论学——舆论导向研究［M］．北京：中国广播电视出版社，1999：18.

⑤［美］约翰·B. 汤姆逊．媒体新视界［J］．徐方赋，译．马克思主义美学研究，2009（1）：117-132.

成为有力的舆论……不是'不是不'舆论的问题，而为'时候性'的问题。"① 在阶层利益细分化和身份相对匿名化的现实与虚拟交织的空间中，每个人都可以"自由言说"和"自我表演"，"通过言说和行动，人使自己与他人区别开来……这种呈现与单纯的肉体存在不同，建立在主动性之上"。② 也就是说，个人通过言说与行动进入公共领域是为了获得主体性的存在，其中，获得"可见"和关注便成为其主体性的象征之一。在此基础上，每个人的意见能够被看见，舆论演绎成更加多元化的观点表达。也许，越来越难的并不是去感知意见数量由量变到质变的临界点，而是在一切皆"可见"的环境中如何捕捉到某种共同的声音。

关于舆论主体的另一个条件是"具有独立自我意识"，在这种意识支配下，"公众舆论是社会秩序基础上共同公开反思的结果"③，舆论的主体倾向于理性的存在。正如哈贝马斯所言的"公众精神""批判"和"理性"，理性的启蒙也可以看作是公众舆论形成的前提之一。追溯到卢梭的观点，人类首先是理性的，其次理性的个体必然产生理性的声音，大多数理性的个人所表达的见解能够呈现出理性的"公众意见"。但"可见"本身使得现代人无法脱离关系这张巨大的"网"，把每个人都变成其中一个结点。在这张复杂而流动的网络之中，任何言说都更像一种"双向的行动"（a two-sided act），它是"说者与听者、发话者和接受者之间相互关系的产物"④，因而每一个言说都可能为他者的观点所形塑，最终也为其所属的共同体的观点所形塑。除此以外，在碎片化的空间里，那些"偶然看到的事实，创造性的想象填补，情不自禁地信以为真"⑤ 或都构成了舆论主体作出判断的条件，此时，又该向何处寻觅"独立"与"自我"呢？

或许，"我们应当确切寻求能够对自律理性个体的特权加以质疑的构型，不要绕到这种个体背后的某种'理性主义者'立场"，应当站在新的主体立场上"检验解放的可能性"。⑥ 在"可见性"的维度中，"舆论"的产生属于一种开放范式，基于作为主体的人与人之间的交流本性。当公众

---

① 叶明勋．什么是舆论［J］．生力旬刊，1940，2（29/30）：19-22.

② ［美］汉娜·阿伦特．人的境况［M］．王寅丽，译．上海：上海人民出版社，2009：138.

③ ［德］尤尔根·哈贝马斯．公共领域的结构转型［M］．曹卫东，王晓珏，刘北城，等，译．上海：学林出版社，1999：113.

④ 刘康．对话的喧声：巴赫汀文化理论述评［M］．台北：麦田出版社，1995：58.

⑤ 黄旦．舆论：悬在虚空的大地？——李普曼《公众舆论》阅读札记［J］．新闻记者，2005（11）：68-71.

⑥ ［美］马克·波斯特．第二媒介时代［M］．范静哗，译．南京：南京大学出版社，2001：47.

置身于言行的网络中，绝对意义上“具有独立自我意识”的个体已不复存在，自我（the self）越来越被视为一种反思性的东西，人们比以往接触更多超越所在时空的非直接经验的象征物，于是在“可见性”的引导下，在与他者的互动和沟通中，在个体的想象和拼凑中，陈述和判断便产生了。

然而，对理性的追求和反思仍然没有逃脱传统民主观念的束缚，导致人们忽略了“情感”在现代公众形成过程中的重要作用。“情感”往往被简单地视为理性的对立面，成为被批判和排斥的对象。其实早有一些学者对此有所察觉，“社会公众通过大众传播媒介或集会、结社、论坛等形式来表达他们的意见、思想和情绪，这种表达制造了舆论”。① 学者林郁沁（Eugenia Lean）也意识到，“研究中国的学者在探索‘公众’问题时受到了法兰克福学派传统的持续影响，他们把注意力放在了寻找一个真正理性的、独立的且具解放作用的公众的证据中”，但“理智和情感并不总是相互排斥的”②，不能简单地将理智和情感、理智和道德进行二元划分。杨国斌教授通过对网络集体行动事件中的“悲情”和“戏谑”两种情感进行研究，也重新认识了网络互动中的情感因素，重新审视了公共领域中理性与情感的关系。③

我们应该看到，“情感”并不仅仅是个体的私人体验和心理过程，它也是政治、社会和文化建构的产物。传统媒体的“同情”表达会塑造公众，公众通过阅读媒体而形成一个看不见（invisible）的社群。互联网让这一“社群”变得可见。④ 从某种程度来说，新媒体重构了公众的表达形态和情感关系，人们的“情感”可以被相互看见并相互感染，相较于理性动员，网民更容易受“情感”左右而聚集，社群可以随时形成。不管他们的同情对象是否一致，比较显而易见的是，正是因为共享的“同情”才使得他们构成了临时性的舆论共同体。⑤

虽然公众情感表达的独立性从未通过法律或规则被制度化地固定下来，但不可否认的是，在“可见性”赋权的条件下，“情感”被挖掘和放

---

① 沙莲香．社会心理学（第二版）［M］．北京：中国人民大学出版社，2006：282.

② ［美］林郁沁．施剑翘复仇案：民国时期公众同情的兴起与影响［M］．陈湘静，译．南京：江苏人民出版社，2011：9.

③ 杨国斌．连线力：中国网民在行动［M］．邓燕华，译．桂林：广西师范大学出版社，2013：268.

④ 袁光锋．公共舆论中的“同情”与“公共性”的构成——“夏俊峰案”再反思［J］．新闻记者，2015（11）：31-43.

⑤ 袁光锋．公共舆论中的“同情”与“公共性”的构成——“夏俊峰案”再反思［J］．新闻记者，2015（11）：31-43.

大，足以凝聚成动员舆论共同体形成的一股力量，这就颠覆了传统舆论观中人们因理性才得以聚集而成舆论主体的内在要求。在"可见性"的维度中重新审度作为舆论主体的"公众"，其成立的两个必要条件正在随着媒介环境的改变而不断被消解并重构。

三、"公共事务"："公"与"私"的领域重叠

舆论的客体通常认为是"与公共利益有关的公共事务"。从古至今，许多知识精英们在动员和组织人民反抗权势时，都会通过唤起与他们休戚相关的公共利益来制造舆论，"携舆论以令诸侯"从而达到一定的政治目的。公共事务之所以容易引发舆论，因为它触及人们关心的"普遍利益"。

卢梭在1744年左右首次使用了"公众舆论"（public opinion）一词，[①]他强调公众舆论来自理性的表达，其目的是维护公民共同的利益。他将"公意"和"众意"作了区分，"公意"着眼于公共利益，而"众意"则关注私人的利益，公众意见是为了公民的公共福祉，而不是个人利益间的冲突。他希望公众通过持续地参与公共问题的讨论来彰显公共意志，最终实现驾驭政府决策的终极目标。作为启蒙运动之后的产物，卢梭的舆论观实际上反映了一种推翻封建制度、等级特权以及争取自由平等的战斗精神，舆论是用来建立民主政治的武器，而不是解决个人矛盾的工具。而阿伦特崇尚古典时代的生活模式，并以古希腊城邦的公共生活为典范，强调公共领域和私人领域的二元区分，在她那里，政治的和公共的是在同样的意义上使用的。尽管哈贝马斯在之后写出了《公共领域的结构转型》，但在论述"公众精神"的时候也强调："它使个体对公共事务的关注和公开讨论成为一种信念、权利和义务。"[②] 公共性表现为一种意见，这种意见是私人借助于报纸等媒介形成的，"公共领域说到底就是公共舆论领域，它和公共权力机关直接相抗衡"[③]，并且这里的公众"他们既不是作为商业或专业人士来处理私人行为，也不是作为合法团体接受国家官僚机构的法律

① ［美］普赖斯．传播概念：Public Opinion（中英双语）［M］．邵志择，译．上海：复旦大学出版社，2009：138.

② 陈勤奋．哈贝马斯的"公共领域"理论及其特点［J］．厦门大学学报（哲学社会科学版），2009（1）：114-121.

③ ［德］尤尔根·哈贝马斯．公共领域的结构转型［M］．曹卫东，王晓珏，刘北城，等，译．上海：学林出版社，1999：2.

规章的规约”，他们在“非强制的情况下处理普遍利益问题”。[①]

阿伦特、哈贝马斯的“公共领域”意味着一种活动，一种通过陌生人之间的交流，认真、清楚地“说和听”而去除自我利益的活动。[②] 也就是说，在传统舆论观里的公共事务与个人的私事或私利之间有着明确的界限。从“Puclic”的词义上来看，“舆论”本身就强调公共性，“公共性本身表现为一个独立的领域，即公共领域，它和私人领域是相对立的”[③]。然而这种“公”与“私”的矛盾和对立随着媒介技术的革新正在逐渐被信息的延展力与渗透力所打破，个体的私人事件可以经由大众传媒而被转化为公共事件，反过来，公共事件也可以在私人的背景中得以经验。[④] 这一改变在大众媒介出现以后就已经被人们所认识。而进入新媒体时代以后，媒体的公共领域更是一种可见性的空间，“公”与“私”的边界更加交错、模糊和动态。“公共的”意味着可见的（visible）或可以观察到的，是在“前台”上演的；而“私人的”则是隐蔽的，是在私下或有限的人际环境中发生的言谈或行为。因为媒体提高了“可见性”（visibility），很多私人事件都可能扩展为公共事件，这在社会媒介技术不发达的时候是难以想象的。[⑤]

根据戴扬的理解，在大众传媒时代，媒介可以被定义为“公共注意力的权威管理者”（managers of collective attention），它通过“展演”（monstration）来“管理他人的可见性”，记者曾经是公共领域里的“神父”（priest），他们通过赋予“可见性”来唤起社会注意。而新媒体不仅使公众获得可见性，并且是“以他们自己定义的方式”（on their own terms）[⑥]，这就使传统媒体设置议程的权利被分散化，每个能够使用社会化媒体的人都可以定义自己被“看见”的方式，公共议题在从“遮蔽”走向“去蔽”的同时，其内涵与外延也发生了微妙的变化。

我们“可见”的不仅仅是对象本身，也是那些使“可见”成为可能的

---

① ［德］尤尔根·哈贝马斯．公共领域［A］．文化与公共性［M］．汪晖，译．北京：三联书店，1998：125.

② 孙玮，李梦颖．“可见性”：社会化媒体与公共领域——以占海特“异地高考”事件为例［J］．西北师大学报（社会科学版），2014（2）：37-44.

③ ［德］尤尔根·哈贝马斯．公共领域的结构转型［M］．曹卫东，王晓珏，刘北城，等，译．上海：学林出版社，1999：2.

④ 陶东风．大众传播与新公共性的建构［J］．文艺争鸣，1999（2）：28-32.

⑤ 薛强，陈李君．传媒与现代性——浅论约翰·B. 汤普森的传播思想［J］．广西大学学报（哲学社会科学版），2011（6）：133-136.

⑥ Daniel Dayan. Conquering visibility, conferring visibility: visibility seekers and media performance［J］. International Journal of Communication, 2013（7）：137-153.

条件。近些年来，很多公共事件最早进入人们视野的时候，正是源于微博等社会化媒体的率先发声。人民网舆情监测室发布的《2015 年互联网舆情分析报告》中明确提到，"随着网络人群的不断扩大，社会舆论的议程设置更多地来自于互联网，'两微一端'对社会舆论议程设置的主导作用日益凸显"，"两微一端成社会热点事件曝光和发酵的主要信源"，更有支持数据表明，在2015 年1 月1 日至2015 年10 月31 日的500 件社会热点事件中，44.4%的事件由互联网披露而引发公众关注。①

在大众媒体时代，记者通常出于职业要求、社会良知和公共利益去揭发丑恶、伸张正义，而现在，"传统媒体的主导地位和权威正在不断被消解和解构，以'记者'为主宰的单极文本世界，将随着'记者—文本—读者'各自主体性的获得，建立新型的主体间性关系，新闻文本世界不再只是'记者'的存在之所，而是它们三者共同的存在之所，是一种'共在'"②，个体因对事实真相的强烈渴望、对社会正义迫切的期待，促使他们不断尝试以一己之力推动事件的解决，所以我们看到，他们在舞台上"展演"的内容往往以个人事务为开端。正如魏则西质疑百度竞价排名体系③，颐和酒店女生讲述自己遇袭经历④，他们的最终目的是通过集体呼吁来获得社会对个人事务的关注并产生具体行动，但唤起公众的普遍利益、认同心理和舆论力量在更大程度上属于手段，而非初衷。也许在某个层面上，他们都代表了一定范围的利益集体，但不容忽视的是他们登场方式的个体化和戏剧性，即利用过度"展演"去不断获得自己的"可见性"。就像汤普森强调传播媒介赋予个人一种权力的作用，远远超过传播媒介本身的象征权力，无论是个人使用中介的信息与形象用来打造自我的象征计划，或是积极主动参与公共领域的公民，传播媒介中介都是增强个人能力的象征来源。⑤

---

① 人民网舆情监测室.2015 年互联网舆情分析报告［EB/OL］. 人民网，2015－12－26：http：//www.21ccom.net/articles/china/ggzl/20151226131841_ all.html.

② 张富宝. 后时代"作者"的命运——对罗兰·巴特《作者之死》的一种解读［J］. 宁夏师范学院学报，2010（4）：49－53.

③ LHIT. 魏则西整个事件过程［EB/OL］. 搜狐网，2016－02－21：http：//mt.sohu.com/20160503/n447365006.shtml.

④ 参见微博账号@弯弯_ 2016 于 2016 年 4 月 5 日 20 时 19 分发布的微博：http：//weibo.com/5892492312/DpAOD0qGw？from = page _ 1005055892492312 _ profile&wvr = 6&mod = weibotime&type=comment#_ rnd1476595176608.

⑤ 张学标，严利华. 大众传播媒介、公共领域与政治认同［J］. 新闻与传播评论，2009（00）：57－65，259，265－266.

因而，当社会化媒体大量生产着这种“权力”的同时，个体的光芒被一定程度地放大，必然会带来“公”与“私”的界限模糊化，就像随着社会领域的兴起，那些在古典时期被贬低的劳动和经济因素开始进入公共领域，当社会化媒体的触角伸进个人的生活，个人事务和公共事务之间鸿沟也在逐渐消失。过去我们斩钉截铁地排除在公共利益之外的事务，也能在“可见性”赋予的契机下以全新的表演方式进入公众视野，并掀起舆论狂潮。“看见”本身的价值在于它构成了公共生活的意义，也是人类获得存在感、确认自身以及这个世界的方式与源泉。①

四、“意见”：“不可控”的多元表达

舆论的本体通常被认为是具有一定共同倾向的评价性意见，或是“公众公开表达的意见”，② 或是“一切不同见解、信仰、想象、成见与渴望等的综合体”③。

在大众媒介掌握话语霸权的时候，人们从狭义上倾向于将大众媒介发表的意见视作舆论。2009 年版的《中国大百科全书》明确提到，“舆论通常指在一定范围内的多数人的意见”；④“有时也特指大众传播媒体发表的意见，人们常把媒体视为舆论的承载者”⑤。而反观英文“public opinion”的解释和定义，《媒介与传播研究词典》（Dictionary of Media and Communication Studies）第五版中对其的解释直接追溯到了古希腊。媒体和舆论的关系，主要是如何更好地表达和传播公众意见，如何更好地塑造公众，从 19 世纪中期开始，报纸成为公众意见的主导。⑥ 在社会化媒介普及之前，我们将引导舆论、进行舆论监督的权利更多地赋予大众媒体，使它们成为舆论的载体。从报纸、广播、电视，再到当今的互联网，技术和传

---

① 孙玮，李梦颖．“可见性”：社会化媒体与公共领域——以占海特“异地高考”事件为例［J］．西北师大学报（社会科学版），2014（2）：37-44.

② 陈力丹．舆论学——舆论导向研究［M］．北京：中国广播电视出版社，1999：14.

③ 时蓉华．现代社会心理学［M］．上海：华东师范大学出版社，1989：444.

④ 中国大百科全书总编辑委员会．中国大百科全书（第 27 卷）［M］．北京：中国大百科全书出版社，2009：210.

⑤ 中国大百科全书总编辑委员会．中国大百科全书（第 16 卷）［M］．北京：中国大百科全书出版社，2009：110.

⑥ James Watson，Anne Hill. Dictionary of media and communication studies（fifth Edition）［M］. London：Arnold，a member of the Hodder Headline Group，2000：254-255.

播手段的更迭，也引发了舆论形态的变化。过去，大众媒介通过议程设置选择性地将议题呈现在公众面前，通过单向传播引导舆论，即便公众有不同意见也无法突破表达渠道的限制。互联网为人们提供了一个开放的舞台，在这个舞台上，公众不仅可以自由抒发意见，还可以自行设置议程，因为"新媒体同样能使个人定义他人的可见性，成为可见性的组织者"①。以新浪微博的"话题"功能为例，用户可以在上面根据个人意愿主动发布话题，这一行为本身就在创造议题，进而制造舆论，打破了传统意义上只有大众媒体才能发布新闻的格局，因而现代意义上的"舆论"更倾向于"公众公开表达的意见"。媒介上的言论可能代表了一定范围内的舆论，也可能并不反映现实公众的意见，尽管大众媒介有"舆论界"的别称。②

无论是在实体空间中人们通过对话产生的舆论，还是大众媒介议程设置下引发的舆论，其核心都指向话语、想法或观点，是一种相对显性的表达。然而，在互联网的世界里，随着话语模式的变迁，人们感到身边的舆论往往并不是明显而清晰的言语。其实陈力丹先生对此早已有所察觉，他所理解的舆论自身就是"信念、态度、意见和情绪表现的总和"，不过在当时的理解框架中，他强调的情绪是"由体态语、行为语（例如抢购、流行时尚）和流露的冲动性只言片语等形式来表现"③，但基于社会化媒体的解读，这里的"意见"还可以由其他非语言的符号所代替。例如在诸多灾难性事件的微博留言或转发中，人们倾向采用"蜡烛"这个表情以代替具体的言论，在表达同情时以"哭泣的脸"、表达支持时以"鲜花"或"竖大拇指"等类似的表情符号呈现。社会情绪以一种符号化的表达开始进入公众的视野，并构成社会态度的一个面向。

除此以外，过去被称为"潜在舆论"的意见由于"可见性"的赋权，也变得不再隐蔽。有学者曾将舆论分为两类，即"显在性舆论和潜在性舆论"，并认为潜在性舆论是"只是在亲人、熟人范围之间谈论、散布的意见"，"有明显的情绪性"④，喻国明教授对此的解释是"多属社会不容公开议论的内容"⑤。新媒体保证了每个人的话语能够得到倾听，每个人的发言权能够得到尊重，并且施受双方可以达成交互，过去被认为是"潜在"

① Daniel Dayan. Conquering visibility, conferring visibility: visibility seekers and media performance［J］. International Journal of Communication, 2013（7）: 137-153.

② 陈力丹．舆论学——舆论导向研究［M］．北京：中国广播电视出版社，1999：26.

③ 陈力丹．舆论学——舆论导向研究［M］．北京：中国广播电视出版社，1999：14.

④ 沙莲香．社会心理学（第二版）［M］．北京：中国人民大学出版社，2006：282.

⑤ 喻国明，刘夏阳．中国民意研究［M］．北京：中国人民大学出版社，1993：320.

的舆论也逐渐浮出水面。相比微博全景式的“可见性”，微信在诞生之初所倡导的是基于真实社交圈的信息传播，它所提供给用户的是半封闭的空间，人们可以在自己的小圈子里畅所欲言，在这里产生的言论相比微博而言是“隐蔽”的。但作为近些年发展势头最迅猛的社交媒体，它的用户群逐渐庞大，它所构建的网络关系更加错综复杂，个体在微信里发布的言论很容易通过其他个体的截图、转发等行为，迫使其在不知不觉中从“隐蔽”走向“祛蔽”，引发一定规模的公众广泛讨论，正如网络上流传着的那句话“上了网的东西就删除不掉了”，信息只要在网络的平台上传播，即使后期通过删除或其他各种手段抹去，也无法否认它的存在。在“可见性”的维度里，被遮蔽的角落越来越小，相反，过去我们只能通过感知却无法“看见”的，那些弥漫着的社会情绪和态度也能够被记录下来，成为舆论的构成因素。

进一步来看，在社会化媒体出现之前，舆论的形成往往需要一段时间的酝酿，戴维森（Davison）将其概括为 10 个阶段，不论所思考的形成过程是简单还是复杂，意在揭示舆论形成中个人与社会的心理互动。① 然而由于新媒体有着即时和交互的特性，当下很多事件从一出现实际上就伴随着“可见”的舆论，且在信息不断流动的过程中，更多的个体将自己所获取的事实因素和观点展现出来，这些内容被置于同一个“可见”的平台之上，相互碰撞、交织、融合再裂变，原有的事实框架被解构，出现替代性的信息构成，引发出一系列新的话题，致使“舆论呈现多中心且在流动中此起彼伏”②。例如，在 2014 年“8·10 湖南湘潭产妇死亡事件”中，微博网友“@小懒虫太阳晒屁股啦”率先发声，称：“湘潭县妇幼保健医院惨无人道，将产妇活生生地弄死在手术台上……”③ 紧接着媒介助推报道，舆论开始强烈讨伐医院的过失，事态一度愈演愈烈，难以缓解；而当事件被深入调查后显示并不构成医疗事故，舆论又转向对死者家属的指责和对大众媒介新闻专业理念及其实践的批评。另一起“北京颐和酒店女孩遇袭”的事件，其舆论核心点从“女孩遇袭”事件本身发酵到对视频中酒店工作人员的言行指责、对“女孩在外自我保护措施”的探讨、对“酒店管理行业”的质疑和对“家庭暴力”的法律思考等，一个事件引发出一系列

① 陈力丹．舆论学——舆论导向研究［M］．北京：中国广播电视出版社，1999：39.

② 黄旦．重造新闻学——网络化关系的视角［J］．国际新闻界，2015（1）：75-88.

③ 参见微博账号@小懒虫太阳晒屁股啦于 2014 年 8 月 11 日 10 时 26 分发布的微博：http：//weibo. com/2709374695/BhL9b2V5C？from=page_ 1005052709374695_ profile&wvr=6&mod=weibotime&type=comment#_ rnd1466411466945.

与此相关的话题。舆论不再是一成不变的意见，它随着"可见"事实的展演和"可见"观点的碰撞而不断地被重构。

如果说，卢梭所见的公众自由聚合在一起通过持续地讨论产生公意的空间，实质上是相对封闭和固定的，而李普曼所见的舆论是大众媒介和公众相互影响和渗透的结果，更趋于开放和日常化，那么现如今，舆论的产生不仅来自大众媒介和公众的互动，更多的是人们利用社会化媒体进行博弈的过程。在这个媒体视界时代，行为和事件的透明公开以及所公开文字和图像造成的影响，即普通民众对远方发生事件如何理解以及对此形成何种评论和道德评价，已经成为展示和公开这些事件本身的有机组成部分。①

在互联网时代，赋予"可见性"的主体不再仅限于大众媒介，而是扩展到了社会个体。从某个意义上来说，这又回到了卢梭认为的舆论产生情境——公众自由的聚合。但现代意义上的聚合，其空间意义和内涵发生了颠覆性的转变，它不再是固定的某个实体场所，它可以来源于日常生活的每个流动场景之中。它不再是公众就某一事务展开持续的讨论，而倾向于一种伴随性的状态，人们可以随时中断和继续某个话题且在某个时间段展开对各不相同事务的讨论，甚至"一切意见的再现，都需要随时准备为自己的真实性和正当性进行辩护"②。早前汤普森将大众传播创造的可见性看作是一把"双刃剑"，认为它是一种"不可控制的可视性"（uncontrolled visibility）③，现如今社会化媒体的出现则让这种权力得到了前所未有的扩散，让信息的控制和一元化意见的形成变得更加困难，被释放的公众表达愈发具备不可测与不可控的特性。那么，一旦舆论产生的情境从静态走向动态，从持续走向间歇，由此而得出的"意见"便会轻易分崩离析，呈现碎片化的特点。因而社会化媒体的"可见性"让信息日趋可见的同时也让意见日趋可辩，这或许也回到了阿伦特对公共生活的愿景，"被他人所见所闻，其意义只来自这一事实：每个人都是在不同的位置上去看去听的。这就是公共生活的意义"④。"可见性"使得这些不同位置上所看、所听的"意见"在同一个舞台上得以全部展现，通过交流和分享，每个人在不断

---

① ［美］约翰·B. 汤姆逊．媒体新视界［J］．徐方赋，译．马克思主义美学研究，2009（1）：117-132.

② 尹连根．结构．再现．互动：微博的公共领域表征［J］．新闻大学，2013（2）：60-68.

③ Thompson. J. B. The media and modernity：a social theory of the media［M］. Stanford University Press，1995：147.

④ ［美］汉娜·阿伦特．人的条件［M］．竺乾威，等，译．上海：上海人民出版社，1999：44.

"赋予他人可见性的权利"的同时又在践行着更加多元化的表达，各种针锋相对的观点都得到了"展演"的机会，丰富了舆论的要素。在众声喧哗的广场之中，人们也许越来越难寻求一种共同的声音。

五、结语

长久以来，围绕着"舆论是否可能"这个问题，学术界一直存在广泛的争议。悲观的理解是，舆论是不可能的，基于李普曼在《公众舆论》中抛出的诸多观点，把舆论看作"虚无缥缈"的存在；积极的观点则认为，舆论是可能的，立足当下新媒体技术的发展，在传统媒体时代几乎不可能的公众舆论正在一步步接近可能。其实，与其对"舆论是否可能"争执不休，不如换个维度重新审度"何为舆论"。如果舆论的内涵与外延在新的情境中发生了微妙的变化，那么我们再继续探讨可能性这个问题的时候，立足点也必须发生转换。

利奥塔把后现代定义为对元叙事的一种"不信任态度（incredulity）"，尤其是对衍生于启蒙运动的进步及变体的不信任态度。他提倡向"小叙事"的转变，这使差异合法化，使"不可呈现之物"受到重视。① 而这一观念转向的前提是"多重话语或歧见的百家争鸣状态（agon）的接受"②。孙玮教授对波斯特称之为后现代公共性的解读，也提到了这类观点，即不是以达成共识为依归，而是展现不同主体的共同存在。个体作为主体、新媒体作为技术支撑的赛博空间叙事是后现代叙事的典型。③ 当私人空间与公共空间之间的界限不再分明，后现代社会背景下的民主更强调维护因此而带来的种种差异。"可见性"便成为一种"评估传播媒体是否包含多元声音的一种判断标准，尤其在多文化的社会，对美好生活与正义有着各种不同诠释与要求的声音能否在公共领域中发声，可以作为对传播媒介公共领域的一种规范性的观点"④。

---

① ［美］马克·波斯特．第二媒介时代［M］．范静哗，译．南京：南京大学出版社，2001：36.

② ［美］马克·波斯特．第二媒介时代［M］．范静哗，译．南京：南京大学出版社，2001：50.

③ 孙玮，李梦颖．"可见性"：社会化媒体与公共领域——以占海特"异地高考"事件为例［J］．西北师大学报（社会科学版），2014（2）：37-44.

④ 张学标，严利华．大众传播媒介、公共领域与政治认同［J］．新闻与传播评论，2009（00）：57-65，259，265-266.

循着这种思路，在"可见性"的维度中去理解舆论，"可见"的不仅是大多数人的理性观点，也可以是每个人的"自由言说"和情感表达；不仅是触及社会群体利益的"公共事务"，也可以是基于个体利益诉求的"个人事务"；不仅是大众媒介的"专业表演"，也可以是个人充分设计的"自我展演"；不仅是某种明确的话语表达，也可以是难以名状的社会情绪和态度；不仅是有共同倾向的意见整合，也可以是动态而多元化的观点碎片。我们关注的不仅仅是论辩的合理性或共识的普遍性，更是"透过众多不同的公共领域不间断的叙述，和对自我存在的再描述"[①]，而能逐渐增强整个社会的认同力量。所以，"可见"的不仅仅是多种叙事本身，还是多种叙事之间的赤裸裸的、无法弥合的断裂。[②]

改革开放以来，中国社会变迁意义最重大、最引人关注之处就是社会结构的剧烈、持续、深刻的分化[③]，它所带来的是社会利益格局和社会诉求的多元驳杂。当社会化媒体的勃兴遇上中国转型期的社会表达方式，舆论的鼎沸将成为一种常态。一个理性的社会，应该有各种话语、言论的博弈，否则，任何不据事实的偏袒都会造成阶层之间新的裂痕，使裂口越拉越大，终至断裂到无法修复。[④] 换言之，"割裂"中国的不是差异化的话语表达，而是对表象"共识"的盲目的固执追求。[⑤] 或许有一种担忧是，过分关注"差异"本身会陷入历史的虚无主义，陷入碎片化的混沌之中。但是我们以"可见性"的框架去重新审度新媒体时代下的舆论，并不把达成舆论的"共识"看作"一条可望不可即的地平线"[⑥]，我们更希望它像是罗尔斯（John Bordley Rawls）基于西方社会合理多元主义事实所提出的对"重叠共识"的美好憧憬[⑦]，把"合理"与"共识"之间的关系松开一些，

---

① 张学标，严利华．大众传播媒介、公共领域与政治认同［J］．新闻与传播评论，2009 (00)：57-65，259，265-266.

② 孙玮，李梦颖．"可见性"：社会化媒体与公共领域——以占海特"异地高考"事件为例［J］．西北师大学报（社会科学版），2014（2）：37-44.

③ 孙立平．断裂：20 世纪 90 年代以来的中国社会［M］．北京：社会科学文献出版社，2003：4.

④ 喻国明．呼唤"社会最大公约数"：2012 年社会舆情运行态势研究——基于百度热搜词的大数据分析［J］．编辑之友，2013（5）：12-15，21.

⑤ 孙玮，李梦颖．"可见性"：社会化媒体与公共领域——以占海特"异地高考"事件为例［J］．西北师大学报（社会科学版），2014（2）：37-44.

⑥ ［法］让-弗朗索瓦·利奥塔．后现代状况——关于知识的报告［M］．岛子，译．长沙：湖南美术出版社，1996：179.

⑦ ［美］约翰·罗尔斯．政治自由主义［M］．万俊人，译．南京：译林出版社，2000：152-183.

而把“合理”与“分歧”连接起来，只有“可见”充分展现这种“分歧”，并使得“差异”变得“合理”，成为社会上一种见怪不怪的常态，让每个人在“看见”这种“分歧”的时候淡然处之而非暴力抵之，才可能促成平等而温和的对话，达成所谓的舆论“共识”。

参考文献：

[1]［美］沃尔特·李普曼．幻影公众［M］．林牧茵，译．上海：复旦大学出版社，2013.

[2]［美］马克·波斯特．第二媒介时代［M］．范静哗，译．南京：南京大学出版社，2001.

[3]［德］尤尔根·哈贝马斯．公共领域的结构转型［M］．曹卫东，王晓珏，刘北城，等，译．上海：学林出版社，1999.

[4]［美］林郁沁．施剑翘复仇案：民国时期公众同情的兴起与影响［M］．陈湘静，译．南京：江苏人民出版社，2011.

[5] Thompson. J. B. The media and modernity：a social theory of the media［M］. Stanford University Press，1995.

[6] 陈力丹．舆论学——舆论导向研究［M］．北京：中国广播电视出版社，1999.

[7] 杨国斌．连线力：中国网民在行动［M］．邓燕华，译．桂林：广西师范大学出版社，2013.

[8] Daniel Dayan. Conquering visibility，conferring visibility：visibility seekers and media performance［J］. International Journal of Communication，2013（7）.

[9] 孙玮，李梦颖．“可见性”．社会化媒体与公共领域——以占海特“异地高考”事件为例［J］．西北师大学报（社会科学版），2014（2）.

[10]［美］约翰·B. 汤姆逊．媒体新视界［J］．徐方赋，译．马克思主义美学研究，2009（1）.

[11] 袁光锋．公共舆论中的“同情”与“公共性”的构成——“夏俊峰案”再反思［J］．新闻记者，2015（11）.

从个人管理到全球共治：互联网治理的历史变迁与未来趋势

邹 军

摘 要：全球互联网治理在经历了个人管理到以互联网名称与数字地址分配机构为核心的“网络化治理”后，正在迈向“赋权社群”主导的、基于“多利益攸关方”模式的全球共治。它呈现出以下趋势：“赋权社群”将取代美国商务部成为互联网关键资源新的管理者，各利益攸关方的博弈局面将更加复杂；“全体共识”原则和“回避政策”提高了政府干预的门槛，国家间合作被提上议程；私人部门在治理架构中占据有利地位，互联网治理模式维护了旧有的权力结构。全球共治为新兴互联网大国提供了新的机遇和挑战。

关键词：互联网治理；多利益攸关方；赋权社群；全球治理

2016年10月1日，互联网名称与数字地址分配机构（Internet Corporation for Assigned Names and Numbers，简称ICANN）在其官网上发布声明，宣布该机构与美国商务部关于互联网数字分配局（Internet Assigned Numbers Authority，简称IANA。它有三项主要职能：①管理全球域名系统；②IP地址的分配；③根服务器协议的协调。用一句话概括，即掌管着全球互联网的关键资源）的管理权合同正式到期。声明称，这是全球互联网治理的历史性时刻，标志着自1998年以来将互联网关键资源协调和管理的权力移交给私人部门的进程得以完成。[①] 声明中提到的“互联网治理”

基金项目：本文系国家社科基金项目“手机舆情形成机制及应对研究”（11BXW043）的阶段性成果。

作者简介：邹军，南京师范大学新闻与传播学院教授、网络与新媒体系主任。

① ICANN，Stewardship of IANA Functions Transitions to Global Internet Community as Contract with U. S. Government Ends，https：//www. icann. org/news/announcement-2016-10-01-en，2016-10-03.

(Internet Governance)，从字面上看，似乎囊括了互联网领域的所有政策法规、监管措施、技术标准、行业规范和网络伦理，但作为最早由国际电信联盟于1998年正式提出的概念，2005年联合国互联网治理工作组将其界定为“政府、私人部门和公民社会根据各自的职能，制定并应用影响互联网发展与使用的共同原则、规范、条例、决策流程与纲领”①。因此，“互联网治理”有其特定的内涵，主要涉及互联网基础架构、协议等关键性资源的界定、分配和操作，与人们经常谈论的旨在规范网络内容和网络行为的“网络空间治理”（Cyberspace Governance）不同。在当今的网络化时代，世界政治、经济、文化和社会等各个领域莫不打上互联网的烙印，互联网关键资源愈发扮演着举足轻重的角色，对其的争夺也日趋白热化。如今，美国政府放弃对IANA的独家管理，是自20世纪90年代互联网兴起以来全球互联网治理领域发生的巨大变革，不仅给未来全球互联网发展带来深远影响，其未来走向也事关各国网络安全和网民切身利益。因此，回顾全球互联网治理的历史变迁，展望其未来的发展趋势，就显得颇有意义。

一、“网络化治理”模式的确立与争议

无论是基于对运行安全还是资源分配的考虑，计算机网络都需要一定程度的管理。但互联网自诞生以来形成的“去中心化”和“分布式”的技术属性以及它的自由与共享天性，使得如何管理、谁来管理的问题一直困扰着人们，也成为网络保守主义者和网络自由主义者持续争论的话题。这些问题随着互联网对政治、经济和文化的影响日益加深又引发更多势力介入，成为权力斗争的重要场域。总体看来，互联网自诞生以来，经历了从个人管理到以“互联网名称与数字地址分配机构（ICANN）”为核心的“网络化治理”过程，而美国一直是其中唯一的主导国家。②

有研究者指出，在互联网大部分发展历史上，网络都处在美国工程师与学者的管理之下。③ 比如，在域名系统成功地实现商业化和私有化之前，

① WGIG, Report of the Working Group on Internet Governance, 2005-06-11, http://www.wgig.org/docs/WGIGREPORT.pdf, 2016-09-10.

② 邹军：《全球互联网治理的模式重构、中国机遇和参与路径》，《南京师大学报（社会科学版）》2016年第3期.

③ 刘杨钺：《全球网络治理机制：演变、冲突与前景》，《国际论坛》2012年第1期.

就是由南加州大学的乔恩·布鲁斯·波斯特尔（Jonathan Bruce Postel）个人来负责管理的，后来他成为IANA的创始人。[①] 这本身并不奇怪，因为互联网的雏形——“阿帕网”诞生于“冷战”时期的美国，在其建立之初，能够接入“阿帕网”的仅仅是美国国防部下属或关联的研究机构和人员，而当初负责管理这一网络的就是少数几位相关科研人员。直到1989年“万维网（World Wide Web）”的发明，互联网开始在世界范围内扩散，这种局面也未得到改变。

真正实现将互联网关键资源的管理从个人转移到机构的标志是ICANN的成立。1998年，一个“互联网中技术、商业、政治派别及学术团体的联合体，其内部存在众多行为体，包括地区互联网地址登记机构、技术联络组、科学研究人员、利益集团代表等”“全球性的、不以营利为目的、谋求协商一致”[②] 的组织——互联网名称与数字地址分配机构（ICANN）正式诞生。至此，互联网治理建立了以ICANN为核心的“网络化治理模式”。所谓“网络化治理”即治理组织的网络化，它包括组织与个人的相对松散的联盟关系，他们依赖有规则的交流互动来实现合作目标。[③] ICANN就是这样的网络化组织，它有别于此前纯粹的个人管理模式。

ICANN的设立是为了平息各国对于美国独掌互联网的指责，也避免了个人管理的随意性。长期关注全球互联网政策的美国雪城大学教授弥尔顿·穆勒指出，ICANN是互联网改变公众和政府之间关系的最显著、最重要的表现形式之一。首先，它是为满足在全球范围内对唯一的互联网名称和数字地址加以协调的需要而设立的。它作为非营利性的国际组织，通过设立董事会和若干咨询委员会等方式，在形式上实现了网络治理的国际化。特别值得一提的是，其中设有政府咨询委员会，主要成员来自于美国以外的其他国家。其次，它是全球性的协调机构。最后，它代表了全球治理职能的私有化。当时的克林顿政府选择把制定互联网政策的权力交给非国家成员，而不是通过国际协议或政府间组织。美国计划阻止所有政府参与其中，甚至连自己也不例外。[④]

---

① M. Carr, Power Plays in Global Internet Governance, Journal of International Studies, vol. 43 (2), 2015, pp. 640-659.

② J. Mathiason, Internet Governance: The New Frontier of Global Institute, London: Routledge, 2009, pp. 70-96.

③ ［美］弥尔顿·L. 穆勒：《网络与国家：互联网治理的全球政治学》，周程等译，上海：上海交通大学出版社，2015年，第8页.

④ ［美］弥尔顿·L. 穆勒：《网络与国家：互联网治理的全球政治学》，周程等译，上海：上海交通大学出版社，2015年，第72-73页.

但是，ICANN 机制从一开始就面临争议。这主要缘于它被单一的主权国家美国监管。美国商务部电信与信息管理局通过 IANA 合同授权其执行互联网数字地址分配局的技术职能，向其提供一份期望 ICANN 执行的政策任务清单，其中的特定优先事项和阶段性目标明确反映了美国政府的利益。与此同时，美国商务部还与美国最重要的互联网根服务器运营商——威瑞信公司签署合约，不仅要求威瑞信执行 ICANN 的全部决策，还要求其执行美国有关根区文件的指示。因此，ICANN 作为一个全球组织，它的实质是“一个国家政府对于一个私营公司具有直接的、形式上不受限的控制权；同时，这个私营公司又被授予了可对全球互联网标识符体系核心产生影响的政府制定权”①。对此，美国政府官员做出了辩护。2016 年 6 月，美国商务部助理部长劳伦斯·施特里克林（Lawrence E. Strickling）在芬兰赫尔辛基召开的 ICANN 第 56 次会议期间曾接受中国学者徐培喜的专访，他强调美国政府对于 ICANN 仅是行使“管理权”（stewardship），而非“监管权”（oversight），因为美国商务部并不对 ICANN 的活动进行任何形式的日常运营监管。他举例说，对于域名系统，他们被赋予管理权，致力于域名系统的私有化，但从来没有被赋予域名系统的管理之职。② 但无论如何，这样的制度安排不仅让网络自由主义者不满，也成为保守主义者攻击的对象。前者指责其集中管控互联网，背离互联网自由结盟、自主治理和技术中立原则的早期模式，后者则主张主权国家应把传统的国家权力延伸至互联网，而不是像现在这样，将政策的制定权授予美国监管下的私人行动者。③

在质疑以 ICANN 为核心的治理模式的队伍中，以各国政府和私营企业为主要成员的国际电信联盟扮演了积极的角色。2001 年，根据国际电信联盟的提议，联合国大会同意在国际电信联盟的领导下召开“信息社会世界峰会”。峰会第一次明确讨论了主权国家在互联网治理中的角色问题，发展中国家和欧洲则利用这个机会对 ICANN 机制展开批评。此次峰会尽管未能就网络治理达成一致意见，但也取得了一些成果。比如，谈判各方要求时任联合国秘书长安南建立一个互联网治理工作组，旋即开展工作。2005

---

① ［美］弥尔顿·L. 穆勒：《网络与国家：互联网治理的全球政治学》，周程等译，上海：上海交通大学出版社，2015 年，第 75 页.

② 徐培喜：《ICANN 三位关键人物评述管理权移交》，《汕头大学学报·网络空间研究》2016 年第 6 期.

③ 邹军：《全球互联网治理的模式重构、中国机遇和参与路径》，《南京师大学报（社会科学版）》2016 年第 3 期.

年7月14日，联合国公布《互联网治理工作组报告》，建议设立全球互联网理事会以取代ICANN，同时加强ICANN政府咨询委员会的作用，但因其“执着于自上而下的等级制治理模式并运用到互联网领域”[①]没有得到采纳。再如，在峰会的后半段——突尼斯峰会期间，与会首脑要求联合国秘书长召集“一个为多边利益攸关方开展政策性对话的新论坛”，即“互联网治理论坛”。[②]此后，一年一度的互联网治理论坛成为多边主体共同协商、国际社会利益相关方各抒己见的机制化平台，一些国家和地区还自发地举办自身的互联网治理论坛。

总之，以ICANN为中心的“网络化治理”模式既被认为开展了卓有成效的工作，同时从诞生伊始也伴随各种质疑和挑战。由于不同国家对于互联网治理的关切不同，特别是美国与部分发展中国家在是否应该由联合国或国际电信联盟这样的专门机构来取代ICANN的问题上针锋相对，导致此领域的制度建设难有成果，ICANN亦得以在过去的近二十年里继续发挥作用。

二、“多利益攸关方”模式的引入

ICANN治理模式注定是互联网治理的过渡模式。自ICANN成立之日起，美国政府就一直计划在条件成熟时将其私有化。所谓条件，“一是ICANN作为一个机构要走向成熟，可以脱离美国政府独立管理域名系统；二是国际社会要理解并接受互联网治理的‘多利益攸关方’（Multi-Stakeholder）模式”[③]。本来，IANA职能合同在2018年会自然到期，但一些突如其来的事件加快了这一进程。最为典型的是2013年5月由“斯诺登事件”曝光的“棱镜计划”，将美国政府大规模监控互联网，获取公民隐私的庞大计划暴露在世人面前。为了回应斯诺登事件，巴西总统迪尔玛·罗塞芙（Dilma Rouseff）于2014年3月主持召开一个重估全球互联网治理的国际会议。她在开幕致辞中表示，在这一情况下，国家关系必须建立在

① M. Mueller，J. Mathiason & H. Klein，The Internet and Global Governance：Principles and Norms for New Regime，Global Governance，vol. 13（2），2007，pp. 237-254.

② 王孔祥：《国际化的互联网治理论坛》，《国外理论动态》2014年第3期.

③ 徐培喜：《ICANN三位关键人物评述管理权移交》，《汕头大学学报·网络空间研究》2016年第6期.

平等的基础上，以便所有政府的参与都基于平等的基础（equal footing）。[①]但正如ICANN新章程的关键设计师、美国互联网行业协会NetChoice执行总裁戴尔比安科（Steve DelBianco）所言，斯诺登泄密事件跟域名系统本身并无关系，各国的监控都是通过截取通信来实现的，并不会牵涉域名系统。他声称："关于IANA职能管理权的去留问题，本来包括中国在内的其他政府并不怎么在意，但是巴西把斯诺登泄密事件拎了出来，宣称这是他们的关切，这件事情才引起大家的注意。斯诺登泄密事件还为一些国家实施数据本土化提供了动机。在这个语境下，有一种观点认为，早点放弃IANA职能的管理权或许会软化一些要求数据本土化的立场，还可避免联合国接管美国政府的特殊角色。"[②] 2014年3月14日，美国商务部宣布将放弃对ICANN的控制权，但明确拒绝由联合国或其他政府间组织接管，只同意由ICANN董事会与全球"多利益攸关方"讨论接管问题。

因此，在ICANN运行期间，"多利益攸关方"模式一直在酝酿当中。管理IANA的美国政府在为"多利益攸关方"模式创造条件，部分对ICANN机制表示不满的其他国家政府也支持"多利益攸关方"模式，只是对于哪些是利益攸关方，他们应在其中扮演何种角色意见不一。在2010年"信息社会世界峰会"期间的多边对话中，互联网治理工作组提出了三大利益攸关方——政府、私人部门和公民社会——以及他们各自的角色。2014年3月，澳大利亚宣布支持一个由类似于ICANN的多利益攸关方组织，或者是不由政府控制的其他多边或超国家的组织来管理互联网。[③] 2014年6月，ICANN董事会主席法迪·切哈德声称，在伦敦召开的ICANN第50次大会是一次具有里程碑意义的会议，因为"多利益攸关方"模式得到了显著的肯定。[④]

"多利益攸关方"模式的引入是互联网影响日益扩张的必然结果，也是互联网治理变革的必然趋势。自20世纪90年代以来，互联网已从早期

---

① Dilma Rouseff, Speech opening the NetMundial meeting in Brazil on 23 April 2014, http://netmundial.br/wp-content/uploads/2014/04/NETMundial-23April2014-Dilma-Rousseff-Opening-Speech-en.pdf, 2015-07-01.

② 徐培喜：《ICANN三位关键人物评述管理权移交》，《汕头大学学报·网络空间研究》2016年第6期.

③ M. Turnbull, Australia is committed to a multi-stakeholder system of Internet governance, 2014-03-15, http://www.malcolmturnbull.com.au/media/australian-committed-to-a-multi-stakeholder-system-of-internet-governance, 2016-09-10.

④ F. Chehadé, Largest Ever ICANN Meeting Convenes in London Affirmation of Multistakeholder Model for Internet Governance by World Leaders, 2014-06-23, https://www.icann.org/news/announcement-2014-06-23-en, 2016-09-11.

单纯的技术设施发展成为社会结构的一部分，政府作为公共政策的制订者和公共利益的代言人，自然是重要的利益攸关方。而在ICANN机制中，作为唯一的管理方，美国政府计划阻止包括自己在内的所有政府参与其中，尽管美国并未做到言行一致。事实上，ICANN受到持续批评的一个重要原因就在于排除政府介入的制度安排，这也是主权国家、网络保守主义者、现实的政治家们最不能接受的。另一方面，“多利益攸关方”治理也能更有效识别围绕互联网资源的利益多样化群体，让真正的利益相关者更容易被发现，因为基于技术和竞争性利益的原因，他们可以更直接地说出自己是怎么被治理和控制的，而不需要像通常那样通过多边或超国家模式的政府代表表达自己的诉求。“多利益攸关方”模式也提供了一个平台，让专家意见在最合适的时候得到采纳。让那些与技术前沿最近的、能够提供洞察力和愿景的，平时又不能够接近政策制定的组织或国际机构也可以利用这个机制表达意见。这将大大促进互联网治理以必要的灵活性去适应网络生态环境的变化，由此实现创新的最大化和市场的自由开放。① 总之，相较于ICANN的管理，“多利益攸关方”模式更开放、更完整，也更符合全球治理的历史潮流。

由于美国国内的两党争斗，将IANA管理权移交给“多利益攸关方”的进程颇费周折。在党内竞争总统候选人失利的共和党参议员克鲁兹就是坚定的移交反对者。在2016年9月14日的国会听证会上，他表示按照联邦法律可以将主张移交的商务部助理部长、电信与信息局局长施特里克林送进监狱，而后者则针锋相对，斥之为“玩政治”，是为达到自己的政治目的不惜扭曲事实，所有指控毫无依据。直至移交前夜的2016年9月29日，在克鲁兹的鼓动下，美国四个州的总检察长还向联邦地区法院提起诉讼，列举移交将导致美国资产流失等一系列罪状，要求法院发出临时禁令阻止移交，但在最后一刻被驳回。② 在所有阻挠措施都失败的情况下，2016年10月1日，美国商务部与ICANN关于IANA管理权合同中止，管理权正式移交。

---

① M. Carr, Power Plays in Global Internet Governance, Journal of International Studies, vol. 43 (2), 2015, pp. 640-659.

② 徐培喜：《IANA职能管理权移交谁是赢家》，《汕头大学学报·网络空间研究》2016年第6期.

三、走向共治的全球互联网治理

互联网治理的新模式是建立在现有互联网治理机构基础之上，并非另起炉灶取而代之。因此，IANA 的管理权如何移交，移交后如何运作备受关注。美国商务部曾为移交工作提出四项原则，即：（1）应支持与加强“利益攸关方”模式；（2）应保持互联网域名系统的安全性、稳定性和灵活性；（3）应满足全球 IANA 使用者与合作者的需求与期望；（4）应保持互联网的开放性。[①] 根据这 4 项条件和 IANA 管理权移交协调小组、问责制工作组形成的相关文件，以及“多利益攸关方”中“政府—私人部门—公民社会”之间的互动，未来的互联网治理将呈现以下趋势。

第一，“赋权社群”将取代美国商务部成为 IANA 新的管理者，各利益攸关方的博弈局面将更加复杂。

根据美国商务部为 IANA 移交设定的条件，美国政府反对将管理权转移到任何政府间国际机构的立场。早在 2012 年的国际电信世界大会期间，包括中国、俄罗斯在内的一些发展中国家提出让国际电信联盟参加到互联网治理中来，这遭到美国和其他 55 个国家的反对。美国政府承认在国内层面各国政府对互联网有监管之责，但在国际层面不支持国际机构监管或控制互联网。美国反对的理由是因为联合国体系下的国际机构奉行国家不论大小的“一国一票”原则，而这些选票经常被用于利益交换，某些不相干的国家会选择某种投票立场来换取政治利益或外来投资。与此同时，在国际电信联盟的投票模式中，产业界、民间团体、技术社群等互联网所有相关内容架构的缔造者没有任何投票权利。[②]

ICANN 原本受制于美国政府，因为美国政府有能力将 IANA 职能从 ICANN 机制中剥离出来。而一旦美国政府和 ICANN 之间的合同不再存在，便意味着没有人能够约束 ICANN，因为根据 ICANN 机制，ICANN 成员无法挑战 ICANN 董事会的决定或解雇董事会。于是，在美国国会和政府的支

---

① Energy and Commerce Committee, United States House of RepresentativesPrivatizing the Internet Assigned Number Authority, http: //docs. house. gov/meetings/IF/IF16/20160317/104682/HHRG-114-IF16-20160317-SD003. pdf. 2016-10-06.

② 徐培喜：《ICANN 三位关键人物评述管理权移交》，《汕头大学学报 · 网络空间研究》2016 年第 6 期 .

持下，产业界主张引入“问责制”流程，将“多利益攸关方”具体化为一个法律实体——赋权社群（Empowered Community）。根据加州法律，“赋权社群”将拥有任免 ICANN 董事会成员或重组董事会的权力，它由 ICANN 五个支持组织和咨询委员会组成，包括：地址支持组织、一般会员咨询委员会、国家和地区名称支持组织、通用名称支持组织以及政府咨询委员会。ICANN 的章程被修改，使“赋权社群”具有以下权力：（1）拒绝 ICANN 董事会提出的运营计划、战略计划以及预算方案；（2）批准对基本章程的修改；（3）拒绝对标准章程的修改；（4）启动具有约束力的独立审核程序；（5）拒绝董事会关于 IANA 功能审核的决策。此外，ICANN 的自身使命也被进一步限定为保证互联网的独特标识符系统的稳定和安全运行，而不能管制使用这些独特标识符的服务和内容，这在最大程度上避开意识形态、内容管理等最具争议的话题，也是回应美国国会的关切。[①] 这样，未来的互联网治理，将围绕“赋权社群”这一“利益攸关体”展开，ICANN 将转而对“赋权社群”负责，这多少缓解了各国对于美国一家掌管 ICANN 的不满情绪。但毫无疑问的是，“赋权社群”作为各个利益攸关方的集合，涵盖政府、私人部门和公民社会三大类组织，其内部博弈将更加激烈，局面会更加复杂。

第二，“全体共识”原则和“回避政策”提高了政府干预的门槛，国家间合作被提上议程。

在围绕互联网治理的“多利益攸关体”中，政府、私人部门和公民社会是三大利益攸关体，共同组成了“赋权社群”。由于政府角色的特殊性，ICANN 中的“政府咨询委员会”被赋予了向 ICANN 董事会提建议的权力，但前提是要基于“全体共识”原则。“全体共识”原则在 ICANN 机制中已存在，但美国产业界认为，政府咨询委员会具有修改决策规则的能力和冲动，因为他们知道委员会内部很难产生能够取得全部共识而通过的建议。于是一些国家的政府试图丢弃“全体共识”原则转而拥抱绝大多数或大多数投票模式，而如果绝大多数政府投票修改，就有能力将“全体共识”原则改为“大多数共识”原则或“绝大多数共识”原则。而这意味着政府能够扩大自身对 ICANN 决策的影响力，自然不为美国政府和私人部门所乐见。为此，“全体共识”原则被明确写入 ICANN 新章程，而且加了另一重保险，被称为“回避政策”。即当 ICANN 董事会收到政府咨询委员会关于

① 徐培喜：《IANA 职能管理权移交谁是赢家》，《汕头大学学报·网络空间研究》2016 年第 6 期.

某个政策的建议时，董事会决定接纳这条建议，但“赋权社群”可以挑战董事会，要求不执行政府咨询委员会的建议。如果“赋权社群”这样做了，在这种情况下，政府咨询委员会作为“赋权社群”的成员，就不能阻挠“赋权社群”行使自己的权力，这就是“回避政策”。所以，“回避政策”就是考虑到了政府咨询委员会的建议被董事会采纳时，它不能同时在赋权社群阻挠其他社群成员展开针对这条建议的行动。①

可见，ICANN 新的运作机制最大限度地避免了政府对未来决策的影响，以至于法国数字经济部长对 ICANN 新章程表达不满：“尽管民间团体和许多政府努力争取妥协方案，但是这次改革最终将导致政府在 ICANN 决策过程中的边缘化，跟市场部门拥有的巨大权力相比尤其如此。”在由政府、私人部门和公民社会组成的“赋权社群”中，不仅政府要面对私人部门的专家意见，私人部门与公民社会也不得不承认随着互联网的扩张而带来的政策议题的复杂性。只要政府没有像互联网发展早期那样被排除在治理之外，国家间的合作就被提上日程。这是互联网作为全球性市场对国家边界构成冲击的必然结果，是全球多边主义合作基础上的共同治理。尤其是在 ICANN 新章程的严格限制下，要建立新的互联网治理秩序，国家间的合作共治是重要方向，合作的大幕正在被拉开。

第三，私人部门在治理架构中占据有利地位，互联网治理模式维护了旧有的权力结构。

在西方，大多数互联网基础设施都由私人公司拥有和运行，最典型的就是各大网络运营商。由于在市场经济条件下，它们是最能够灵活满足互联网及其用户需要的部门，也能最大限度地反映公共利益，因而私人部门是互联网治理的重要组成部分，在“赋权社群”中扮演着突出的角色，行使着相当大的权力。但是，基于形成决策的现实需要，并非所有私人部门都能被纳入治理机构，只有部分具有“代表性”的企业可以进入。然而，与可以合法代表国家的政府不同，企业界并没有设计出合理而完备的程序用来推选某些公司作为全球范围内的合法代表。目前的事实是，进入互联网治理体系的多是美国跨国公司，它们的合法性是基于其市场范围和全球触角。它们与美国政府通过所谓“训诫的新自由主义”（disciplinary neoliberalism）实现了利益结盟。② 从美国政府的角度出发，动员这些私人部门

① 徐培喜：《ICANN 三位关键人物评述管理权移交》，《汕头大学学报·网络空间研究》2016 年第 6 期.

② Stephen Gill，Globalisation，Market Civilisation，and Disciplinary Neoliberalism，Journal of International Studies，vol. 24，no. 3，1995，pp. 399-423.

去驱动互联网增长是美国国家利益所在。另一方面，私人部门在互联网治理上与美国政府保持紧密关系能够获得多种便利和支持。它们显然不能代表小公司和非西方国家的公司，而美国公司独大的局面在未来的互联网治理体系中也不会改变。

作为“多利益攸关方”的政府，如前所述，由于美国及其盟友的支持，在新的互联网治理架构中只能扮演相当有限的角色。由于美国已经成功地将它的意志植入“多利益攸关方”互联网治理的实践、功能和规则之中，它和其他国家也在互联网自由的意识形态上实现结盟，并设计了限制政府介入的途径，因此，在互联网治理中限制政府介入的做法不会同等程度地影响所有国家。从本质上说，这是为了限制“敌对的”（oppositional）政府介入。试图限制政府权力，维持现状，实际上是美国出于限制敌对政府影响的考虑。若从全球互联网治理的实践看，如果所有参与国的政府都深深卷入其中，互联网的分崩离析将成为现实，“多利益攸关方”模式将不可持续；反之，如果政府在其中只是扮演有限角色，“多利益攸关方”模式将发挥作用，这是美国政府所乐见的，因为它将继续保持独特的影响力。因此，“多利益攸关方”模式的开启必将延续美国政府的主导地位。

因此，“多利益攸关方”模式并没有改变现有的、不平等的权力关系。它从本质上既不会损害美国在互联网治理领域的控制优势，还在某种程度上延续和强化了这种霸权。但“赋权社群”被美国商务部的取代，标志着互联网治理进入多方治理的全球共治时代。这是全球性市场兴起的必然结果，是全球各种力量广泛参与的、世界各国共同应对新旧挑战的模式。[①]它强调平等开放的有效协作，因而为新兴互联网大国提供了前所未有的机遇。

四、结语

互联网治理继续面临一系列的挑战，如寻求共同的或可以共享的利益，管理不对等的权力，调停文化多样性和价值观冲突等。围绕未来互联网治理模式的争议还会继续。但毫无疑问的是，互联网能有今天的成就，主要是全球合作而不是竞争的重大胜利。随着“赋权社群”的登场，“多

① 俞正梁、陈玉刚：《全球共治理论初探》，《世界经济与政治》2005 年第 2 期.

利益攸关方”模式启动，对中国这样的新兴互联网大国而言，机遇和利好是主要的，如互联网管理权力告别一国垄断，有助于中国维护网络安全；全球共治的成功运行能有效降低网络冲突的风险；全球共治会引发网络空间治理的全球性合作，中国提出的“网络共享，空间共治”的主张有望实现；等等。如何抓住这些契机，参与到全球互联网管理制度的顶层设计，维护国家利益，造福人类发展，是需要直面的重大问题。

社群传播时代网络流行语的传播机理研究

——基于2011—2015年的网络流行语分析①

李　彪

一、研究缘起

互联网时代，网络语言越来越成为传播学和社会学研究的热点，针对网络流行语的传播机制，很多专家学者已经进行了大量的研究。目前已有的关于网络流行语的研究大都以理论探讨和分析为主，多从符号学、模因视域等视角出发，对网络流行语的语言机制和传播模式进行研究，近年来，也有不少研究聚焦于新媒体语境下网络热词生成及流行的环境因素等。以定性研究为主，鲜有研究者采取定量研究的方法对网络流行语的流行热度影响因子进行研究。鉴于此，前人的研究一般将单个流行语或某些类别的流行语作为研究对象进行个案分析，样本选择方面主观性与随意性较强。因而，本文以滚雪球抽样的方式，选取近五年网络流行语作为研究对象，运用质化与量化相结合的研究方法探讨微观层面影响网络流行语高热度流行的相关因子，探讨网络流行语得以生成及传播的内在机理，探讨影响网络流行语流行热度的因素，找到哪些变量能够解释网络热词的生成及传播，哪些解释变量与网络热词的高热度流行有较强的相关性，解释变量是如何影响网络流行语流行热度的高低的，为

作者简介：李彪，博士，中国人民大学新闻学院副教授，中国人民大学新闻与社会发展研究中心副主任，安徽大学舆情与区域形象研究中心研究员，安徽大学舆情与社会发展协同创新中心研究员。

① 由于本文以可检索到的2011—2015年所有的网络流行语为样本，采用滚雪球抽样的方法进行抽样，所得样本中各年度的流行语数量不同，这无碍于本文后续的数据分析结果。

了解网络空间社会流行风尚，构建切实有效的舆论引导机制提供学理上支撑。

二、研究设计

（一）研究对象

本文在慧科搜索、新浪微博、百度指数等平台上通过检索，采用滚雪球抽样的方式抽取近五年（2011 年至 2015 年）网络流行语共计 106 个，制定了流行语分析的 22 个解释变量和 1 个结果变量，运用 stata 分析软件对编码数据进行处理分析，运用定序因变量的 logistic 回归模型建模，最终得到流行语热度与解释变量的相关性分析结果。

在对各变量进行编码赋值后，最终得到文本数字化的分析结果。通过对网络流行语涉及热度和持续时长的计算，对相关解释变量的编码等进行进一步的筛选，我们最终得到 79 个流行语，将其作为本文的研究对象，如表 1 所示。

表 1　本文研究的 79 个流行语

年份	流行语数量	流行语
2011 年	9	Hold 住/至于你信不信，反正我信了/伤不起/有木有/坑爹/肿么了/卖萌/悲催/围观
2012 年	10	元芳，你怎么看/你幸福吗？/休假式治疗/表哥房叔/我可以说脏话吗？/躺着也中枪/皮鞋很忙/杜甫很忙/……
2013 年	21	土豪，我们做朋友吧/我和我的小伙伴们都惊呆了/ 待我长发及腰，xx 娶我可好？/何弃疗/ 感觉不会再爱了/ 高端大气上档次，低调奢华有内涵/ 打败你的不是天真，是无鞋（无邪）/女汉子/……
2014 年	12	萌萌哒/我也是醉了/现在问题来了/ 有钱，就是任性/ 一百块都不给我/我跟你什么仇什么怨/ 我的项链两千多/你家里人知道吗/不作就不会死（no zuo no die）/ 且行且珍惜/……

（续表）

年份	流行语数量	流行语
2015 年	27	重要的事情说三遍/世界那么大，我想去看看/ 你们城里人真会玩/为国护盘/我想静静/吓死宝宝了/我的内心几乎是崩溃的/主要看气质/Duang/ 上交国/活久见/壁咚/23333/我带着你　你带着钱/……

（二）解释变量与热度因变量

1. 解释变量

解释变量的设计，须对网络流行语的传播机制有一个清晰的把握，并充分考虑传播过程中影响网络热词流行热度的各个元素。1948 年，拉斯韦尔发表《社会传播的结构与功能》一文，提出经典的 5W 传播模式，即谁（Who）、说了什么（Says What）、通过什么渠道（In Which Channel）、对谁（To Whom）、取得了什么效果（With What Effect）构成传播过程的五个基本要素，任一要素的变动都将对传播结果产生影响①（拉斯韦尔，2013）。

网络流行语的传播，同样离不开这五个要素。然而，从 20 世纪四五十年代至今，传播媒介与生态发生了巨大的变化，尤其是网络流行语大多原生或蹿红于网络、社交媒体、自媒体等众多新兴的媒介平台，因而，为厘清网络流行语的传播机理，有必要对传统的大众传播模型进行修正。网络流行语的走红，往往离不开网络大 V、公知、红人等“舆论领袖”的“推动”。1940 年，拉扎斯菲尔德提出了“两级传播”的假设，即讯息和观念总是先从广播和报刊传向“意见领袖”，然后再由这些人传到人口中不那么活跃的部分②（陈雪奇，2013），所遵循的传播路径往往是从大众媒介流向“舆论领袖”，再流向社会中的个体，从而形成两级流动的传播模式。

进入互联网时代，最大的特点就是连接与开放③（喻国明，2015），被激活的个人端开始爆发出巨大的传播能量。传统意义上的受众开始从信息的接收者变为传播者，传播过程的各参与主体在不同的阶段依次扮演译码

① 拉斯韦尔．（2013）．社会传播的结构与功能．中国传媒大学出版社．

② 陈雪奇．（2013）．两级传播理论支点解析．厦门大学学报：哲学社会科学版（5），142-148.

③ 喻国明．（2015）．互联网是一种高维媒介．南方电视学刊（1），15-17.

者、释码者和编码者的角色①（斯文·温德尔，2008a），因而，讯息、观点和情绪得以在受众之间反馈和共享。

基于此，在网络流行语的传播过程中，人际传播、群体传播等传播方式日趋重要。因此对传播效果的分析不仅要基于大众传播的渠道，人际传播和群体传播也成为讯息流通的主要渠道。传播方式的转变对传统的大众传播产生冲击，我国特殊的媒介体制同样也使得网络流行语的传播呈现出一些新的特点。近十几年来，随着新媒体的发展，中国逐渐形成两个舆论场②（南振中，2003）并存的局面，一个是党报、国家电视台、国家通讯社等“主流媒体舆论场”，即官方舆论场；而另一个则是依托于口口相传特别是互联网的“民间舆论场”，互联网成为思想文化信息的集散地和社会舆论的放大器，改写了舆论引导新格局③（陈芳，2013）。

基于对上述传播模式的认知，本文将传播者、内容、渠道、受众和反馈五个基本要素作为网络流行语传播过程中的关键节点，如图1所示。传播者作为网络流行语的创作和传播主体，拥有不同的身份、动机和态度；在传播内容层面，不同的网络流行语在表述特征和所涉范畴上也存在差异性，进而影响其传播热度；网络时代传播渠道的拓宽使得大众传播、人际传播和群体传播同时成为影响流行语传播热度的关键性因素；反馈效果上，本文依据大众传播效果依赖模式（斯文·温德尔，2008b）从认知层面、情感层面和行为层面对影响程度进行分析。在解释变量的设计中，本文从上述五个传播节点下属分类入手，结合其内容进行进一步细分，如表2所示。

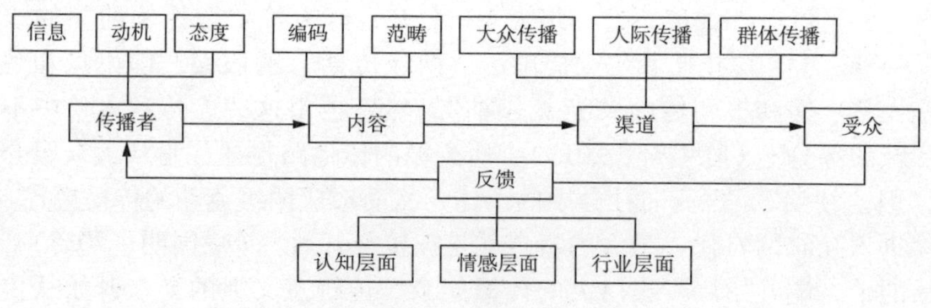

图1　网络流行语传播模式

① ［瑞典］斯文·温德尔.（2008）.大众传播模式论（第2版）.上海译文出版社.

② 南振中.（2003）.把密切联系群众作为改进新闻报道的着力点.中国记者（3）.

③ 陈芳.（2013）.再谈“两个舆论场”——访外事委员会副主任委员、全国人大常委会委员、新华社原总编辑南振中.中国记者（1），42-46.

表2 解释变量与结果变量编码表

<table>
<tr><th>变量</th><th colspan="4">分类</th></tr>
<tr><td>结果变量</td><td colspan="4">由 1 到 5 流行热度逐级递增</td></tr>
<tr><td rowspan="21">解释变量</td><td rowspan="6">传播者</td><td rowspan="2">信息</td><td>来源（SOU）</td><td>1 草根　2 媒体</td></tr>
<tr><td>创作主体（CS）</td><td>1 当事人　2 普通网民</td></tr>
<tr><td rowspan="2">态度</td><td>有无特定利益诉求（IA）</td><td>1 有　2 无</td></tr>
<tr><td>表达动机（EM）</td><td>1 有意识　2 无意识</td></tr>
<tr><td rowspan="2">动机</td><td>态度观点表达（A&O）</td><td>1 有态度无观点　2 无态度有观点
3 有态度有观点　4 二者皆无</td></tr>
<tr><td>情绪表达（EE）</td><td>1 诙谐　2 相对庄重</td></tr>
<tr><td rowspan="7">传播内容</td><td rowspan="5">编码</td><td>符号特征（SF）</td><td>1 字母型　2 数字型　3 混合型
4 词义变异型
5 口语型　6 词语演变型　7 缩略扩张型　8 语句型</td></tr>
<tr><td>字数（NUM）</td><td>1 五字以上　2 五字以下</td></tr>
<tr><td>修辞手法（RD）</td><td>1 夸张　2 反复　3 隐喻　4 反讽
5 谐音</td></tr>
<tr><td>二次传播方式（ST）</td><td>1 网络引用　2 仿作　3 戏拟</td></tr>
<tr><td>倾向性特征（TEN）</td><td>1 标签化　2 污名化　3 无倾向性</td></tr>
<tr><td rowspan="2">范畴</td><td>关涉领域（CF）</td><td>1 娱乐　2 时政　3 经济　4 社会生活　5 法制</td></tr>
<tr><td>依赖事件（EB）</td><td>1 网络热点　2 大众关注　3 社会现象　4 无</td></tr>
<tr><td rowspan="4">传播渠道</td><td>大众传播</td><td>是否万能句型（UP）</td><td>1 有　2 无</td></tr>
<tr><td>人际传播</td><td>传播路径（TR）</td><td>1 小群体扩散　2 大众化“广播”</td></tr>
<tr><td rowspan="2">群体传播</td><td>关键传播节点（KPT）</td><td>1 网络大 V　2 主流媒体等</td></tr>
<tr><td>官方话语场介入（ODF）</td><td>1 有　2 无</td></tr>
<tr><td rowspan="4">反馈</td><td>认知层面</td><td>有无群体推动（GP）</td><td>1 有　2 无</td></tr>
<tr><td>情感层面</td><td>客体指向（AO）</td><td>1 自嘲　2 嘲他　3 无</td></tr>
<tr><td rowspan="2">行为层面</td><td>情感（EMO）</td><td>1 满意　2 中立　3 不满</td></tr>
<tr><td>效果（RES）</td><td>1 加速事件传播　2 引发舆论热议
3 促进问题解决</td></tr>
</table>

（1）传播者与受众

由于网络的交互性，对于网络流行语的传播来说，传播的受众除了被动地接收信息，还会主动地寻求和使用信息，并进行传播，兼具传播者的功能，因此这两个部分合并讨论更符合网络时代流行语的传播特征。针对传播者构成、需求和思维的不同，可以对本文所选的案例进行分类。

在传播者的构成上，一方面，按照流行语创作者所处阶层，可以分为草根和媒体两类，例如流行语“世界那么大，我想去看看”起因为一封普通的辞职信，来源于民间的草根阶级，而流行语“中国梦”则来源于官方媒体的报道，等等；另一方面，按照流行语创作者的身份，可以分为当事人和普通网民，例如流行语“我爸是李刚”出自肇事者，而流行语“帮汪峰上头条”则出自普通网民的调侃。

从传播者的内在需求上来看，不同流行语的传播动机存在差异性。传播者作为传播行为的引发者，可以借流行语来表达特定的公众诉求，例如流行语“光盘”的出现是希望带动大家珍惜粮食、厉行节约，在吃饭时吃光盘中的食物，而其他流行语例如“何弃疗”等则相对不带有利益诉求。传播者是否有意识地展开传播过程也可作为分类标准之一，例如中国梦是习近平总书记提出的重要指导思想和执政理念，该概念通过媒体等多种渠道有意识地全国散播，因此流行语“中国梦”的传播是一种有意识的行为，有些流行语的传播过程相对无意。

在传播者的思维上，传播者创作网络流行语所持有的心理倾向也不尽相同。根据流行语是否体现传播者的主观倾向或评价，可将其分为四类，例如流行语“至于你信不信，反正我信了”既传递了一种讽刺的态度，也暗含民众对“7·23”甬温线动车追尾事故发生以及善后的质疑，属于既有态度又有观点。传播者通过该流行语所传递的情绪也是构成传播者思想状态的另一个要素，本文将情绪表达分为诙谐与相对庄重两类，流行语例如“我们”传递的情绪相对庄重，“吓死宝宝了”则显得比较诙谐。

（2）传播内容

传播是指社会信息的传递或社会信息系统的运行，其中的信息即为传播的内容。抽象地说，就是经过符号再现的信息。

本文在考虑传播内容的构成时，首先，对该流行语的文字或符号构成及特征进行分类归纳，一则按照流行语的符号特征分为八类，分别为字母型、数字型、混合型、词义变异型、口语型、词语演变型、缩略扩张型和语句型，其中词语演变型既包括对于俗语、谚语进行成分替换，也包括对日常生活用语进行解构和重构。流行语例如“Wuli”为字母型，“什么鬼”

为口语型，“我们”则为从之前所指的包括自己在内的若干人变为一种新的告白方式，多用于秀恩爱，属于词义变异型。再则按照流行语词条字数分为五字以上和五字以下的。此外，依据流行语语言的表现方式可将其分为五类，流行语例如“怪我咯”实为反讽，“我和我的小伙伴们都惊呆了”则运用了夸张的修辞手法，等等。最后，按照该流行语在二次传播中所遵循的创作方法，可以将其分为网络引用、仿作和戏拟三类，例如流行语“世界那么大，我想去看看”在之后的传播中多出于网民对其内容的引用，属于网络引用等。

其次，在考虑该流行语所涵盖的维度和范畴时，流行语内容所指向或涵盖的领域是其中的一个重要因素，不同的流行语隶属于不同的领域范畴，本文根据常用的分类标准将关涉领域分为时政、经济、社会生活、娱乐和法制五个角度，例如“休假式治疗”对应的王立军案使该流行语很明显地指向时政领域，而“且行且珍惜”这类对应娱乐事件的流行语则须纳入娱乐领域，等等。除了流行语产生后所指向的领域，另一个值得考量的因素是流行语兴起前所依赖的事件，本文将其分为网络热点、大众关注、社会现象和无依赖事件四类。例如“上交国”起因于《盗墓笔记》电视剧中的台词“上交给国家”，所依赖的是当时的网络热议点，而“表哥房叔”的热度则是更多依赖于官员消费远高于工资水平的社会现象。此外，从该流行语应用领域来看，不同流行语在是否可以套用进生活任意场景这一问题上同样存在差异。

（3）传播渠道

在网络时代，微博、微信等新媒体的兴起扩宽了信息传播渠道，也让传播方式从主要依赖于大众传播的传播模式向人际传播和群体传播延展，对传播渠道的分析应同时针对大众、人际和群体这三类传播方式。

社会媒介组织通过报纸、广播、电视等大众传播媒介，向大众传递信息的传播方式为大众传播，在这种传播方式下，传播路径可分为小群体扩散和大众化“广播”两类，例如流行语“Duang”来自知名弹幕网站bilibili（俗称B站）的鬼畜视频，先在B站爱好者间相互传播，之后被转发至微博通过微博再传播，属于小群体扩散，而流行语“完美”则属于直接由媒体扩散，属于大众化“广播”。在大众传播过程中，有无官方话语场介入也可能对传播效果造成直接影响，本文采用的判断标准为是否被传统主流媒体采纳入报道内容，例如流行语“中国梦”便经过《人民日报》等党政媒体的宣传，属于有官方话语场介入。

新媒体时代，借助微博和微信，每个人都可以成为记者和出版人，每个人都可能成为媒体，于是由用户自己生成内容的自媒体时代应运而生，这也让人与人之间的直接信息沟通交流传播活动变得异常频繁和重要。意见领袖作为推动人际传播的关键结点应成为一个可用的变量，主要指推动传播数量和效果发生重大变化的关键传播者，本文将其分为网络大V和相关媒体两类，这里考虑到该阶段的传播是从舆论领袖流向受众，因此此处的媒体不同于大众传播中的传播媒介。在该传播节点，流行语例如“完美”主要借助的是娱乐营销号等网络大V进行扩散，而“中国梦”等则还是借助相关媒体传播。

群体指的是由共同的利益、目标等因素相互联结影响所形成的社会集合体。群体传播主要考虑在传播过程中有无群体推动，这里主要针对利益相关群体、网络推手主动炒作等，例如“我的内心几乎是崩溃的”出于民众的主观选择被争相使用，不存在群体推动，而“重要的事情说三遍”作为某房地产网站的电台广告语必定有相关群体进行推动。

（4）反馈

在闭路循环传播模式中，传播者发出的信息经媒介传至受众将引起受众思想观念、行为方式等的变化，反馈于传播者，因此在网络流行语的传播过程中，基于受众对该流行语的认知，其在情感和行为层面都会发生相应变化。

在认知层面，民众对流行语的认知主要体现在客体指向上，分为自嘲、嘲他和无客体指向三类，例如“女汉子”明显指向自我，属于自嘲类型，而“你们城里人真会玩”则主要作为调侃他人的用语，属于嘲他类型，等等。

在情感层面，受众首先对不同的流行语有基本的情感判断，满意、中立或者不满，例如流行语“点赞”倾向于积极正面的情感表达，而“也是醉了”则传递相应不满的情绪。受流行语不同情感的影响，受众对于词条容易产生不同的倾向性判断，比如对特定人群以点代面，形成刻板印象，以定势思维来看待相关群体，例如“女汉子”这一流行语就被标签化为个性豪爽、不拘小节、不怕吃苦、不同于传统女性的一类女生，而另一类污名化则是将群体的偏向负面的特征刻板印象化，使其成为该群体的主要特征，流行语“表哥房叔”便是如此。

在行为层面上，流行语传播带来的反馈相对更加明显，传播在这个层面上对受众或传播者的行为带来变化，从而产生传播的实质效果，本文将此部分分为加速事件传播、引发舆论热议和促进问题解决三类。例如“表哥房叔”的热议促使陕西省纪委对此展开认真调查，并最终将其定罪，

"网络反腐"的力量日益被重视。

2. 构建热度因变量

在本文的变量设计中，因变量为网络流行语的热度，热度因变量的构建应基于一定判断标准。本文选取了网络流行语在百度指数最高周的平均值、百度搜索量及持续时长这三个数据作为构建热度因变量的基础数据。百度指数是以百度使用者行为数据为基础的数据平台，配合百度搜索量可以直观呈现网络流行语在传播热度上的差异；鉴于事件结束后的较长时间内，流行语的百度指数平均值普遍偏高，难以对其热度级别进行区分。

因此，在构建热度因变量时，本文选取百度指数、百度搜索量以及流行语持续时长三个指标，按照 1 ~5 热度依次递增的方式对样本中网络流行语的综合热度进行处理。由于样本中网络流行语所对应的百度指数、百度搜索量及持续时长均呈正态分布，因而本文根据上述三个指标的期望值和标准差对其热度进行划分（如表 3 所示），每个流行语即得到百度指数、百度搜索量以及持续时长三个指标的热度等级，其平均值则为最终综合热度。

表 3　网络流行语热度划分

热度级别	对应百度指数区间	对应百度搜索量区间	对应持续时长区间
1	$(0,\ \mu-\sigma)$	$(0,\ \mu-0.5\sigma)$	$(0,\ \mu-0.5\sigma)$
2	$[\mu-\sigma,\ \mu-0.6\sigma]$	$[\mu-0.5\sigma,\ \mu+0.5\sigma)$	$[\mu-0.5\sigma,\ \mu+0.5\sigma)$
3	$[\mu-0.6\sigma,\ \mu-0.2\sigma]$	$[\mu+0.5\sigma,\ \mu+1.5\sigma)$	$[\mu+0.5\sigma,\ \mu+1.5\sigma)$
4	$[\mu-0.2\sigma,\ \mu+0.2\sigma]$	$[\mu+1.5\sigma,\ \mu+2.5\sigma)$	$[\mu+1.5\sigma,\ \mu+2.5\sigma)$
5	$[\mu+0.2\sigma,\ \mu+0.6\sigma]$	$[\mu+2.5\sigma,\ \mu+3.5\sigma)$	$[\mu+2.5\sigma,\ \mu+3.5\sigma]$

（三）回归与建模

回归分析是关于研究一个所谓的因变量对另一个或多个所谓解释变量的依赖关系，其用意在于通过后者（在重复抽样中）的已知或设定值，去估计和（或）预测前者的（总体）均值①（古扎拉蒂，2011）。在回归分析中，本文考虑的是某个变量对另一个（些）变量的一种统计依赖关系，

① 达摩达尔·N. 古扎拉蒂，唐·C. 波特.（2011）. 计量经济学基础. 中国人民大学出版社.

而不是确定性的因果关系。在本文中，由于网络流行语依托于互联网等新媒体平台，关涉时政、经济、社会、法制、文化、娱乐、教育、体育等多个领域，不少流行语还与社会公共事件或公共利益等挂钩，加之"舆论领袖"以及网络推手等的介入，传播机制十分复杂。因果分析在这里显然是不适用的，事实上，很难通过统计分析得出决定网络流行语热度的影响因子。

在回归模型的选择上，本文采用定序因变量的 logistic 回归模型建模，其函数表达式为：

$$P(t)=\frac{KPx^{rt}}{K+P(x^{rt}-1)}$$

logistic 回归是关于分类结果变量的最重要的模型，其中因变量既可以是二分的，也可以是定序的，解释变量既可以为定性的，也可以为定量的。作为一种广义线性回归，logistic 回归与多元线性回归不同，二分数据的二项 logistic 模型假定：

（1）因变量为二分类的分类变量或某事件的发生率，并且是数值型变量；

（2）残差和因变量服从二项分布；

（3）自变量和 logistic 概率是线性关系；

（4）各观测对象间相互独立。

由于因变量服从二项分布，而不是正态分布，所以 logistic 模型用最大似然法估计而不是普通最小二乘法。因而对于二分结果变量，使得最小二乘法估计的同方差条件是无法满足的，因而二项分布的最大似然估计比最小二乘法估计更为有效。

定序因变量的 logistic 回归模型是二分 logistic 回归模型的扩展，在这一扩展模型中，一个因变量的可能响应由多余两个的类别组成，并且本质上是定序的（比如 0 = 差，1 = 可以接受，2 = 优秀），这就可以在类别 0 或 1 之外，找出更多且可能具有更大相关性的解释变量。在过去的 60 年中，logistic 模型已经成为社会科学中最流行的统计方法。目前，这一统计模型已经在流行病学、医学和相关领域得到了普遍的应用和发展，尤其适用于针对态度、熟练度、流行度等的测量与回归分析。

在本文中，解释变量和热度因变量均为分类变量，分类变量在测量尺度上由一系列的类别组成。其中，所有的解释变量均不具有顺序，属于定类变量，而热度因变量从 1 到 5 热度递增，为定序变量，满足定序变量的 logistic 回归模型的基本假定。因此，对本文来说，采用定序变量的 logistic

回归模型是相当适用的。

由于本文存在多个解释变量，属于多元 logit 回归。在进行多元回归时，并非所有的解释变量都与因变量有显著的相关性，因而需要通过逐步回归找出那些显著性较高的解释变量参与建模。逐步回归的基本思想是将变量逐个引入模型，每引入一个解释变量后都要进行 F 检验，并对已经选入的解释变量逐个进行 t 检验，当原来引入的解释变量由于后面解释变量的引入变得不再显著时，则将其删除。一般而言，回归分析中常采用前向选择和后向剔除法进行逐步回归。本文采用后向剔除法，以一个涵盖了所有解释变量的复杂模型为起点，然后逐步剔除贡献较小的各项，在每一步，都会选出剔除后对模型影响最小的一项，当在剔除任何一项都会显著地影响模型的拟合时，即得到最终的回归模型。

具体操作时，首先由于所有解释变量均为分类变量，因而在运用 Stata 统计分析软件进行回归时，首先须将其转化为取值为 0 和 1 的虚拟变量。以态度观点表达（a&0）这一解释变量为例，其将转化为虚拟变量_ Ia&0_ 1-4，其中_ Ia&0_ 1 被 Stata 自动省略，_ Ia&0_ 2 取 1 表示流行语满足对应选项 2 “无态度有观点”，取 0 则表示不满足，依次类推，若某一流行语满足对应选项 1 “有态度无观点”，则虚拟变量_ Ia&0_ 2、_ Ia&0_ 3、_ Ia&0_ 4 均取值为 0。然后，在 Stata 中采用后向剔除法运行“ologit”（Ordered logistic regression）命令针对定序因变量和新定义的虚拟变量逐步建模，最终得出流行热度因变量的回归方程。

三、数据分析及结果

（一）logit 回归建模结果

本文对研究选取的 79 个网络流行语进行了解释变量与流行热度因变量的逐一编码，在 Stata 中输入编码结果，并将 22 个解释变量转化为虚拟变量①，输出结果如下：

① 运行“xi：ologit hot i. sou i. cs i. cf i. eb i. sf i. ten i. num i. rd i. a&o i. up i. odf i. gp i. tr i. kpt i. st i. ia i. em i. ee i. ao i. emo i. res”命令。

Variables（原变量）	Dummy variables（虚拟变量）			
i. sou	_ Isou_ 1-2	(naturally	coded;	_ Isou_ 1 omitted)
i. cs	_ Ics_ 1-2	(naturally	coded;	_ Ics_ 1 omitted)
i. cf	_ Icf_ 1-5	(naturally	coded;	_ Icf_ 1 omitted)
i. eb	_ Ieb_ 1-4	(naturally	coded;	_ Ieb_ 1 omitted)
i. sf	_ Isf_ 1-8	(naturally	coded;	_ Isf_ 1 omitted)
i. ten	_ Iten_ 1-3	(naturally	coded;	_ Iten_ 1 omitted)
i. num	_ Inum_ 1-2	(naturally	coded;	_ Inum_ 1 omitted)
i. rd	_ Ird_ 1-6	(naturally	coded;	_ Ird_ 1 omitted)
i. a&o	_ Ia&o_ 1-4	(naturally	coded;	_ Ia&o_ 1 omitted)
i. up	_ Iup_ 1-2	(naturally	coded;	_ Iup_ 1 omitted)
i. odf	_ Iodf_ 1-2	(naturally	coded;	_ Iodf_ 1 omitted)
i. gp	_ Igp_ 1-2	(naturally	coded;	_ Igp_ 1 omitted)
i. tr	_ Itr_ 1-2	(naturally	coded;	_ Itr_ 1 omitted)
i. kpt	_ Ikpt_ 1-2	(naturally	coded;	_ Ikpt_ 1 omitted)
i. st	_ Ist_ 1-3	(naturally	coded;	_ Ist_ 1 omitted)
i. ao	_ Iao_ 1-2	(naturally	coded;	_ Iao_ 1 omitted)
i. em	_ Iem_ 1-2	(naturally	coded;	_ Iem_ 1 omitted)
i. ee	_ Iee_ 1-2	(naturally	coded;	_ Iee_ 1 omitted)

总计得到44个虚拟变量，在Stata分析软件中利用logit回归模型对定序因变量运行向后剔除的逐步回归①命令，假设：H0=结果变量hot与解释变量之间不存在相关性。

---

① 运行“stepwise，pr（.05）：ologit hot _ Isou_ 2 _ Ics_ 2 _ Icf_ 2 _ Icf_ 3 _ Icf_ 4 _ Icf_ 5 _ Ieb_ 2 _ Ieb_ 3 _ Ieb_ 4 _ Isf_ 2 _ Isf_ 3 _ Isf_ 4 _ Isf_ 5 _ Isf_ 6 _ Iv ar6_ 7 _ Isf_ 8 _ Iten_ 2 _ Iten_ 3 _ Inum_ 2 _ Ird_ 2 _ Ird_ 3 _ Ird_ 4 _ Ird_ 5 _ Ird_ 6 _ Ia&o_ 2 _ Ia&o_ 3 _ Ia&o_ 4 _ Iup_ 2 _ Iodf_ 2 _ Igp_ 2 _ Itr_ 2 _ Ikpt_ 2 _ Ist_ 2 _ Ist_ 3 _ Iao_ 2 _ Iem_ 2 _ Iee _ 2 _ Iao_ 2 _ Iao_ 3 _ Iemo_ 2 _ Iemo_ 3 _ Ires_ 2 _ Ires_ 3”命令。

结果如下：

begin with full model

p = 0.9907 >= 0.0500 removing _ Ird_ 3
p = 0.9902 >= 0.0500 removing _ Icf_ 5
p = 0.9483 >= 0.0500 removing _ Iao_ 2
p = 0.9352 >= 0.0500 removing _ Ics_ 2
p = 0.9393 >= 0.0500 removing _ Isf_ 2
p = 0.8894 >= 0.0500 removing _ Ieb_ 2
p = 0.8628 >= 0.0500 removing _ Ird_ 5
p = 0.8499 >= 0.0500 removing _ Iten_ 3
p = 0.8221 >= 0.0500 removing _ Ieb_ 3
p = 0.7035 >= 0.0500 removing _ Iten_ 2
p = 0.6968 >= 0.0500 removing _ Ist_ 3
p = 0.5958 >= 0.0500 removing _ Isf_ 8
p = 0.5483 >= 0.0500 removing _ Iemo_ 2
p = 0.5778 >= 0.0500 removing _ Isf_ 4
p = 0.4390 >= 0.0500 removing _ Iao_ 3
p = 0.4856 >= 0.0500 removing _ Ia&o_ 3
p = 0.3426 >= 0.0500 removing _ Ia&o_ 4
p = 0.2687 >= 0.0500 removing _ Isf_ 5
p = 0.8894 >= 0.0500 removing _ Ieb_ 2
p = 0.8628 >= 0.0500 removing _ Ird_ 5
p = 0.8499 >= 0.0500 removing _ Iten_ 3
p = 0.8221 >= 0.0500 removing _ Ieb_ 3
p = 0.7035 >= 0.0500 removing _ Iten_ 2
p = 0.2224 >= 0.0500 removing _ Iodf_ 2
p = 0.1626 >= 0.0500 removing _ Isf_ 6
p = 0.2512 >= 0.0500 removing _ Ist_ 2
p = 0.3364 >= 0.0500 removing _ Ird_ 2
p = 0.3145 >= 0.0500 removing _ Isf_ 7
p = 0.3595 >= 0.0500 removing _ Inum_ 2
p = 0.0783 >= 0.0500 removing _ Iee_ 2
p = 0.1508 >= 0.0500 removing _ Ird_ 6
p = 0.1355 >= 0.0500 removing _ Ikpt_ 2
p = 0.1984 >= 0.0500 removing _ Icf_ 3
p = 0.0989 >= 0.0500 removing _ Ia&o_ 2
p = 0.1032 >= 0.0500 removing _ Igp_ 2

Ordered logistic	regression	Number of obs	=	78
		LR chi2 (8)	=	42.04
		Prob > chi2	=	0
Log likelihood =	-99.752622	Pseudo R2	=	0.1741

分析上述回归结果可得，通过后向剔除逐步回归，总共剔除了35个对热度因变量影响不显著的虚拟变量，保留8个显著性突出（P值严格小于0.05）的虚拟变量进行logit回归。

var1	Coef.	Std. Err.	Z	P>X	[95% Conf.	Interval]
_ Isou_ 2	1.755	0.656	2.680	0.007	0.470	3.040
_ Itr_ 2	-1.877	0.669	-2.810	0.005	-3.187	-0.566
_ Ird_ 4	1.538	0.706	2.180	0.029	0.155	2.922
_ Ieb_ 4	-1.898	0.594	-3.200	0.001	-3.062	-0.734
_ Ires_ 3	-4.235	1.134	-3.730	0.000	-6.458	-2.012

（续表）

var1	Coef.	Std. Err.	Z	P>X	[95% Conf.	Interval]
_ Ires_ 2	-2. 000	0. 521	-3. 840	0. 000	-3. 020	-0. 979
_ Iao_ 2	-2. 372	0. 627	-3. 780	0. 000	-3. 601	-1. 143
_ Iup_ 2	1. 145	0. 477	2. 400	0. 016	0. 210	2. 080
/cut1	-4. 339	0. 743			-5. 796	-2. 881
/cut2	-2. 558	0. 604			-3. 742	-1. 373
/cut3	-0. 618	0. 530			-1. 656	0. 421
/cut4	1. 015	0. 571			-0. 104	2. 134

由上述回归结果可知，logit 回归模型的卡方检验统计量严格小于 0. 05，因而拒绝假设 H0，热度因变量与解释变量之间有显著的相关性。

如上表所示，这几个变量分别是：来源——媒体；传播路径——大众化广播；修辞手法——反讽；依赖事件——无；传播效果——引发舆论热议；传播效果——促进问题解决。

（二）解释变量的显著性分析

1. 网络流行语源于媒体，综合热度更高

从回归结果可以看出，虚拟解释变量_ Isou_ 2 与热度因变量成正相关，且 Z=2. 68，P=0. 007，显著性突出。也就是说，网络流行语来源于媒体，其流行热度通常更高，网络热词的高热度流行与其媒体来源之间呈现出强相关性。

随着新媒体、自媒体和社交媒体等新兴媒介形态的崛起，技术的赋权使得每个人都成了传播的主体，在今天“人人都有麦克风”的互联网时代下，以“个人”为基本单位的传播力量被激活，“个人”成为重构媒介生态的重要力量①（喻国明等，2015）。网络为多元言论与观点的自由表达提供了广阔的平台。特别是随着微博的勃兴，“草根”力量被激活。越来越多的“草根”阶层在网络上发声，尤其近年来在不少社会性公共事件的网络传播中，“草根”群体不论在信息传播还是意见表达方面都扮演了至关重要的角色，因而也越来越受到重视。

与此同时，作为专业的传播组织，媒体的话语权受到互联网时代被激

① “个人被激活”的时代：互联网逻辑下传播生态的重构。

活的个人力量的消解和分化，尤其在我国，主流的官方媒体不同程度地面临“塔西佗陷阱”的窘境，公信力和影响力遭遇滑坡。但是，必须承认，媒体作为互联网平台上高度节点化的专业传播者，其所能联结的节点数量、辐射的范围和发挥的作用是个人不可比拟的，尤其在内容主导、分享提供和价值创造方面，其拥有分散的、独立的个体所不具备的传播力。因而，在网络流行语的传播中，相较于源自“草根”自发创作生产的网络热词，传播来源为媒体的网络流行语往往流行热度更高。

对样本中29个此类流行语的分析显示，源于市场化媒体、网络媒体或者自媒体的网络流行语数量占82.7%，而来源于党媒（如《人民日报》、中央电视台等）的网络流行语数量较少。尽管数量悬殊，但并未对其流行热度产生较大的影响，比如“你幸福吗?”综合热度为4，“中国梦”综合热度更是高达5。

2. *以大众传播路径传播的网络流行语，综合热度较低*

回归结果显示，虚拟解释变量_ Itr_ 2与流行热度因变量成负相关，且Z=-2.81，P=0.005，显著性突出。也就是说，传播路径为大众化“广播”的网络流行语，其流行热度相对更低。

2010年，迈入微博元年，原生于微博平台的大众化“广播”随即成为互联网平台上集广覆盖面、大信息量和畅通意见流于一体的传播路径，依托于人际关系网络的传播也使其得以充当“推手”，在诸多热点新闻事件的传播中起到了重要的作用。但是，随着微信、知乎等的兴起，建立在闭合式圈群网络之上的人际传播，以其强关系、高黏性和活跃的用户群体得以迅速触发话题爆点，引发舆论热议。

在网络流行语的传播中，大众传播通常以某一传播者为中心向外扩散，以最短的时间尽可能地覆盖最多的受众。在传播初期，这的确能够在一定程度上迅速拓展网络流行语的传播范围，但由于其“由点及面式”的传播特点，传播效果并不理想，一个词句要想成为网络流行语，必须广为流传和使用，因而仅抵达、接触受众是远远不够的。

与大众传播相较而言，人际传播这一传播路径多依赖于较为集中或内部黏度较高的圈群，其中的个体多以兴趣、爱好、特长、职业等集聚在一起，彼此之间还可能在现实生活中拥有千丝万缕的联系，比如微信朋友圈，这样一来，就可以既依托于互联网平台进行“广播”，又通过社交网络上的人际关系网，以人际传播的方式进行病毒式传播和扩散，加载在人际网络上的信息流和情感流二元通路，将打通网络流行语从接触抵达到体验使用的“最后一公里”。

3. 网络流行语无依赖事件，综合热度较低

回归结果显示，虚拟解释变量_ Ieb_ 4 与热度因变量成负相关，且Z=-3.20，P=0.001，显著性突出。也就是说，网络流行语无依赖事件，其流行热度往往较低。

当前我国正处于社会转型期，各阶层矛盾激化，各类社会事件频发，其中尤以社会性公共事件最能引发舆论关注和热议。进一步分析样本发现，样本中网络流行语依赖事件为网络热点的占29.3%，为大众关注的占43.4%，汇总分析后发现公共事件类网络流行语占比达62.3%，而没有依赖事件的网络流行语仅为21.7%，其往往很难掀起舆论爆点，引发成规模的传播与扩散。

流行语是网络环境和社会动态的一面镜子，公共事件大都涉及公共利益，与每个人的切身利益相关，因而在传播过程中，由公共事件触发的网络流行语往往能够在短时间内得到病毒式的传播，在其传播过程中，往往伴随着强烈的观点、情绪的表达，同时啸聚民意，迅速形成压倒性的舆论，理性与不理性的声音掺杂其中，极易反过来对原公共事件的舆情走向产生影响。

4. 网络流行语以反讽手法修辞，综合热度较高

从回归结果可以看出，虚拟解释变量_ Ird_ 4 与热度因变量成正相关，且Z=2.18，P=0.029，显著性突出。也就是说，以反讽手法修辞的网络流行语，其流行热度通常更高，网络热词的高热度流行与反讽修辞手法之间呈现出强相关性。

网络流行语的一大特点就是恶搞，从社会学角度来分析，网络恶搞反映了个体思想的自由与解放，反映出年轻人的文化和思想追求，是对权威写作和规则话语的解构，同时也在某种程度上投射出网民在自身道德观和价值观基础上对事物的评价和行为倾向①。这通过修辞反映在网络流行语的编码中，就是反讽。以“躲猫猫”为例，其第一层符号含义，就是一种为大众所熟知的儿童游戏，在其作为网络流行语传播的过程中，网民赋予其反讽意味，进行反抗性解读，以表达对监狱方给出的“李某因‘躲猫猫’时眼部被蒙，所以不慎撞到墙壁受伤致死”这一死亡原因的不满和愤怒。

以反讽手法修辞的网络流行语，一方面使得隐藏在网民内心的态度得以揭示；另一方面作为所谓“弱者的武器”，也促成了网民情绪的发泄，

① 论网络流行语的生产机制——以“躲猫猫”事件为例。

因而打通了态度和情绪的表达通路，加之反讽修辞手法通常具有黑色幽默的特点，天然地具备了病毒式传播的必要条件，流行热度相对也就更高。

5. 嘲他型的网络流行语，综合热度较低

回归结果表明，虚拟解释变量_ Iao_ 2 与热度因变量成负相关，且Z=-3.78，P=0.000，显著性非常突出。与自嘲型相比，嘲他型的网络流行语，往往热度较低，自嘲[①]与网络热词的高热度流行有较强的相关性。

不论是自嘲还是嘲他，其实都反映出网民们在参与网络流行语的传播时所暗含着的网络社会心理。自嘲，即自我嘲讽、自我嘲弄，其往往发生在某个特定的语境中，自嘲者通过夸大或突出自身不和谐的一面，产生幽默的效果。[②] 在网络流行语的传播中，不论是传播主体还是受众，互联网平台的虚拟特性为其提供了一个自由表达的“匿名”空间，可以随时随地根据需要发表观点、意见乃至情绪。

中国互联网络信息中心（CNNIC）第 37 次中国互联网统计报告专题显示，截至 2015 年 12 月，我国青少年网民（29 岁以下）约占 54.0%，高中以下学历约占 80.3%，月收入 3000 元以下约占 60.1%[③]。由此可以看出，我国网民整体构成比较年轻，以青年群体为主，但其学历、收入都处于较低水平，也就是说活跃网民多为社会中低层的年轻人，相对而言，其生活的重心是为生计奔波，加之现阶段我国贫富较为悬殊，因而心理上呈现出较为突出的被剥夺感和对社会的不满，并极易在互联网中有较强的代入感。

由此，网络流行语的传播也就成了网络平台上意见表达与情绪发泄的一个出口。通过自嘲型网络流行语的表达，相当数量的“草根”网民有意识、有目的地实现了对内心世界的宣泄，并由此获得一种慰藉，某种程度上其也将此作为一种武器来影射他人。

6. 网络流行语是万能句型，综合热度较高

回归结果显示，虚拟解释变量_ Iup_ 1 与热度因变量成正相关，且Z=2.40，P=0.016，显著性突出。这说明，网络流行语呈高热度流行与其是万能句型之间呈现出较强的正相关性。

---

① 李春分，涂靖．(2011)．论自嘲的产生机制和表达方式．重庆交通大学学报：社会科学版，11 (5)，138-141.

② 李春分，涂靖．(2011)．论自嘲的产生机制和表达方式．重庆交通大学学报：社会科学版，11 (5)，138-141.

③ CNNIC 第 37 次调查报告：网民规模与结构特征，http://tech.sina.com.cn/i/2016-01-21/11269507842.shtml.

万能句型类的网络流行语，能够满足网民二次加工、创作的需要。通过个性化的再创作与再加工，网民的观点、情绪或思想得以充分地表达，与此同时，作为创作者与传播者的网民也收获了创作的乐趣与成就感，契合新媒体个性化、多元化、定制化的内容逻辑，因而更易传播。

7. 能加速事件传播的网络流行语呈高热度流行

回归结果显示，虚拟解释变量_ Ire_ 2，_ Ire_ 3 与热度因变量成负相关，且 Z 值分别为-3.73 和-3.84，P 值均约为 0.000，显著性突出。当网络流行语的传播效果为引发舆论热议和促进问题解决时，所对应的网络流行语的热度并不高，因而，加速事件传播与网络流行语的高热度流行呈现出相当显著的正相关性。

网络流行语热度的高低，很大程度上受到其传播速度和广度的影响。对样本进行进一步分析发现，引发舆论热议和促进问题解决型的网络流行语多与短期内某一新闻热点事件高度相关，由于互联网平台上的话题类事件传播更迭速度大多非常之快，因而这类网络流行语往往与其依赖热点事件的生命周期一样“昙花一现”，在极短的时间内迅速蹿上热门排行榜，随即便销声匿迹，持续时间非常之短，因而综合热度也较低。

而能加速事件传播的网络流行语（这里的事件多为社会长期以来持续存在结构性、现象性问题），已经在大众心理层面留下了深刻的集体记忆，一经流行语激活，便得以飞速传播，且能够持续相对较长的一段时间。在这个过程中同时也会引发一些讨论，促进相关议程的推进，但核心依然是对所关涉事件传播的推动。

笛卡尔之谬与新媒体践行：解构舆论学视角下的数字鸿沟

李　拓

摘　要：由笛卡尔发端的现代形而上学哲学思维，把存在者规定为表象的社会性，真理被规定为表象的确定性，人则被解释为主体。而互联网作为最近二十几年在中国兴起的新兴事物，其发展本身就包含着不确定性以及无法预言性的特点。数字鸿沟作为新媒体时代下的信息享有不对等，对于舆论的产生有着其特定的作用。而这种作用本身的“不确定性”就是对于笛卡尔哲学的否定。本文从哲学、传播学角度出发，运用舆论学原理解构新媒体时代下的数字鸿沟。

关键词：笛卡尔之谬；新媒体；舆论学；数字鸿沟

17 世纪最伟大的思想家之一笛卡尔（René Descartes）认为：存在者规定为表象的社会性，真理被规定为表象的确定性，人是一切事物存在的根本和主体。笛卡尔主义的核心是确定性：事物的发展遵循着事物发展固有的规律，这种规律是确定的、难以被打破的。而随着时代的发展，这句话中所表述的“确定性”开始出现了越来越多的危机，从艺术上印象画派的诞生到物理学上量子理论的出现，从数学上哥德尔悖论的提出到马克斯·韦伯悖论，越来越多人文学科和自然科学的凸显对于笛卡尔的理论进行了冲击，人们对笛卡尔的“确定性”表述开始产生了前所未有的怀疑和批判。

瑞士人工智能、认知科学教授 Ralf Pfeifer 的《具身性智能》一书，开篇就批判笛卡尔主义的错误；美国红极一时的神经心理学家达马西奥的《笛卡尔的错误》一书，更是开宗明义批判笛卡尔，西方越来越多的人文学科学者加入了对笛卡尔的批判之中。

作者简介：李拓，上海社会科学院新闻研究所研究生。

人类进入21世纪，新媒体的发展彻底打破了原有的时空格局，世界从孤立的个体开始走向相互联系的有机整体，新媒体的出现打破了原有相对社会固化的社会阶层，将更多的人推向一个新的以虚拟社区为核心架构的新媒体世界，伴随着虚拟性和真实性矛盾相依又相辅相成的特点，新媒体在整个社会舆论的建构上呈现出了明显强势性作用，这种强势不只是体现在对于社会舆论事件的参与中，更体现在新媒体媒介所呈现的舆论可以引导事件的发展，甚至在一定程度上对于事件的推进或解决起到了至关重要的作用。

一、新媒体对于社会阶层的改变与其对于笛卡尔哲学的冲击

新媒体是近些年发展出来的一个词语，其“新”字的出现本身就说明其与传统媒体有着较多层面上的差异化。这种差异化不仅仅体现在技术方式的“新”：传播渠道开始从传统的报纸、广播电视开始向基于互联网的自媒体转变，更体现在传播方式与思维结构的“新”：新媒体的出现彻底地改变了原有的媒介格局，在改变了媒介原有的传播方式的同时将社会作为集体性表现形式重新进行整合，形成了一个又一个网络虚拟社区，而这种虚拟社区一方面对于形成集体意识起到了至关重要的影响，而另一方面新媒体社区的出现也使得互联网成为舆论兴起的平台，任何事件的出现都可能依托各个虚拟社区的传播形成连锁的传播局面。

而从社会层级角度看，新媒体的出现打破了原有社会体制下相对封闭、固化的阶级，每一个生命个体都可以加入新媒体这一行业，都可以成为舆论学视角下的舆论主体，参与到社会实践的传播之中。这一时期原有的阶层差距开始有着模糊的迹象，原有的以收入、职业等依据进行划分的社会阶层时代伴随着新媒体时代的来临一去不复返——任何人都可以在互联网上平等地进行思想上的交流。新媒体时代的特点之一就是信息交流上的平等性。

一般来说，一个信息群体下的人群其思维方式和思维习惯有着相对统一的特性，这种一致性过去常常存在于地域文化之中，地理文化圈层几乎决定了人们思想上的文化特质，而今天借助大众传媒和新媒体的力量同样可以使人们的成长出现相对独立性，这种相对独立性与笛卡尔观点有着明显的不同：一个西部边远地区的孩子同样可以通过互联网的使用和北上广

地区的人群进行交流，从而有着与北上广地区相近的思维方式，而不是与其所在的西部边远地区生活的环境相完全一致，这种情况能且只可能在当今时代存在。究其根本，大众传播媒介与新媒体模糊了原有生活被固化了的边界，某种意义上说城市、国家的边界开始不复存在，新媒体改变了时空格局，加深了个人成长与社会发展的不确定性。

然而，这种看似可观的“地球村”概念又有着其不可调和的矛盾性。互联网使今天人们思维方式开始有着明显的社区化倾向，很难想象人民网强国论坛的网民和百度贴吧魔兽世界吧的网民有着较为相近的认知与处事原则，也很难想象每天只观看腾讯新闻·事实派的青年群体和只看《环球时报》的中老年群体在具体重大事件上有着相似的认知——从本质上讲，新媒体时代带给人们的是在打破了原有社会固化阶层的同时，又产生了新的社会阶层。而这种社会阶层之间的隔阂，更多的是一种数字鸿沟。

按照批判传播学观点，技术对于传播的推进作用总是伴随着社会政治经济发展而演进，技术的发展总是不可避免地带有原有的政治经济价值观。新媒体在中国的发展过程中，同样存在着不可消除的数字鸿沟，而这种数字鸿沟不仅包含着我们所定义的电脑普及率以及固定电话、移动电话使用率上的差距，更体现在一种看不到的差距上：互联网带给人们思维和认知习惯上的差距，而相对于有形的差距，思维方式和认知习惯上的不同则是更深的一道鸿沟。

新媒体改变了原有的社会关系、传播关系，其对于整个社会的价值观层面与物质层面的双重影响性是不可估量的。而全世界至今没有一个学者敢于断言新媒体未来的发展走向，而唯一正确的论断似乎就是：新媒体的发展从根本上讲是不确定的，新媒体的未来我们同样无法进行准确的预测。2005 年，作为中国 Web2.0 时代的代表——博客的出现一夜之间让人们惊呼：自媒体时代开始来临。那一年人们开始蜂拥注册博客，博客中国（Blog.cn）、敏思博客（Blogms.com）等博客网站异军突起，华数传媒董事长断言：博客注定会成为每个人生活最重要的组成部分。然而，“博客元年”的十年后，“博客”早已淡出人们的视野，敏思博客（Blogms.com）两度波折后最终宣布停止服务，博客中国（Blog.cn）关掉了在北京等地 80% 的服务器。2012 年，新媒体工具之一的微博开始成为人们日常生活最重要的组成部分，同年的中国互联网高峰论坛上，腾讯科技董事局主席马化腾表示：未来的微博格局注定是多个微博服务商并存，一个市场只有容得下竞争才能发展。而就在马化腾表态的两年后，2014 年腾讯宣布微博停止运营，运营权交付新浪所有。

新媒体的更新和替代目前看似频率加快，但是从事物本身发展的角度上看，新媒体也注定会有产生、发展、繁荣和消亡的过程。而至于其具体的发展、消亡注定是一个不确定的范畴，作为笛卡尔主义的精髓，还原论、原子主义、本质主义这三个表征看似准确，但是新媒体发展真正意义上的贡献，就是人类突破了“确定性”这一格局，打破了曾经可以写进书本的固化了的门槛，拥有了拥抱“不确定性”的勇气。而这些，正是笛卡尔精神所不能带给我们的。

二、笛卡尔主义与舆论学视角下的数字鸿沟

大数据时代是新媒体时代必然的衍生品，当所有的新媒体依靠着“1”和“0”表现世界上所有的事物的时候，大数据也就应运而生，看似有规律的大数据时代有着其众多对于大数据“确定性”结论的支持者：大数据可以体现人们的思维规律、购物规律、生活作息规律，似乎人们的一切齐聚动态都是可以用“确定性”来形容，但是大数据所提供的“规律”真的是我们要找的规律么？当我们面对着大数据时代提供给我们的一个个数据，感叹之余不禁再次发问：这个“规律”究竟能代表谁？2013 年，美国洛杉矶警局宣布开始运用大数据监测舆论和群体性事件爆发的规律，并且成功地预测出一些由舆论引发的群体性事件，然后半年之后，洛杉矶方面宣布停止进行检测，因为舆论虽然看似有着一定的产生、发展规律，但是究其本质，仍然是受到经济、政治与群众认知水平的限制，而从人类社会发展上来看，一切以预测方式的判断都是徒劳的。

数字鸿沟，原本指由于电子设备普及率的差异所造成的社会隔阂，而新媒体发展到今天，对数字鸿沟更加准确的解释应当是，新媒体高速发展的今天信息传播上的剪刀差带给人们认知理念和处事行为上的隔阂。而这种数字鸿沟出现在各个领域和各类行业，信息交流下的不对等直接引发了社会意见的集中表达，这种集中表达达到一定的界限，也就引发了舆论。从舆论学的发展上看，相当多的舆论产生的原因是信息交流上的不对等，而这种不对等在新媒体时代更为明显。舆论在发生的过程中往往带有着极强的偶然性，而这种偶然性的产生却很容易因为数字鸿沟的存在形成两个或者多个意见群体，不同意见群体之间的数字鸿沟影响了事件的解决，而在新媒体时代个人情绪的表达很容易引发本身对社会存在不满的集体爆发，最终形成社会舆论事件。而从笛卡尔哲学来看，社会机制本身的固化

作用使得其缺乏产生的偶然性，“数字鸿沟”理论对于笛卡尔哲学而言有着明显的区别和差异。

而当下的中国，由于社会贫富差距、强行征地等一系列社会问题，原本的社会负面情绪在新媒体平台上迅速爆发，迅速形成一股强大的舆论力量，而这种舆论力量的迅速扩大极易引发社会群体性事件，而这种群体性事件的产生很大程度上是由信息交流上的不对等而引发，这种信息上的不对等，就是典型的数字鸿沟。

政府及其下属机构在各类群体性事件中很少或极少介入“言论的自由市场”，也就是说，一方面政府及其下属机构在很多时候对于网上已经聚集的舆论存在着不知情或者较少了解的情况，另一方面民众的社会负面情绪在互联网平台上加速聚集。数字鸿沟的存在直接使得事件错过了解决的黄金时期，引发了更大的社会矛盾。

表 1　近些年部分代表性群体性事件各个阶段的信息传播特征

		瓮安事件	石首事件	乌坎村事件
事件酝酿阶段	民间	人际传播为主	百度贴吧迅速传播	微博、天涯论坛以及百度贴吧迅速传播
	官方	无反应	无反应	检测舆论但为回应
事件发展阶段	民间	QQ、天涯论坛舆论迅速产生，谣言开始出现	以百度贴吧为代表，负面情绪在网络上迅速产生	微博上开始迅速发酵，大量大 V 转发事件图片
	官方	传统内部信息沟通方式未接触互联网	对于网络舆论进行压制	通过广东省以及陆丰市两级媒体公布事情经过，同时在微博上澄清事实
事件处理阶段	民间	事件解决，网络上质疑不断	事件解决，网络上质疑不断	信息大量被删除
	官方	上级政府对瓮安官员进行处理，但未在网络上回应	石首官方在网络上进行回应，并与门户网站合作公开过程	全部为《南方日播》通稿
事件结果		网络谣言仍然存在	事件较好解决，仅有少量谣言	网络谣言仍然存在

通过表 1 的分析，我们不难看出，从舆论学角度看，群体性事件的产生有着明显的信息不对等局面，这种“数字鸿沟”的深入使得官方和民间

失去了平等交流的可能性，情绪化之下传授双方信息的差异很难理性地解决事件。取而代之的是群体性事件的出现和后续一系列事件的发生。同样，不仅是官方与民间，社会上各个社会群体之间由于数字鸿沟的存在，都可能引起舆论的形成。从社会阶层的角度上看，一个有着明显相同价值判断和选择的社会群体内部很难形成舆论，但是伴随着不同社会群体之间的矛盾和误解在不断加大，任何细小的数字鸿沟，都可能引发一场较大的舆论事件。

而从哲学的角度上看，数字鸿沟是一种确定的客体在不确定的时间和条件下形成的产物，是必然性和偶然性这一对矛盾同时存在的产物，而笛卡尔哲学认为，事物的确定性不仅体现在事件的产生的必然性，更贯穿于事件发展的始终。

三、新媒体时代下数字鸿沟对于舆论产生实质的探究

数字鸿沟，一个新媒体时代下传播学的术语，用来反驳笛卡尔带给我们的所谓的“确定性”再合适不过。我们所谓的规律，更多的是不确定性中的确定性，而非根本上的确定性。也就是说这个“确定性”的出现是基于不确定性的基础上才出现的。简单来说，没有新媒体时代不确定性本身，那么这个后续的、我们所推定的所谓的“确定性”也就无从谈起。

看似蓬勃发展的新媒体时代，更多的仍然是一种不确定性。新媒体时代，没有任何一个大师可以断言新媒体时代的发展，也没有任何机构或个人可以对新媒体时代下的社会舆论进行未来推定，我们能做的只是从过去发生的事件中寻找蛛丝马迹来印证我们的猜测。舆论的产生有着较深层次的社会背景，但是并不等于我们根据社会背景就可以准确地推断舆论发生的频率和规模。因为无论是新媒体、舆论学还是数字鸿沟，其产生主体都是自然所存在的“人”，人类社会的存在和产生本身就有着不确定性。

同样，数字鸿沟从数字上来看有着缩小的趋势，但是从社会现实中看，仍然有着与数据带给我们所不同的印象，伴随着信息技术的高速发展，数字鸿沟对于特定群体而言从深度上注定只能是越来越大，而数字鸿沟的产生对于社会舆论的产生本身就有着一定程度上的关联，从舆论学视角来看，数字鸿沟的出现给舆论的产生带来了诸多不确定的因素。2015 年 4 月，互联网舆论爆出团购生意带给游客的不合理性，原本 40 元的上海一景点门票在网站团购只需要 1 元，近 40 倍的票价差异迅速引发了数字鸿沟

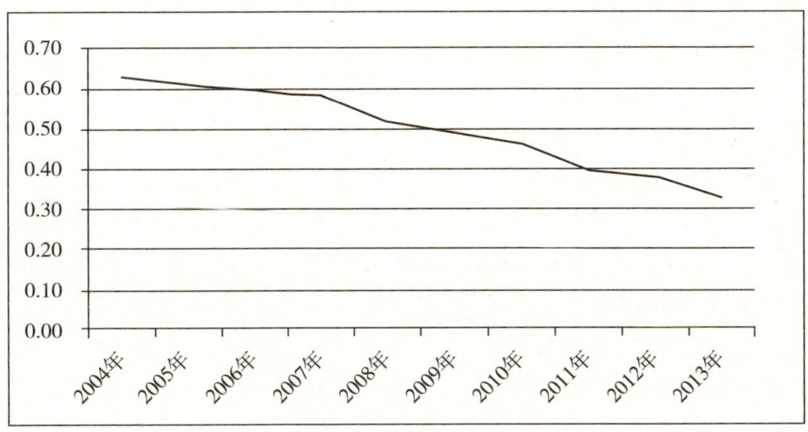

图 1 中国数字鸿沟指数报告 2004—2013

数据来源：国家信息中心，《中国数字鸿沟研究》

下两个群体的对立和谩骂，互联网舆论在极其细小的事件上发酵，但是这种发酵本身并不是新媒体所带来的，而是借助于新媒体的特点迅速传播，也就是从根本上讲，新媒体只是舆论产生的一个平台，舆论背后所呈现的更多是社会本身就拥有的人际鸿沟。

新媒体作为社会在特定时期所产生的传播工具，其本身就不可能改变人类社会存在和发展的模式。新媒体的背后同样拥有着错综复杂的利益关系，这些错综复杂的利益关系是舆论产生的重要因素。而我们每天所看到的看似可爱、有着人际互动 UI 的 SNS 软件，其实只是“确定”的表面，而非“不确定性”的本质。同样，新媒体只是技术层面上的一种创新，新媒体时代下的人际圈层依然依靠着原有的社会解构和社会发展方式，任何的互联网活动都离不开对于现实生活的依赖。

加拿大西门菲莎大学新闻学院院长赵月枝认为“新媒体的发展与扩散，与全球范围内贫富不均的扩大、族群矛盾的加深以及由消费资本主义生产和生活方式扩散所引起的生态危机的加剧等人类所面临的重大危机，同步共生”。从舆论学的视角上看，新媒体时代下的舆论学发展，同样是基于原有的社会鸿沟形成的，数字鸿沟从根本上讲，是原有社会解构和矛盾在互联网新媒体时代下的延伸。舆论视角下的数字鸿沟本身就是社会人群的一个真实体现，只是技术层面的发展加速了这一差距的不断扩大并且使得两类人群的差距也随之加大。新媒体的发展只是技术层面上的创新，这种创新给舆论的产生和传播提供了新的平台，舆论的产生有其固有的规律，新媒体下的舆论事件同样遵循着这一规律。从批判传播学的角度，不管有意还是无意，任何形式的技术决定论和技术乌托邦主义不仅是危险的，而且都是违反人类社会发展“不确定性”这一根本规律的。

以“乌托邦主义”和“现实主义”看待新媒体的发展和“数字鸿沟”影响下的舆论机制，本身就是一种错误。新媒体时代作为技术上的推动力量从根本上将不可能对舆论事件起到主导作用。从历史时间上看，新媒体在世界上的发展时间，恰恰是新自由主义全球化加快、贫富不均深化、传统社区和意义系统解体、文化危机加深的过程。在这样的背景之下，新媒体时代本身的发展就有其特定的社会历史性，这种社会历史性对于舆论的兴起起着基础性作用。而随着新自由主义丛林法则的蔓延，新媒体的发展不会出现人们在互联网时代之初预想的那样有一条固定的轨道或者是像麦克卢汉所提出的那样是一个“地球村”，新媒体时代只是人类社会发展的表象，既无权也不能代表一个新的独立于人类生存之外的世界。而“数字鸿沟”同样是新媒体时代下的差距化产物，它的出现本身就是基于原有社会鸿沟而存在。这种差距化的未来前景，我们也同样无法做出确定式的预测和判断。

从根本上讲，新媒体时代教给我们的，更多的是一种“不确定性的勇气”，而“不确定性的勇气”注定和笛卡尔主义的根本上的思想有着差异。其一，从现阶段新媒体发展情况上看，新媒体时代下的数字鸿沟本身的发展就存在着不确定性，数字上的减少、现实中问题与矛盾的突出本身就凸显了舆论发生的不确定性。其二，互联网本质上是“不确定的”，而不是“确定的”，新媒体时代下的数字鸿沟从根本上讲取决于人类社会本身的发展和技术的推进，而从这两个角度上看，人类社会的发展和技术的发展都具有“不确定性”。其三，舆论在产生和传播的过程中有着极强的不确定性，新媒体时代下的舆论事件处理有着更多的选择，而任何一个环节的问题都可能导致结果的大相径庭。从这个角度上看，新媒体时代下的笛卡尔哲学，有了其新的危机。但是这一危机的出现不代表笛卡尔哲学的失败，只是因为从人文学科角度看，任何的论断都必然有其历史局限性。

参考文献：

[1] Liebes T., Katz, E.. The Export of Meaning: Cross - cultural Readings of Dallas [M]. New York: Oxford University Press, 1990.

[2] 赵月枝. 传播与社会：政治经济与文化分析 [M]. 北京：中国

传媒大学出版社，2011.

［3］陆扬．李维斯主义与文化批判［J］．南开大学学报（社会科学版），1998.

［4］赵月枝．“向东看，往南走”：开拓后危机时代传播研究新视野［J］．国际新闻界，2013.

流言与大众传媒：信息渗透中的意见竞争

蔡 静

摘 要： 流言，是在非正式渠道下广泛传播的未经证实的信息，它不仅是信息空白的补充，还是群体在信息缺乏的状况下进行集体磋商的结果，和个体的不安心态直接关联，具有信息分享和意见表达的双重属性。本文从其双重属性出发，分析了流言信息与大众媒介信息之间互相渗透和相互竞争的关系。

关键词： 流言；大众传媒；舆论

流言究竟来自何处？为何在大众传媒发达、社交媒体风起的时代，流言仍会频频出现，在层层辟谣后仍顽强生存？从古至今，对这一问题的探索和研究从未中断过。

古典时期，惊讶于流言传播的迅速和神秘的信息来源，人们将其归于“神谕”或者“天意”。“荧惑星”和“流言女神”，就是古代中国和罗马帝国时期主管传言的最早的神明。而人们很早就认识到流言与人心之间的关系。“空穴来风，未必无因”是中国的古谚，莎士比亚和培根也曾在文中把流言和“猜测”与“嫉妒”联系在一起。

近代以来，对流言的探究超越了想象和感受的层面，开始进入社会和人文科学的视野。二战时流言的泛滥和巨大的影响力，促使美国社会学家奥尔波特和波斯特曼用实验方法寻求流言的控制之道，并提出了关于流言强度的最早的公式：$R \sim I \times A$,① 其中“R”是“rumor”，即流言/谣言（当确认信息不符合事实时）；“I”是“importance”，指重要性；“A”代表“ambiguity”，指事件或者情况的含糊性。它表明流言的传播与信息的重要

作者简介： 蔡静，中国传媒大学国际传媒教育学院副教授。

① ［美］奥尔波特，波斯特曼，等．谣言心理学［M］．刘水平，梁元元，黄鹏，译．沈阳：辽宁教育出版社，2003：20-24.

程度和模糊程度呈正相关，从而成为流言研究的奠基石；而随着研究的深入和不同领域学者的进入，流言传播背后的深广的社会心理层面也进入了研究的视野。精神分析学家荣格根据对“外星人”流言的研究，提出了“意象型流言”的存在①，指出，某些流言或者谣言根植于集体记忆和深层心理，因此会不断地通过新的形式复生。当代，随着传播环境的变化和研究的深入，对经济、政治、文化、生活各层面流言或者流言的分析愈加具体，并各有侧重，不论是在产生公式上，还是在影响分析上，都取得了重要的突破。

首先，在流言产生的问题上，更多核心要素被关注。以美国社会心理学家罗斯诺（Rosnow）为代表②，提出了新的流言公式：R=I×A×U。其中，“I”是“相关程度（Involvement）”，新的研究认为，决定流言传播的不是笼统的“重要性”，而是该信息与群体的关联程度。这决定了哪个群体会首先对流言提供的解释发生兴趣，并开始传播。“U”是“不确定性（Uncertainty）”，包括两个层次，既指客观环境的不稳定状态，也是人们心态上对信息来源的怀疑。“A”是“不安（Anxiety）”③，这个新引入的因素，是指群体的心理状态，它是流言传播的心理条件。

其次，从流言的消解上，当代的社会心理学研究提出了一个重要的“C”，即“critique”，信息接收者的批判性判断力④。流言的公式以此而演化为：R=I×A×U×1/C。

流言是有意识的主体的传播，因此传播中的个体或者群体的判断力是一项关键因素。它包括个人素质（如性格、人生观、价值观、受教育水平、习惯、兴趣、心理健康程度等）、社会参与度（如集体意识、社会经验、社会地位、社会责任感、社会认同感）以及受他人的影响的程度等，整体上实际意味着不同的群体，不同的文化社会地位和背景，会导致不同的流言接受度。进而言之，不同的人群，乐于接受的流言其实是差距甚大的。法国社会心理学家，流言专家勒莫在试图对流言传播的根本条件进行总结时，用了下面这样一句话：“一则流言的历史，首先应该是某一群体

① Jung C G. A visionary rumor［J］. Journal of Analytical Psychology，1959（4）：5-19.

② ［美］R. L. 罗斯诺，G. A. 费恩. 流言［M］. 唐晖，李华，钱孟坝，译. 梁明，校. 北京：国际文化出版公司，1990：57-60.

③ Prasad. The Psychology of Rumor：A Study Relating to the Great Indian Earthquake of 1934［J］. British Journal of Psychology，1935（26）：1-15.

④ Allan J Kimmel. Rumor and Rumor Control——A Manager's Guide to Understanding and Combatting Rumors［M］. Lawrence Erlbaum Associates，Publishers Mahwah，New Jersey，2003：100.

有能力互相交流的历史，而集体记忆、实验的社会空间和机遇则是用不同方法促成流言形成的工具。”[①] 这实际阐释了两个方面的内容，一是说流言的先决条件是群体内交流的可能，二是把这个条件和影响流言范式的集体记忆、发生流言的社会空间以及促发流言的“机遇”相比，认为群体的互相交流更为基本。

人际传播是流言传播的基本渠道，作为同一时空内的双向交流，从传播者和接受者的互相作用看，流言的内容，实际上是一个构筑过程。面对一个含糊不清的事实，受影响群体中的成员们通过私下讨论来集中个体的才智，以求为现实找到一个令人满意的解释。往往在一个事件发生后，各种解释纷至沓来：它们彼此共存，也彼此竞争，再后来就开始相互补充，逐渐形成较为“圆满”的解释。而在这个构筑“圆满”的过程中，由于不同的传播者人际关系和心理特点的不同，会选择不同的信息接受者，而接受者也会因为不同的原因而拒绝或者推动流言的进一步传播，所以，流言的传播是个充满选择的网状过程，而并非链式反应。

人际传播的双向性，决定了流言是信息和意见的共同体，并且，由于人际网络的发达，流言的蔓延速度也十分惊人。社交媒体的出现和普及，使流言的传播跨越了地域的界限，并衍生出多种变体。

进而言之，流言传播，是以个体作为“中转”的传播，在满足必要条件——流言信息有它的需求对象之外，还需要满足充分条件——作为“中转”的个体为什么主动发布？这就要考虑人际传播的目的性因素了。社会学家米勒与斯坦伯格很早就提出，传播的目的是控制环境[②]。人与人之间进行传播，目的是要获得各种期望的结果，包括金钱的、肉体的以及社交上的回报。纳普则指出：考察涉及某一关系的潜在的回报和代价，可能有助于理解人们为什么愿意追求、保持或中止这一关系。威尔英特也曾提出：双边关系的发展，是基于彼此愿意共同做些什么，以及为对方做些什么。从这个角度来看，由于对“信息”的占有和对财富占有一样，都是群体中地位识别的重要标志，因此，自愿成为“中转”的传播者，在传播中可能获得的还有更高的社交地位，比如，“消息灵通者”“好心人”等。

由此可见，在传递流言的同时，作为中转站的个体将自身也牵涉到信息之中。即使他说“有人这么说……”或者“我也是听某某人说的”，他

① ［法］弗朗索瓦丝·勒莫．黑寡妇——谣言的示意及传播［M］．唐家龙，译．北京：商务印书馆，1999：125-126.

② ［美］迈克尔·E. 罗洛夫．人际传播——社会交换论［M］．王江龙，译．上海：上海译文出版社，1982：3-4.

也无法将听传与自身判断完全划清界限。因此，在这种情况下，他很少会人云亦云地去叙述上一个中转站讲述的内容，反而常常试图说服他的谈话对象。卡普费雷曾这样感叹："传谣者不会仅仅满足于宣布一项消息，就像人们将一封信投入邮筒里一样。他本人完全牵扯进去，他把信息据为己有，抛出这个信息，就等于抛出他自己。这就是为什么流言的传播是一连串说服行动的结果。"① 从对"中转"这个环节的分析，可以清晰地看到流言传播中信息的推动力量和人们凭借信息进行的意见交换。

既然流言的传播，始终具有信息分享的功能，那究竟该如何理解它和媒介传播之间的差异？在流言信息和媒介信息之间，是否不存在沟通和共存？从流言的信息属性出发，可以对两者间的互动关系进行这样的分析。

一、知情的延伸：流言与大众媒介间的信息竞争

传播的核心目的是知情，从而检测环境变化，进行行动选择。因此，不论是对媒介信息的接受还是对流言信息的好奇，最基本的目的都是获知信息。但是，大众媒介的机构化的正式渠道和流言的以人际为主的非正式渠道，其所传信息的内容却是不一样的，最根本的区别就是，媒介信息尽管以"真实、迅速、充分"来自我要求，但始终是经过机构"过滤"的；而流言信息最重要的特性是人们"欲知而未知"的，当然，在它的传递中，很可能有大量的虚构和空想成分。人们在大众传播的覆盖之下，仍然愿意倾听和传播流言，就在于流言信息提供的往往是大众传播无法满足的那一部分信息需求。从这个角度讲，流言的存在是必然的，它代表着社会传播的较为自由和活跃的空间，尽管会因此损失一些真实性。分析媒介信息的特征，首先要了解媒介在社会信息系统中的地位，简而言之，媒介是为社会大众获取新闻、监测环境而进行运作的组织，但在它成立之后，由于处在信息主渠道的控制者地位，又在面对整个社会的信息传播中起着"把关人"的作用。

值得注意的是，这个"把关"的性质和 1947 年美国社会心理学家卢因在《群体生活的渠道》一文中提出的"把关"（gatekeeping）性质还有所不同。卢因提出的"把关"，强调的是人们的不自觉行为，是社会普遍

① ［法］卡普费雷．谣言［M］．郑若翰，边芹，译．郑永慧，校．上海：上海人民出版社，1991：73.

存在的现象。“信息总是沿着含有门区的某些渠道流动，在那里，或是根据公正无私的规定，或是根据‘守门人’的个人意见，对信息或商品是否被允许进入渠道或继续在渠道里流动做出决定。”[①]“信息传播网络中布满了把关人。”在群体传播过程中，由于存在着一些把关人，只有符合群体规范或把关人价值标准的信息内容才能进入传播的渠道。但由于群体的大小不同、选择标准不同，这个“把关”还是比较宽泛的。

但是，当1950年传播学者怀特将社会学中的这个概念引入新闻传播时，就发现“把关”的性质有了重大变化。[②]在大众传播的新闻报道中，传媒组织成为实际中的“把关人”，他们主动对新闻信息进行取舍，决定哪些内容最后与受众见面，“把关”成了大众传媒组织的有意操作。媒介组织的操作就信息控制的角度讲，就包括了各个层面。首先，就“新闻”选择而言，“新闻价值”既是客观的又是灵活的，何种事实只能一略而过，何种事实干脆舍弃，这是有多重选择的。媒体报道中的一个突出现象就是对主流的追捧和对弱势者的忽略。弱势群体因为社会地位和经济能力的原因，不仅很难在媒介中发出声音，而且，也很少成为新闻关注的对象。比如，尽管农民在大多数农业国家都是人口的大多数，甚至在世界人口中也占据着较大的比例，但是在媒介中，城市人口仍然成为媒介的主要对象，其新闻报道也围绕他们进行；农民往往成了“被遗忘的大多数”。

其次，媒介作为社会组织，其自身处在国家、社会和市场的三重关系之中，为了自身的生存和发展，在新闻选择上，除“新闻价值”之外，它还必须考虑自身的利益需求，并兼顾社会主流价值和一些政府的特殊要求，如“情报”控制和“宣传”价值。这就导致了媒介的偏向。比如，从新闻信息的选择看，施拉姆曾比较过全世界14家顶尖媒体在1956年11月2日的报道，在这一天，有两个重大历史事件同时发生。一是苏联进军匈牙利，压制改革；二是英、法和以色列共同袭击了埃及。结果发现，埃及发生的战争获得了极大的关注，而只有斯德哥尔摩的报纸给了匈牙利更多的关注。《真理报》基本上没有提匈牙利的“起义”，只是说有逃狱分子引发的“强盗袭击”。

“把关”的地位导致了媒介信息自诞生之日起，就存在着种种限制，这是由各个层次丰富的信息资源和相对狭窄的大众媒介渠道间的矛盾决定的，也是由大众媒介本身的社会地位造成的。但“把关”的限制并非唯一

① Kurt Lewin. Pschology Ecology［J］. Harper，1951：39.

②［美］麦奎尔．大众传播模式论［M］．上海：上海译文出版社，1987：135.

使大众媒介信息受限制的原因，特别是对个体而言，还有两种要素需要考虑。

一是，大众媒介致力于信息的公开传播，这样在一般情况下，人人都平等地拥有信息。但是，充分、准确而迅速的信息是进行决策的宝贵资产，对个体或者某个群体而言，更快、更准确地获得内部信息具有极大的价值，这可能是经济上的，也可能是政治上的，更可能影响个体发展。

二是，和流言信息相比，大众媒介的受众目标毕竟是“大众”，因此，它在信息提供上更注重面上的铺开。而流言信息既可以扩展到社会事件，比如雾霾生成的原因、韩国朴瑾惠政府的丑闻内幕，也可以具体到个体的需求，比如，公司中谁将升迁、谁会走人。流言是灵活的、全息的信息，而且有众多的细节和解释，尽管它的真实性有待进一步考察，但对个体而言，流言是充满诱惑的。

大众传媒作为“把关人”的天然限制和个体信息需求的丰富性、层次性，使非正式渠道中传播的流言信息和媒介信息相比，在信息流通方面成为一个较为自由的活跃因素。因此，流言和媒介的信息竞争具有必然性。

在一般情况下，媒介和以“小道消息”为代表的流言各自的受众和路径不同，因此，两者间的信息竞争更多的是以一种互补的方式表现出来，但在某些特定情况下，这种竞争却转变为媒介信息和流言信息的直接碰撞，甚至是流言信息对媒介信息的填补和替代——那就是当大众媒介这样的体制化渠道无法满足大众对关键信息的急切渴求时。

大众媒介无法满足大众的信息需求，可以分为两个层次，一是从信息公布上看，对信息流通设置人为障碍，导致在人心不安、急于寻求解释时，却无法从社会信息最主要的渠道——大众媒介渠道获得信息，因此，流言泛滥，人心浮动。诸多公共危机发生时的媒体对应舆论风潮，可以体现此点。例如2001年年底一直持续到2002年2月在天津发生的“艾滋病患者扎针”流言①，2003年的SARS流言，再到近几年关于雾霾的成因和控制的种种讨论。当媒介对人们急切需要的信息采取回避手段时，流言就会迅速编织起来，以进行解释，缓解不安。尽管后来媒介介入了，但如果在提出证据方面不够完备，仍然会备受质疑。

大众媒介未能及时提供大众需要的信息，只是紧急状态下人们转向倾听流言的一个原因，另一个原因则在于媒介本身作为信息来源，其公信力受到了怀疑。和第一点相比，这种对大众媒介的全面怀疑乃至信息抵制，

① 邓科，柯立．天津“艾滋患者持针扎人”事件调查［N］．南方周末，2002-01-25.

才是更难以克服的。

从流言和大众媒介的不同渠道看，流言在流传中时，其接受度就较高。这一是由于流言从来都是“及时”的，它总是根据人们最关心的事物发言，能够马上反映人们的忧虑和希望；二是由于它主要通过较为紧密的人际渠道流传，从信息接受角度，信息来源显得较为真诚。而且，流言的形式，也同样引述权威，比如，关于单位负责人是否生病的流言，可能以这样的形式开头，“我的好朋友的哥哥就在那所医院当医生，他亲眼看到……”；而关于犯罪的流言来源可能来自于一位目击者、一个来自警局的朋友；至于政治流言甚至丑闻，例如美国新任总统特朗普的“通俄门”事件，为他工作的竞选团队、参与保护的安全人员都有可能成为流言来源。流言引述的往往是匿名的或者私密的权威，在一个相当短的时期内，这是无法辩驳而又难以分辨的。更何况，人们在危机时刻总需要更多的保障，因此，“无风不起浪”“宁可信其有，不可信其无”的心态也会占据上风，导致人们接受。

大众媒介信息和流言信息的竞争，不仅有信息来源方面的问题，还必须关注流言信息内容的可塑性和接近性。由于流言不仅是信息的传播还是意见的交流，因此，它是极为贴近个体欲望和要求的。流言是群体共同的创作，其中掺杂着相当多的集体判断和成见，因此，可能更为适应个体的认知框架，从而更容易被接受。流言不仅仅是“可以相信”，而且是“愿意相信”。比如肯尼迪遇刺后，尽管官方调查进行了完整的信息披露，关于暗杀的原因仍然众说纷纭，其中被认为有说服力和广为流传的就有“反卡斯特罗古巴流亡分子所为”说、“黑手党所杀”说、“联邦调查局和胡佛主谋”说、“中央情报局所为”说、“美国右翼势力共同所为”说乃至“美国军事工业集团所为”说和“继任者约翰逊总统主谋”说[①]，种种说法出台的背后，都是对负责调查的沃伦委员会的不满和怀疑。

可见，在信息流通中，流言是难以避免的，而且在提供解释上是大众媒介强有力的竞争者。媒介最能够依靠的力量只有一个，那就是——真实、充分的报道，尽量满足大众的知情权，确保自身的公信资格。

---

① 吕加平．阴谋与抗争：肯尼迪总统被刺案起因剖析——猪湾事件［M］．北京：学苑出版社，1998.

二、渠道的跨越：流言与大众媒介间的信息渗透

1938年“火星人入侵”事件引发了学界对媒介强效果的研究，其中一个不可忽视的事实是，大众的恐慌是大众媒介和被流言裹胁的群众共同引发的，亲朋们拨来的电话提醒说，“广播台正在播呢”，于是，流言被证实，没有人想起去查一下节目单，检查下究竟怎么播——这则信息貌似在人际和媒介两个渠道都证实了，所以一定是真的。

其实，在流言的传播中，强调它曾经在媒介上播出过，是个很常见的增加说服力的办法。“流言”只要和大众媒介联系起来，不论是作为辟谣，还是作为对一种说法的引用，都能刺激流言的传播。对于尚未听到这则流言的人来说，这是提醒他们有这种说法，而对已经知道的人来说，媒介本身就证实了流言的影响力。因为所有的辟谣运动都是两种交流：一是使那些未听到流言的人知道了流言；二是试图影响那些已经听到流言的人。而且，因为大众媒介在辟谣时一般会重复流言的内容，而人们的收听、收看状态是时断时续的，一种可能性就是媒介中的否定性信息被忽略了，反而是流言本身被记了下来。

辟谣只是流言信息出现在媒介上的一种情况，另一种情况就是媒介上出现了来源并不确切的消息，可以视为流言的变种，但这并非是媒介工作者对新闻价值的违反，而是由新闻工作本身的规律决定的。一是从新闻线索角度，由于媒介需要不断把握事物发展的最新动态，同时又要在新闻竞争中获得主动权，因此，记者往往需要从各种渠道获得新闻线索，甚至要“见微知著”，从各种细节中挖掘新闻。在这种状况下，本来就具有新闻性、内部性的各种“小道消息”和“流言”就都可能成为重要的新闻线索。而且，流言是“经非正式渠道传播的未经证实的消息”，如果消息足够吸引大众注意力，也必然引发媒介的“证实冲动”。一则引发大众普遍关注的流言，不论其真实与否，都是新闻媒介值得采用的选题。

另一种情况是由于政界、金融界的消息本身就具有隐秘性，很多有很大挖掘潜力的真实消息，其雏形就是流言。比如某上市公司股票发生突然的大幅下跌，某行业龙头公司的并购安排，在公司并未对外公开宣扬之前，业内就有了种种猜测和流言。《财经》等业内刊物从一开始就对这类流言高度关注，进行追踪，正是为后来的报道做准备。以金融报道为主的

《华尔街日报》，甚至为流言专门开辟了一个永久性专栏，标题就是“道听途说”①。这个专栏把一切小圈子里的窃窃私语都公之于众。

二是从新闻报道角度，事实在尚未完全展开时，可能存在各种方面的可能性。而由于事情的发展是复杂的，因此，它可能在不同的当事人那儿有不同的说法。为了新闻的平衡和全面，这个时候，一些还未完全证实的猜测就可能出现在报端。比如，关于犯罪报道，由于和大众的安全相关，但是案情又未明朗，就很可能在访谈中出现各种猜测。例如，某明星被绑架案，在被绑架期间，关于何时失踪，何人所为，因为什么，种种猜测都在媒体上流传，而且是作为案情分析的一部分出现的，这是流言在媒介上的一次集体演出。

对流言的传播而言，媒介有时会起到“兴奋剂”的作用。在媒介尚未关注时，一则流言影响的范围可能只在局部，局限于某个群体和某个地区，但当大众媒介介入后，它可以迅速成为每个人谈论的热门话题。卡普费雷曾这样形容这个情况，“大众传播媒介用文字为流言签署公共出身证书”。对这个状况最熟悉的恐怕是娱乐界，比如在《妈妈咪呀》《我是歌手》这类真人秀选拔中，关于选拔中是否有黑幕的问题，关于评委对选手的喜恶，甚至关于选手的着装和“粉丝”关系，不论真假，都是媒介的热门话题。一夜之间，圈内的闲话就成为全国新闻。

三是在新闻写作中，尽管根据要求新闻要有明确的信息来源，但是出于保护以及当事人意愿等种种原因，信息来源无法透露，只存在一个潜在的“知情人”，这在重大消息报道中尤其突出。例如，1973 年《华盛顿邮报》对水门事件丑闻的成功报道，就得益于一位被称为“深喉咙”（Deep throat）的匿名消息源所提供的宝贵内幕消息。而直至今日，这位“深喉咙”仍然身份成谜。而在涉及政治、经济等重大题材中时，根据匿名消息源提供的消息报道新闻更为司空见惯。例如，在白宫的吹风会上，政府的发言人不断地重复着“不可引用”四个字。即使是一些资深政治记者也无法使知情者在公开姓名的情况下开口，以至于有的记者戏称在华盛顿没有人有名字②。

1987 年，美国学者雷文和阿勒克进行了一项专门研究。他们收集了从 1985 年 10 月到 1986 年 9 月《纽约时报》周末版的封面文章进行考察，发

① ［法］让-诺埃尔·卡普费雷．谣言：世界最古老的传媒［M］．上海：上海人民出版社，2008：223.

② 林岩．美国新闻记者与匿名新闻来源［J］．国际新闻界，2000（5）：39-43.

现70%以上的文章都有至少一个匿名的信源，一般表述为“重要官员”“知情人”“有关方面证实”。这些表述其实是相当模糊的，但是媒介依靠自身的公信力维持了对这些信源的认可。一般而言，媒介对于当事人来说，永远是“后来者”，而且，媒介的公开传播功能本身，也给当事人对信息的透露增加了许多疑虑。因此，考虑到媒体的新闻报道，往往也是从大多数“二手”消息中筛选而来，如何保证新闻的真实对媒介来说，依然是一个重大的问题。

总而言之，从流言信息与大众媒介信息之间的关系的角度，一方面，从传播的目的来看，流言信息和大众媒介信息都是为了满足受众检测环境和控制环境需要而产生的。只是由于流言信息往往来自非正式渠道，它和公开传播的作为社会信息“把关人”的大众媒介相比，在“新闻性”之外，还具有“匿名性”和“私密性”，因此，在个体极为具体的信息需求中，它和媒介信息能够互补相容。而在媒介信息无法满足受众信息需求时，流言信息就会占据这一空间，成为媒介信息的竞争者。

另一方面，从现实的信息流动看，流言信息和大众媒介传播的信息并非泾渭分明、毫不交错的两条直线，而是互相沟通的两条河流。大众媒介可以从流言信息中筛选新闻，获得对社会新动向的把握，乃至探索流言背后的真实图景，而流言也在大众媒介力图把握复杂社会全貌的过程中，进入更广大人群的视野。甚至于，在某些特殊媒介操作下，流言成为媒介的主要内容，出现“官方流言”。

值得注意的是，由于流言自身具有极大的说服力和诱惑性，大众媒介信息和流言信息的竞争关系将长期存在，而媒介唯一的也是最终的凭借只有一条，那就是媒介自身的公信力。这对大众媒介本身来说，是个永恒的课题。

参考文献：

[1] Robert H Knapp. A Psychology of Rumor [J]. The Public Opinion Quarterly，1944，8（1）.

[2] Rosnow，Gorgordin. Rumor Research Revisited and Expanded [J]. Susan Coppess Pendleton，Language & Communication，1998（18）.

[3] [美] R. L. 罗斯诺，G. A. 费恩. 流言 [M]. 北京：国际文化出版公司，1990.

[4] [德] 汉斯-约阿希姆·诺伊鲍尔. 谣言女神 [M]. 顾牧，译. 北京：中信出版社，2004.

[5]［法］让-诺埃尔·卡普费雷．谣言：世界最古老的传媒［M］．上海：上海人民出版社，2008.

[6]［美］奥尔波特，波斯特曼，等．谣言心理学［M］．沈阳：辽宁教育出版社，2003.

[7]［法］弗朗索瓦丝·勒莫．黑寡妇——谣言的示意及传播［M］．唐家龙，译．北京：商务印书馆，1999.

政治信任危机与网络谣言的法律规制限度

伍德志

摘　要：现代政府作为一种强大的制度政治分工，导致了政治代理的必要性，政府也因此只能被信任或不信任。政治不信任构成了网络谣言的重要意义指向之一。当下我国治理网络谣言的各类法律，其主要目的不在于保护个人权利而是维护政治信任。网络谣言中的政治不信任是对前期负面历史经验的凝练与总结，很难归结到当下发生的某个事件。政治不信任有着很强的逆反性，对网络谣言的法律规制往往会加重公众的猜疑。网络谣言作为不信任情绪的一种表达，其治理方式不应是通过法律进行硬性的打击，而是对谣言的表达与处理进行制度化的限制，一方面应适当地放开谣言的表达，另一方面应将谣言的表达与处理纳入制度化的轨道，由此通过不信任的制度化排解来实现常态化的信任。

关键词：政治信任；网络谣言；法律治理

当下我国正面临的政治信任危机给政府的社会治理造成了极大的困扰。一旦出现有争议的政治决策，公众就很容易陷入对政府的盲目质疑与不信任当中，公众往往并不是根据政治决策本身的好坏来判断政府的可靠性，而是根据对政府的某种先验性偏见而来假定政治决策的好坏。由于公众对政府已经形成了根深蒂固的成见与偏见，政府所给出的任何事实和逻辑上的解释与论证都很难说服公众。而针对政府的各种网络谣言就滋生于这样一种环境当中。在不信任的社会氛围当中，由于公民与政府之间高度的信息与知识不对称，谣言往往成为弥补这种认知鸿沟的一种重要沟通媒介。但谣言作为未经证实的二手信息，也容易误导公民的政治判断，从而

基金项目：本研究系安徽大学舆情与区域发展协同创新中心2014年度重点招标课题（项目编号：ADYQXCZD05）系列成果，获安徽大学博士科研启动经费项目资助。

作者简介：伍德志（1982—），男（汉族），安徽枞阳人，安徽大学法学院讲师，法学博士。

给政府的正常运作造成巨大的压力。政府出于缓解信任危机的考虑，试图通过法律机制来遏制网络谣言的传播，但对网络谣言的片面化限制只能解决表面问题，而难以解决表面问题背后的深层次信任危机。

一、政府只能被信任或不信任

现代社会是一个高度功能分化的社会。政治系统在今天的中国也同样失去了其全能主义特征，而变得高度的复杂化与专业化，这在公民与政府之间造成了难以克服的信息与知识不对称。正如约翰·邓恩所认为的，现代政府很大程度上是一种强大的制度化政治分工，这导致了政治代理的不可避免性。[①] 政治分工的结果就是造成了专业人士与非专业人士之间的隔阂。这一方面使得非专业人士对专业人士的依赖与信任变得必要，另一方面也使专业人士对非专业人士的欺骗变得可能。[②] 当公众面对难以被直观性理解的政府行为或政治决策时，只能通过政治代理进行有风险的信任或不信任，而难以通过掌握充分的信息与知识实现全盘的理性控制。例如，对于一些地方推行的PX项目，很多民众实际上是在对该项目并没有相关的理性权衡与利弊分析的情况下就已经先验地否定了政府的决策。信任与不信任在功能上是等价的，都是一种特殊的社会现实与社会结构，都是根据有限的信息来潜在地推断未来的可靠性。信任作为一种态度，既非主观的，也非客观的，信任是认知与情感的有条件结合[③]，信任以先前的经验作为基础，但信任不只是来自过去的推断，而是超越它收到的信息，去冒险地界定未来。[④] 信任能够将外在的认知问题部分地转化为内在的情感问题，从而能够以一种有风险的态度勇敢地面对不可知的未来。因此，某种

① 参见［英］约翰·邓恩：《信任与政治行为》，皮小林，译．载郑也夫编：《信任：合作关系的建议与破坏》，中国城市出版社 2003 年版，第 106–108 页．

② See Iran Frowe，Professional Trust，British Journal of Educational Studies，Vol. 53，No. 1，(Mar.，2005)，pp. 34–53.

③ 参见［德］尼可拉斯·卢曼：《信任》，瞿铁鹏，李强，译．上海人民出版社 2005 年版，第 36 页；J. David Lewis and Andrew Weigert，Trust as a Social Reality，Social Forces，Vol. 63，No. 4 (Jun.，1985)，pp. 967–985.

④ 参见［德］尼可拉斯·卢曼：《信任》，瞿铁鹏，李强，译．上海人民出版社 2005 年版，第 26 页．

程度上信任是建立在“幻觉”之上，因为可利用的信息少于保证成功的信息。[①] 不信任同样也是如此，只是其是一种根据有限信息做出的负面性风险推断。由于公众与政治系统之间的隔阂，公众只能根据一些非专业的表面化信息来推断政府行为与政治决策的内在可靠性。如根据生活作风推断贪污腐败，根据贪污腐败推断工程质量。很明显，这种推断也是有风险的，我们很多情况下也能发现，一个生活作风败坏的官员也许很有能力。

而我国很多地方政府之所以不被公众信任，主要就是因为公众在对政府官员的贪污受贿、私生活糜烂、执法粗暴、飞扬跋扈的既有印象基础上形成了根深蒂固的不信任。在信任逻辑的支配下，这些道德层面的不良印象也很自然延伸至对政府行为专业合理性的判断。信任与不信任都有一种“普遍化”的能力：通过将既有的经验泛化，从而延伸到其他“类似”的案例上，从而能够在他们经受住的检验范围内，使对区别的不介意稳定化。[②] 不信任一旦形成就能够脱离原初的经验基础，表现出独立的运作逻辑，这时不信任开始不受事实与逻辑的左右而变得极度的情绪化。如在轰动一时的贵州瓮安事件中，尽管当地政府对死亡女学生进行过三次法医鉴定，但公众完全不相信官方的自杀结论而更相信各种谋杀论，如公安局唆使黑社会打死女学生、官宦子弟杀死女学生，公安局出钱私了、强制掩埋尸体。[③] 这些谣言无疑都有一定的经验基础，公众是根据自己关于政府在资源开发、征地拆迁、移民安置中漠视群众利益的一贯印象来潜在地推断女学生的死因一定不同寻常，而不仅仅是无法归责的自杀。即使根据专业理性的分析，女学生之死更有可能是自杀，但这也难以扭转公众基于前期的负面印象对政府形成的不信任。不信任不仅能够不受事实的左右，而且还可以独立对事实进行有选择地裁剪。在不信任当中，那些可信性证据被反面解释，而善意的行为则可能被认为是在掩饰。[④] 因此，我们能够看到政府在面对公众的不信任时往往显得百口莫辩，无论是通过事实的展示，还是通过逻辑的说服，都难以遏制公众歇斯底里的不信任。尽管政府对于

---

① 参见［德］尼可拉斯·卢曼：《信任》，瞿铁鹏，李强，译．上海人民出版社 2005 年版，第 41 页．

② 参见［德］尼可拉斯·卢曼：《信任》，瞿铁鹏，李强，译．上海人民出版社 2005 年版，第 34 页．

③ 参见人民网：《贵州瓮安县“6·28”事件》，http：//society. people. com. cn/GB/8217/126097/，2015 年 5 月 18 日访问．

④ See Roy J. Lewicki，Daniel J. McAllister and Robert J. Bies，Trust and Distrust：New Relationships and Realities，The Academy of Management Review，Vol. 23，No. 3（Jul.，1998），pp. 451.

不信任的解释常常是“群众不明真相”，但不论是真相还是谎言，都不会自我标示出来，即便政府的解释真的是“真相”，但这也只有在真相被认为是真相的情况下才会是“真相”。由于公民与政府之间的高度的信息与知识不对称，公民不仅难以辨别谎言的真假，也同样难以辨别“真相”的真假，公众对于政府只能是有风险的信任或不信任。由于公众对于政府的态度原本就不是建立在充分认知的基础上，仅仅通过真相来说服公众显然是不得要领的。

二、政治不信任：网络谣言的情感基础

公众对于政府的不信任与网络谣言的泛滥有着内在的密切关系。谣言的生成环境有两个基本特征：含糊性与重要性。[①] 含糊性意味着人们对谣言涉及的主题或事件知之甚少，而重要性则意味着谣言涉及某种非常重要的议题或人们对其有着非常浓厚的兴趣。在含糊性与重要性并存的环境中，人们就会产生“穷根究源”的冲动，就会有强烈的动机去搜寻信息，从而为难解的现实找到一个“理由”[②]，这时即使是错误的信息也有可能被人们盲目地接受。尽管如此，契合于这两种环境特征的信息并不都会成为广泛传播的谣言，谣言还反映了人们普遍持有的某种既有的偏见、成见或情感。如在美国20世纪五六十年代种族骚乱频发与民权运动高涨的时期，社会上就流传关于黑人如何侵犯白人而不是白人如何侵犯黑人的各种谣言。[③] 谣言作为一种主观情感状态的投射，[④] 总会有特定的意义指向。由于缺乏对事实真假的辨别能力，人们就可能用情感判断来代替事实判断，以对信息传播者的信任或不信任代替对信息的亲自核实。信任与不信任作为

---

① 参见［美］奥尔波特等：《谣言心理学》，刘水平，等，译．辽宁教育出版社2003年版，第17页；［法］让-诺埃尔·卡普费雷：《谣言：世界最古老的传媒》，郑若麟，译．上海人民出版社2008年版，第8页．

② 参见［美］奥尔波特等：《谣言心理学》，刘水平，等，译．辽宁教育出版社2003年版，第20-21页．

③ See Stephen Yong，Alasdair Pinkerton & Klaus Dodds，The word on the street：Rumor，“race” and the anticipation of urban unrest，Political Geography，38（2014），pp. 57-67；Terry Ann Knopf，Beating the Rumors：An Evaluation of Rumor Control Centers，Policy Analysis，Vol. 1，No. 4（Fall 1975），pp. 599-612.

④ 参见［美］奥尔波特等：《谣言心理学》，刘水平，等，译．辽宁教育出版社2003年版，第24、65-113页．

一种带有情感特征的特殊态度，也构成了网络谣言的一种重要意义指向。卡普费雷认为，谣言传播与否与真实无关，而与信任与不信任的态度有关。[①] 谣言都是一些二手信息，都是从他人那里得到的“道听途说”，当我们第一次从他人那里听到一则信息时，我们是不能分辨出这是谣言还是真相的。不论是谣言还是真相，都不会自我标示出来是谣言还是真相。如果我们信任信息的发布者，谣言就是真相。如果不信任，即使是真相也会被认为是谣言。这也意味着，谣言与真相是以相同的逻辑传播的[②]，都是建立在有风险的信任与不信任的基础上。当人们不信任政府发布的信息时，就会信任人云亦云的谣言。因此，网络谣言是当前我国的政治信任危机的一个重要折射。

在温州动车事故中，网络上就流传有“八大谣言”，如重大事故死亡人数上限为35人、掩埋活人、遗体被集体火化、高铁司机只培训10天、抗命坚持救援特警支队长被报道后受处分、铁道调度系统出现故障已拘留两无证程序员、港人上街悼念遇难者、移动车厢时有遗体掉下。[③] 我们能够明显地看到，传播这些谣言的网民大多数情况下是无法核实这些谣言的真假的，他们只是在某种情感偏见的驱使下要么接受某些既有的网络信息，要么对既有的网络信息进行了加工改造，但不论是接受还是改造，都不是完全任意的，而是有着特定的意义指向。这些谣言都指向了政府，指向了关于政府喜欢欺瞒、作风粗暴的一贯印象，这些谣言对政府是否公开坦诚、是否认真负责、是否专业高效有着深刻的不信任。在不信任情绪的支配下，只有那些能够契合于公众关于政府的负面成见的信息才能成为人们相互传播的谣言。浙江钱云会事件同样也是如此。钱云会被碾死后，网民普遍不信任官方关于交通肇事的调查结论，相反，网民更加相信能够佐证“谋杀论”的各种谣言，如钱云会是在一个官员现场指挥下被拖到车轮底下碾死，钱云会是被四名保安拖住碾死，钱云会死前曾与人扭打，现场目击者被关押，钱云会被副镇长打电话叫走，等等。[④] 这些谣言也都无一例外指向了政府。政府对上访者的暴力打压、非法截访、非法拘禁由来已

---

① 参见［法］让-诺埃尔·卡普费雷：《谣言：世界最古老的传媒》，郑若麟，译．上海人民出版社2008年版，第13-15页．

② 参见［美］卡斯·R·孙斯坦：《谣言》，张楠迪扬，译．中信出版社2010年版，第38页．

③ 参见人民网：《温州列车追尾事故八大谣言》，http：//society. people. com. cn/GB/86800/15264699. html，2015年5月5日访问．

④ 参见凤凰网：《浙江乐清上访村长意外死亡事件》，http：//news. ifeng. com/society/special/leqingchehuoshigu/，2015年5月5日访问．

久，公众对政府的这些前期负面印象凝聚成了于建嵘所谓的“抽象愤怒”①，而其中也包含着强烈的不信任情绪，这种情绪一旦形成，就开始有了自己独立的运作逻辑。不信任虽然不乏一定的经验基础，但现在却能够超越这个经验基础，不再考虑当下个案与过去经验之间的差异，从而对真实或虚构的网络信息开始进行独立自主的选择。即使大多数网民比官方更加缺乏信息与证据来证明钱云会是如何死亡的，即使现有证据更能够证明钱云会是死于交通肇事，但公众在不信任情绪的支配下也会有意识地或无意识地摒弃官方信息而选择相信那些能够证明“谋杀论”的网络谣言，网络谣言也能够正当化公众对政府的不信任。上述网络谣言的传播也都有着深刻的现代性背景，现代政治系统的功能分化已经使政府行为失去了一目了然性，这不仅是因为政府的行为更加专业化，也是因为政府行为更加复杂化。在温州动车事故中，网民很难从专业角度去判断政府救援的合理性。而在钱云会案件中，网民也很难理解现代刑事勘验技术的合理性。这当然不是谴责网民无知，而是说现代社会中的任何人都会多多少少存在这方面的无知，无知既使得信任变得必要，也使得不信任变得可能，这也就为政治谣言的生成与传播提供了可乘之机。

三、网络谣言规制的立法背景：政治信任危机

我国目前涉及网络虚假信息的法律法规有很多种，如《互联网用户账号名称管理规定》实行“后台实名、前台自愿”的原则，并要求网络用户遵守法律法规、社会主义制度、国家利益、公民合法权益、公共秩序、社会道德风尚和信息真实性七条底线。《互联网安全保护技术措施规定》则要求网络服务提供单位杜绝违法信息，能够防范、清除匿名者发布的信息，并保留相关记录。《互联网网络安全信息通报实施办法》针对网络安全事件建立了信息通报制度。比较严厉的一个规定就是“两高”2013 年所出台的专门司法解释《关于办理利用信息网络实施诽谤等刑事案件适用法律若干问题的解释》。这个司法解释细化了诽谤罪，寻衅滋事罪，敲诈勒索罪，非法经营罪，损害商业信誉、商品声誉罪，煽动暴力抗拒法律实施罪，编造、故意传播虚假恐怖信息罪在网络环境中的定罪标准。这个司法解释出台的背景正是网络谣言风起云涌、横行无忌的时代。从政府的角度

① 参见于建嵘：《有一种“抽象愤怒”》，载《南风窗》，2009 年 18 期.

来看，网络谣言也严重冲击了正常的社会秩序，激化了社会矛盾，对政府的公信力造成严重损害。该司法解释中的某些条款明显是针对这样一种背景，如第二条规定同一诽谤信息实际被点击、浏览次数达到五千次以上，或者被转发次数达到五百次以上的，应当认定刑法第二百四十六条第一款规定的“情节严重”；第三条规定引发群体性事件，引发公共秩序混乱，引发民族、宗教冲突损害国家形象，严重危害国家利益等情况可以构成“严重危害社会秩序与国家利益”；第五条规定编造、散布或组织、指使人员散布虚假信息，起哄闹事，造成公共秩序严重混乱的，以寻衅滋事罪定罪处罚等。司法解释当中的所谓网络虚假信息，多数情况下就是各种网络谣言。

很显然，在中国语境当中，网络谣言所涉及的法律问题不仅是私法问题，也是公法问题。这和“稳定压倒一切”的维稳思路是一脉相承的。尽管这个司法解释处处彰显对个人权利的保护，但对“社会秩序与国家利益”的鲜明强调也能够透露出“醉翁之意不在酒”的潜在意味。如果扫描一下近年来那些网络大 V 炮制的比较轰动并且能够引起官方媒体注意的网络谣言，我们就能够发现这部司法解释的主要目的不在于保护个人权利，而是为了维护政治信任。如秦火火炮制的政府在温州动车事故中偏袒外国人、政府强迫公务员向红十字会捐款、残联主席张海迪是日本国籍等谣言[①]，傅学胜在网络上炮制的“‘情妇’举报公安分局长”和“中石化‘非洲牛郎门’”等谣言[②]。在政府看来，这些谣言都直接或间接地指向了政府及其相关的一切，这一类谣言就可能引起社会情绪的躁动不安，从而引发公众对政府的强烈不满。很多网络谣言即使和政府没有明显的关系，如“立二拆四”炮制的“干爹带我游奥运”“僧人船震”等谣言[③]，薛蛮子炮制的“水里含避孕药”“舟山汞超标”等谣言[④]，秦火火炮制的雷锋生活奢侈、军事专家罗源的哥哥担任外国公司总裁等谣言[⑤]，但这些谣言

① 参见新浪网：《“秦火火”事件回顾：曾制造传播逾 3 千条谣言》，http：//news. sina. com. cn/c/2014-04-11/235629915363. shtml，2015 年 5 月 8 日访问.

② 参见新华网：《网络谣言制造者傅学胜被上海警方依法刑拘》，http：//news. xinhuanet. com/2013-08/25/c_ 125242496. htm，2015 年 5 月 8 日访问.

③ 新华网：《网络幕后推手“立二拆四”案宣判从“炒美”转向“炒丑”》，http：//www. sc. xinhuanet. com/content/2014-11/19/c_ 1113315763. htm，2015 年 5 月 8 日访问.

④ 央视网：《“大 V”薛蛮子的网络心路》，http：//m. news. cntv. cn/2013/09/15/ARTI1379201023384209. shtml？222，2015 年 5 月 6 日访问.

⑤ 新浪网：《“秦火火”事件回顾：曾制造传播逾 3 千条谣言》，http：//news. sina. com. cn/c/2014-04-11/235629915363. shtml，2015 年 5 月 8 日访问.

背后的愤怒与情绪也很容易波及政府。不信任是一种能够超越有限经验的“泛化”态度[①]，是整体性与弥散性的，并且有着相对的独立性，即使很多社会问题和政府没有太大关联，但不信任情绪也能够将这些社会问题与政府关联起来，并且构成针对政府的其他各种抗议、不满与愤怒的潜在信息基础。这对于政府来说就意味着，要维护政治信任，不仅要治理针对政府的各种不实谣言，也要治理针对其他社会问题的各种不实谣言。上述司法解释就能够说明这一点。该司法解释对社会秩序与国家利益的着重强调就潜在指向了政治信任危机。

某些官方媒体对于网络谣言的态度也能够反映出这一点。如《人民日报》发文认为，“网络谣言不仅败坏个人名誉，给受害人造成极大的精神困扰，更损害国家形象，影响社会稳定”[②]。《人民论坛》发文认为，政治谣言“蛊惑人心”，“对我国实施西化、分化与渗透”，其不仅能够“惑众”，而且还能够“祸国”：“破坏民众对政府、社会和政治制度的信任，造成严重的思想混乱，影响群众对改革开放和稳定发展的信心。”[③] 而《红旗文稿》则发文认为，网络谣言容易引发社会信任危机，造成社会震荡、危害公共安全、损害国家形象，有些网络谣言矛头指向党和政府，抹黑社会主义道路等。[④] 很明显，真正引起政府关注谣言的原因主要不是其侵害了个人权利，而是因为网络谣言破坏了国家形象，破坏了公众对党和政府的信任。特别是将网络谣言纳入寻衅滋事罪这个“口袋罪”，更能够说明网络谣言与不信任之间的这种弥散性关系，因为不信任是一种弥散性情绪，其往往不分青红皂白地否定政府的一切行为与决策，通过这个“口袋罪”，政府就有了打击一切不利于政府的谣言的法律依据。

四、网络谣言的法律规制限度

尽管我国出台了严厉的司法解释来打击网络谣言，但网络谣言对于当下中国来说可能不仅仅是表面问题而是本质问题。仅仅打击网络谣言可能治标不治本，而且将注意力过分集中在网络谣言也容易导致对网络谣言背

① 参见［德］尼可拉斯·卢曼：《信任》，瞿铁鹏，李强，译. 上海人民出版社2005年版.

② 参见黄庆畅、张洋：《网络谣言害人害己，社会公众勿信勿传》，载《人民日报》2012年4月16日，第01版.

③ 参见姜胜洪：《当前政治谣言七大“惑众”特征》，载《人民论坛》2012年第18期.

④ 参见吕其庆：《政治网络谣言必须重拳出击》，载《红旗文稿》2013年第16期.

后更深层次问题的忽视，如贪污腐败、贫富差距、城乡分化、农村问题、社会不公等。网络谣言与社会失序实际是同一个过程的结果，我们既不能说网络谣言导致了社会失序，也不能说社会失序滋生了网络谣言，两者都是因为公众不信任政府这同一原因导致的外在结果。[①] 网络谣言也不能被当成一种危害社会秩序的现象从而被孤立地对待，即使我们能够有效地杜绝网络谣言，我们也很难根除网络谣言背后根深蒂固的不信任情绪。这种不信任情绪和任何其他情感类似，其虽然是对过去各种负面历史经验的凝练与抽象化，但其一旦形成，就有了独立自主的运作逻辑，能够超越事实与逻辑，开始对社会发挥建构性作用。政治信任危机既不是朝夕之间形成的，也不是由于各种网络负面信息对于公众的误导，而是因为日常生活、政治生活、经济生活中各种与政府有关的负面问题、负面信息被公众抽象成了一种顽固的社会情绪。在这种情绪当中，公众不分青红皂白地否定政府的一切，个体即使没有利害关系也会积极参与到对于政府的抗议当中。这是一种莫名的愤怒，没有具体来由，很难归因于当下某个突发性事件。因此，通过法律来规制网络谣言，也只是一种非常片面的治理措施，而很难缓解网络谣言背后的不信任情绪。

不信任作为一种特殊的情绪也有着很强的逆反性。情感问题需要通过情感的手段而不是理性的手段去解决，通过法律机制对网络谣言的惩治往往收到的也是反效果。法律是一种理性化的措施，其强调对证据的充分收集、对事实的严格调查。但网络谣言之所以能够成为人人传播的谣言，也正是因为很多信息对于公众来说是无法进行核实的。通过法律来治理谣言固然可以使得谣言的泛滥停歇一时，但背后的信息匮乏与不信任情绪仍然存在。对于信息匮乏的公众来说，其在不信任情绪的支配下，会将法律对网络谣言的限制当成一种掩饰，正如西美尔曾说过，“秘密虽然并不与恶有直接的联系，但恶却与秘密有直接的联系”[②]，公众虽然看不见掩饰背后的秘密，但能够看见掩饰这一行为本身，通过掩饰这一行为，公众就足以推断掩饰背后必然有某种不可告人的秘密。如果公众与政治系统之间存在难以克服的信息与知识不对称，那么在不信任的背景之下，对网络谣言的片面法律规制也只能加深公众的猜疑，执法者与法官自然可以说法律打击的只是虚假的谣言，但对于公众来说，这仍然是无法确证的。公众很容易

① See Terry Ann Knopf, Beating the Rumors: An Evaluation of Rumor Control Centers, Policy Analysis, Vol. 1, No. 4 (Fall 1975), pp. 599-612.

② 参见[德]盖奥尔格·西美尔:《社会学：关于社会化形式的研究》，林荣远，译．华夏出版社 2002 年版，第 260 页．

根据道德常识形成这样一种判断：既然你是无辜的，为什么要掩饰？

网络谣言也是言论的一种，法学界都非常熟知言论自由的各种经典理论。言论自由更重要的意义不在于“真理越辩越明”的效果，而在于为社会情绪提供宣泄的渠道。有了言论自由，有了对于政府各种负面信息的挖掘、调查、公开的权利，并不意味着我们可以更加有效地理解与掌控政府的行为。对于大多数人来说，功能分化社会所造成的隔阂实际上是很难通过知识与信息的学习得到弥补的。言论自由更大的意义在于宣泄社会情绪，这正如古人所说：“防民之口，甚于防川。”因此，各国法律规范不仅保护正确的言论，也保护错误的言论。真正意义上的情感很难被事实与逻辑所左右，情感源出客观环境但又是与客观环境相分离的自主性主观机制①，其相当大程度上能够漠视经验变化而保持特殊的稳定性与盲目性。情感一般只能被宣泄。正如夫妻之间发生了矛盾，使妻子消气的方法不是首先根据事实和逻辑进行说理，而是首先让妻子发一顿脾气，妻子心情大好之后，冷静的说理才会奏效。政府在处理公众对自己的不信任时，方法也应该是类似的，只有先让公众将通过谣言或其他方式将自己的不满、愤怒与不信任发泄出来，我们才能期待公众能够接受政府的理性说教。公众实际上也无法辨别政府的说教是否正确，即使其能够接受政府的说教也不是因为其认为政府的说教就是正确的，而是因为对政府有风险的信任。如果不信任，政府再正确、再充分的说教都无济于事。

五、谣言表达的常规化：不信任的制度化

对于当前中国可能危及政治信任的网络谣言，我们当然也不能放任不管。网络谣言如果不加以必要的限制，往往会激化为对正常社会秩序的狂暴破坏。网络谣言作为不信任情绪的表达，其所传达的信息往往误导人们的社会交往与政治判断，这会增加整个社会的交易成本，妨碍公众的正常生活与政府对社会的理性治理。但在有着高度反思性的现代社会，怀疑已经成了一种普遍的思想状态，政府的合法性已经很难建立在韦伯所谓的魅力型统治与传统型统治的基础上，政府只能首先被假定为是不可信的。在古典自由主义理论中，洛克、孟德斯鸠、汉密尔顿等思想家对现代民主宪

① 参见［美］詹姆斯·卢格：《人生发展心理学》，陈德明，等，译．译林出版社 1996 年版，第 221 页．

政的构想实际都是以对政府的深刻不信任作为预设，并由此强调权力制约机制的必要性。与此相应，民主制度最基本的前提就是对所有权威的怀疑，大多数民主原则，如多数选举、三权分立、司法独立、司法审查、正当程序实际都预先假定了对政府的制度化不信任，这能够为那些愿意进行信任冒险的人提供支持或保险，为背信行为提供矫正机制。[①] 由于政府永远存在滥用其权力为自己谋私和侵犯公民利益的风险，如果有专职的不信任者专门监督政府、提出警告或者提供负面信息，现代政府会运作得更好。[②] 政治信任很大程度就建立在健全的制度化不信任的基础上，制度化不信任保证了政府的可控性以及人们对政府的安全感。[③] 为了实现对政府的信任，我们也只能首先预设政府是不可信的，并将不信任制度化。制度化不信任通过界定信任与不信任之间的制度界限、对不信任的表达进行规范化以及建立对背信行为进行监控的常规化程序，从而将背叛信任的风险限制在可接受的范围内。因此，网络谣言作为对政府的不信任情绪的一种表达，其规制方式就不应是通过法律进行硬性的打击，而是对谣言的表达与处理进行制度化的保障与限制，一方面应适当地放开谣言的表达，使社会当中的不信任情绪能够得到宣泄，另一方面应将谣言的表达与处理纳入制度化的轨道，防止不信任情绪因过度累积而对社会秩序产生破坏性冲击。最终，我们能够通过对不信任情绪的制度化表达与排除来建立常态化的信任。

第一，政府应该公开一切可公开的信息。这要求政府对决策过程，决策理由，政府官员的个人履历、教育背景、财产状况以及家属情况予以全面公开。其主要目的也不在于使公民对于政府行为与政治决策有着更多的理解，正如很多政府决策即使实施完全的信息公开，也很难被公众甚至专家完全透彻地理解，例如政府制定的很多法规、实施的大型项目工程，其可能产生的社会影响很难从经验角度被统计出来。公众甚至专家也很难对这些决策的长远利弊进行全面、准确的分析。信息公开的目的主要在于展示一种坦诚的态度，表明政府可能是有问题的，而且是可监督与可批判

① 参见［波兰］彼得·什托姆普卡：《信任：一种社会学理论》，程胜利，译．中华书局2005年版，第187页；关于司法审查作为对政府的不信任，参见［美］约翰·哈特·伊利：《民主与不信任：司法审查的一个理论》，张卓明，译．法律出版社2011年版，第99-101页．

② See，Russell Hardin，Trust and Trustworthiness，Russell Sage Foundation，2002，pp. 107－108；另请参见［美］罗素·哈丁：《我们需要信任政府吗?》，载［美］马克·E. 沃伦编：《民主与信任》，吴辉，译．华夏出版社2004年版，第20页．

③ 参见［波兰］皮奥特·斯托姆卡：《信任、不信任与民主制的悖论》，闫健，译．载《经济社会体制比较》，2007年第5期．

的。这样一种态度本身就是一个可信性标志。

第二，政府应建立有效的公开答疑机制。公开答疑机制的主要目的也不在于能够使公众对于政治决策的利弊能够有着透彻的理解，而在于通过公共沟通展示一种可亲近与可信性的态度，表明公民的质疑能够得到认真对待和处理，以及政府是负责任与可靠的。因此，政府应建立有效的公开答疑机制，及时解答公众的疑问，从而避免不信任的进一步发酵。很多公共突发事件之所以会引发网络不信任情绪的大爆发，很大程度上就是因为这些不信任情绪无法得到制度化的排解。

第三，对于澄清不信任的公众参与机制。对于公众有疑问的任何政治决策与政府行为，政府应该放手让有意愿的公众参与到澄清不信任的过程中，只要不涉及个人隐私与国家秘密，政府应对公众开放一切相关执法材料与决定材料，由他们自由收集、复制与传播，并设立专门的公共论坛让公众可以对政治决策与政府官员自由发表意见。如果政府对于任何有疑问的政治决策都能够以一种“欢迎查询”的态度淡然处之，那么必然会降低谣言的传播强度，因为这也是一种重要的可信性标志，能够使人们对官员的动机形成信任，从而减少政治谣言的传播。

第四，对背叛公众信任的公开惩戒机制。任何政府官员如果违背了法律或道德所赋予的社会性期待，都必须予以公开惩戒，并对社会予以公布和公开答复。这特别需要强化政府监察机构的职能，由其对官员的背信行为进行公开的调查、处理与惩戒，对社会完全公开。

第五，将上述所有不信任的处理机制都予以制度化。我们可以设立专门的人员和程序来处理公众对于政府的不信任，将不信任的处理期限与程序予以明确化，以使得公众的任何疑问与不信任都能够得到政府及时、公开与有效的处理。

总之，由于网络谣言是不信任情绪的一种表达，我们只能适当放开这种不信任的表达，并将其纳入制度化的轨道当中，从而通过制度化的不信任实现制度化的信任。

网络时代社会治理
“三维一体多元共治”路径选择

刘文富

摘　要：网络时代已经进入以社交媒体等应用为主的一种新的互联网发展阶段，具有开放性的社会结构、共享性的服务方式、互动式的网络管理、协作化的共创模式等特征。网络时代对社会治理的新冲击和新问题有：信息传播的新变化，人际交往的新变化，社会组织建构面临的新情况等。新型社会治理的主体包括政府、企业和各种市场主体、社会组织、公民和公民各种形式的自组织等四个方面。新型的社会治理范式应该包括社会治理制度、体制、机制这三个主要维度，三者形成一个整体，形成网络时代社会治理的“三维一体多元共治”新范式。

关键词：网络时代；社会治理；社交媒体；网络政治；网络社会

互联网以其无可比拟的优势在世界上得到了快速的推广和运用，并在运用中不断地进行技术革新，以适应新的需求。在这一过程中，互联网的优势也随着时代的发展有一些变化。随着网络进入新的发展阶段，网络背景下的社会治理也发展到一个新的高度。相对于早期网络偏重于单向发布和传播，社交媒体则更偏重于网络政治的双向沟通和共同创造，它在带来新的思想和观念的同时，社会治理也出现了许多新情况、新问题，必须进行系统的研究。

一、网络社交媒体时代的主要内涵和特征

随着网络技术的发展，网络时代特征也发生了一些根本性的变化。随

基金项目：本文为国家社会科学基金项目“WEB 2.0 时代的网络政治与社会管理创新研究”（编号：12BZZ055）阶段性研究成果。

作者简介：刘文富（1954—），男，博士，上海开放大学公共管理学院教授。

着六度分隔、长尾分布等理论的广泛运用，网络社会进入了以社交媒体等应用为主的一种新的互联网发展阶段。这个社交媒体时代的网络发展具有以下鲜明特征：

（一）开放性的社会结构

互联网本身就是一个开放式的架构，由于社交媒体的运用，网络社会开放性的优势更加明显。美国纽约城市大学杰夫·贾维斯教授认为："互联网是我们这个世界中的一个新的层次，也许是一个新的社会，或者是通向不同于现在的更加公开化的未来的途径。""在全世界范围内，我们的生活正不断地趋向于公开化……由于社会向更加公开化的方向发展，这是显而易见的，也是不可避免的。"①

（二）共享性的服务方式

在网络时代，网络的数字化是一项重要的技术发展。在数字化的基础上实现了信息的共享性，使信息用户从被动接受技术信息转换为有意识、有目的地创造信息，提高了信息共享的水平，并且开辟了一种新"时空"。"共享不仅是一种接入互联网的潮流，一些很酷的服务程序，一些新的商业模式，以及闪光的政治辞令，年轻的幻想。共享更是社会和经济重组的核心……共享是划时代变化的标志。它具有重要的裂变性。共享对那些把权力用于控制信息和受众的机构构成了威胁。"②

（三）互动式的网络管理

现在的网络社交媒体更注重用户的交互作用，用户既是网络信息的浏览者，同时也是制造者。互动是新媒体的重要特征之一，"在网络情境下，个体之间的互动就是符号的互动，新媒体比传统媒体所传递的符号形式更加多样化，内容更加多元和立体"③。在网络时代，各种社交媒体和新媒体的运用，一方面可以为政府制定政策和科学决策提供多个可以选择的方

---

① ［美］杰夫·贾维斯．公开：新媒体时代的网络正能量［M］．南溪，译．北京：中华工商联合出版社，2013：11-14，11-13，254.

② ［美］杰夫·贾维斯．公开：新媒体时代的网络正能量［M］．南溪，译．北京：中华工商联合出版社，2013：11-14，11-13，254.

③ 黄秀娟、唐静、李晓莉．新媒体对大学生人际交往的影响探析——基于符号互动理论的视角［J］．高教探索，2014（6）：176.

案；另一方面，也给政府决策带来一定的压力。[①]

（四）协作化的共创模式

马克思在《资本论》里面写道：“许多人在同一劳动过程中，有计划地一起协同劳动，这种劳动形式叫做协作。”[②] 在网络时代，协作成为依靠团队共同的力量，跨地区跨时空来共同完成某一件任务。著名协作平台有百度百科、维基百科等。共同兴趣爱好的一群人可以跨时空聚集在一起创作、交流、互动，每一个人在创作的过程中，都有权利编辑、修改内容，从而共同完成某一文章或项目的创作。协作精神也可以用于政府管理，负责美国前总统奥巴马的“政府公开计划”的贝丝·诺维克女士认为：“协作是双方面的，政府并不是资料的唯一来源。外来者也可以为政府提供数据，以帮助政府更好地运作。”[③] 美国前总统奥巴马上任伊始即签署了《透明与开放的政府备忘录“协作”原则》。协作是其三原则之一：“协作将让更多的公民参与到政府的决策过程中来。在各部门、各级政府、非营利组织、商业公司以及私营部门之间，应利用创新的设备、方法和系统来实现协作。各部门应该积极搜集公众反馈，来评估和改善各个层次的协作。”[④]

二、网络时代对社会治理的新冲击和新问题

在进入互联网的新的发展阶段后，信息传播存在多样性，信源的多元化、分散化，使得人们对信息有了更多的选择。人际交往虚拟化，社会组织虚拟化、扁平化等，使得公民参与和政府治理有很多问题值得研究。

（一）信息传播的新变化

社交媒体等网络工具具有推动政治发展和社会治理良性发展的积极作用。我国互联网迅速发展，推动了重大公共决策的变化，互联网成为传递

---

① 彭兰．社会化媒体与媒介融合：双重旋律下的关键变革［J］．新闻战线，2012（2）：83-85.

② 马克思．资本论：第1卷［M］．北京：人民出版社，2004：362.

③ ［美］杰夫·贾维斯．公开：新媒体时代的网络正能量［M］．南溪，译．北京：中华工商联合出版社，2013：11-14，11-13，254.

④ White House. Memorandum on Transparency and Open Government［EB/OL］．［2011-01-11］. http：//edocket. access. gpo. gov/2009/pdf/E9-1777. pdf.

原生态民意的重要渠道；网络参与拓宽了公共行政活动的空间，带来了新的行政生态环境。在社交媒体时代，网络舆论又出现了谣言迅速扩散等负面效应，出现盲目参与、无序参与和非理性参与的情况。网民往往不相信政府的声音。政府的公信力大打折扣，从而容易引发群体性事件，对社会的安定有序产生负面作用，社会治理的难度大大增加。社交媒体，如微信传播，具有隐蔽性强、传播速度快等特点，对现代管理提出了更高的要求。社交媒体传播对社会稳定带来了新的冲击。一些信息强国充分利用互联网的开放性、廉价性和影响的广泛性，跨越国界大范围地传播本国的文化价值观念、生活方式和制度形态，同时贬低和动摇其他国家人民的信念和社会政治制度，使包括中国在内的发展中国家在保持本国的政治独立、人民的政治信仰和文化的独立性方面面临严峻的挑战。如何发挥网络时代社交媒体的正能量是值得探讨的问题。网络时代的社交媒体，具有多种功能，由于具有自主性比较强的特点，也容易出现一些负能量的东西，给社会发展和社会治理带来负面效应。这就意味着每一个网络参与者和管理者都要有“公民意识”，自觉维护国家利益、增进社会和谐、遵守公民道德。必须有效地利用社交媒体，使其成为社会治理的正能量。在网络社交媒体时代，政治宣传必须进行深刻的改革。随着媒体不再那么大众化，而变得更加个人化，“个性化政治可以标志着政治家们竞选和管理方式的范式改变”[①]。数字数据可以导致更广泛的政治协调，也给社会动员和社会变革提供了有效的工具。

（二）人际交往的新变化对经济社会发展的影响

洪浚浩先生曾经指出，新媒体传播时代与信息时代的根本性区别是，传播模式发生了颠覆性与革命性的改变：人与人联系更密，人与人互动更频，媒体对社会的介入更为深刻。[②] 网络时代人际交往的新变化的主要表现是：网络社交媒体时代是一个关系为王的时代。在网络社交媒体时代，从人与内容的关系到人与人的关系成为新的网络时代的核心指向。网络从“内容为王”进入“关系为王”的时代，不仅仅是一种表达的改变，更是一种价值观的转变，世界上任何技术的进步都是为了人的全面发展，所以在网络 2.0 时代，网络的发展更符合历史的发展规律。在社交媒体时代，

① ［美］肖恩·杜布拉瓦茨．数字命运：新数据时代如何颠覆我们的工作、生活和沟通方式［M］．姜昊骞，等，译．北京：电子工业出版社，2015：243，93-94，235.

② 洪浚浩：新媒体影响社会、引领时代——传媒——人民网［EB/OL］．http：//media.people.com.cn/n/2015/0721/c397351-27338826.html.

网上的接触补充并强化了人际沟通关系。现实生活中，经常有这样的矛盾现象，家庭或朋友聚会，面对面的交流少了，却用手机和远方的朋友互动不停。一方面是一个孤独的个体，缩在电脑或者手机屏幕前，逃避所有的人际互动，另一方面是一个地球村，一个无边界的世界，来自世界各地的无数的朋友，瞬间可以即时跨越时空来交流。李·雷尼（Lee Rainie）、巴里·威尔曼（Barry Wellman）教授在他们的新书《超越孤独》中引用皮尤研究中心多年数据所得出的结论是：“网络化的关系、互联网活动与地方活动有很大的正向关系。网上的接触补充并增加了人际沟通，而不是代替了丰富的面对面接触。”① 传播领域享誉世界的学者、荷兰简·梵·迪克教授就认为：“面对面交流仍然是最重要的交流方式。但是，它也逐渐部分地由间接交流取代或弥补。因为这个目的，大量的人际交流和大众媒介交流正在被使用。”②

网络社交媒体时代的人际关系的建立和维护变得更轻松。在网络时代，“个人集体和组织越来越多地直接联系起来，甚至跨越很远的距离联系在一起”③。社交媒体强调用户参与，并且以人为中心，人就必然会产生社会性的需求。社交媒体正好满足了用户的这一需求，将“六度空间”理论应用于信息传播，并通过“社会性软件”的方式实现。1967 年哈佛大学心理学教授斯坦利·米尔格拉姆提出的“六度空间”理论认为：“你和任何一个陌生人之间所间隔的人不会超过六个，也就是说，最多通过五个中间人你就能够认识任何一个陌生人。”④ 当我们把交流改成线上、改成通过云端的即时交互，人际交往不再局限于物理空间，关系的建立和维护变得更轻松。比起说话更喜欢微信交流，在移动互联网时代，我们可以把精力随时分配到我们想关注的地方和人身上。

社交媒体的应用成为个体能量放大为社会能量的转换器⑤。网络扁平化、去中心化的特点强化了公众的参与感。社交媒体强调用户参与，并且以人为中心，人就必然会产生社会性的需求。在社交媒体时代，技术从冰

① ［美］李·雷尼，巴里·威尔曼．超越孤独：移动互联时代的生存之道［M］．杨柏溆，等，译．北京：中国传媒大学出版社，2015.

② ［荷］简·梵·迪克．网络社会——新媒体的社会层面（第二版）［M］．蔡静，译．北京：清华大学出版社，2014：36，38，35，27，19，3.

③ ［荷］简·梵·迪克．网络社会——新媒体的社会层面（第二版）［M］．蔡静，译．北京：清华大学出版社，2014：36，38，35，27，19，3.

④ 百度百科．六度空间理论［EB/OL］．http：//baike. baidu. com/link？url=2BVRMlftDjlqibmXtZbarmPMYql3opq22BitBYw1PYuL2lQoD3QpgL3LeiPge3vOtQUe69mB4r5OCndhFkWetq.

⑤ 彭兰．网络传播概论（第三版）［M］．北京：中国人民大学出版社，2012.

冷的机器语言回归为人性化和去中心化的应用，网民被动的、边缘化的地位发生了根本的改变。他们渴望表现自身价值，得到社会认同，但是也有相信陌生人的弱点。一些活动的策划者和组织者往往利用这一特点，“几十个抗议者就能发起并推动一场上万人参与的抗议互动”，从而引起“政治动乱”。[①]

（三）社交媒体时代社会组织建构面临的新情况、新问题

社交媒体时代自组织得到了较大的发展。互联网的自组织特性已经得到了若干研究人员的证实[②]，“互联网用户已处在一个觉醒的、连接的、实时的、自组织的网络之中，口碑、沟通、对话、分享、交流的效果越来越强，这些特性将互联网社交媒体的特性发挥到极致，用户充分体验了即时沟通、实时共享的传播乐趣”[③]。社交媒体是一个开放的复杂适应系统，用户广泛参与、制造和传播信息，形成了自发的、无中心的平台组织，对网络社会的发展进程产生了重要的影响。

社会组织是一个相对平坦和水平的分层社会结构[④]。社交媒体时代的社会组织的基础具有科学性、理性和自反性。他们按照个体、双人、三人、群体、组织和组织间的层次建构他们自己的理论。[⑤] 社交媒体时代的社会组织呈现多种形式，有平台型的，也有网格型的，有直线联系，也有较链式联系，从而影响并改变着社会、经济、政治生活的方方面面。由于网络社会的信息发布和传播的碎片化特点明显，网络社会组织也会是一种碎片式的、临时性的。网络的分层矛盾会更加突出，网络社会可能会呈现更加不平等的趋势。掌握信息发布权和技术精英将会获得更多的关注，普通大众可能被排除在外，这和早几年对网络发展对社会发展的预测有一些变化。

网络组织是一种不稳定的社会类型。由于信息传播的碎片化产生的碎片式、临时性社会组织的出现，在现实社会结构和虚拟社会结构之间容易

---

① ［美］肖恩·杜布拉瓦茨．数字命运：新数据时代如何颠覆我们的工作、生活和沟通方式［M］．姜昊骞，等，译．北京：电子工业出版社，2015：93-94.

② Granic I，Lamey A V. The self-organization of the Internet and changing modes of thought［J］. New Ideas in Psychology，2000，18（1）：93-107.

③ DCCI：中国互联网 2.0 正式超越 1.0_ 新华网．

④ ［荷］简·梵·迪克．网络社会——新媒体的社会层面（第二版）［M］．蔡静，译．北京：清华大学出版社，2014：35.

⑤ ［荷］简·梵·迪克．网络社会——新媒体的社会层面（第二版）［M］．蔡静，译．北京：清华大学出版社，2014：35.

产生新的矛盾和偏差，从而也容易产生一些新的社会矛盾。社交媒体的广泛使用容易带来政治动荡。其中“数字化传播在一定程度上帮助抗议者传播观点，甚至帮助他们形成组织”①，“像脸谱这样的社交媒体在转型组织群体和非正式网络、建立外部联结、形成现代型和社区性、吸引全球关注等方面扮演了重要角色”②。例如，社交媒体曾经被西方国家用来推动发生于中东北非的“茉莉花革命”，最终导致中东和北非四个国家政府被推翻，也导致十几个国家发生抗议活动，有些国家的政权被推翻，社会动荡延续至今。需要关注的是，社会组织虚拟化容易引起社会失控。在社交媒体时代，人们可以利用社交媒体形成虚拟组织。一些社会活动者也会有目的地利用网络公开性的特点，在网上招募组织成员，从而对社会稳定带来极大的挑战和威胁。由于社会发展的不平衡，即使在西方社会，也会发生社会失控的情况，例如美国警察和黑人的冲突就是如此。

三、社交媒体时代社会治理范式创新

新型的社会治理范式应该包括社会治理制度、体制、机制这三个主要维度，三者形成一个整体，形成网络时代社会治理的“三维一体多元共治”新范式。该治理路径的主体包括政府（包括中央政府、地方政府）、企业和各种市场主体（包括消费者和代表整体利益的行业组织等）、社会组织（公益性和互益性、网上和网下）、公民和公民各种形式的自组织等四个方面③。下面就这一范式进行详细的阐释：

（一）加强社会治理制度创新

社会治理范式创新，首要的就是社会治理制度的改革和创新。社交媒体时代，网络社会对现实社会产生了重大冲击并由此产生新的社会矛盾。有效解决这些问题，需要我们大力推进社会治理制度改革创新。

---

① ［美］肖恩·杜布拉瓦茨．数字命运：新数据时代如何颠覆我们的工作、生活和沟通方式［M］．姜昊骞，等，译．北京：电子工业出版社，2015：235.

② X Zhuo，B. Wellman，Yu J.，Egypt：The First Internet Revolt？［J］．Peace Magazine，2011，27（4）：6-10.

③ 王名，蔡志鸿，王春婷．社会共治——多元主体共同治理的实践探索与制度创新［J］．中国行政管理，2014（12）：16-19.

1. 完善政府治理的法制体系

社会治理创新是一个系统工程，建立和完善相关的制度至关重要，必须加强社会治理制度建设的总体设计。除了社会保障制度、社会综合管理和社会安全管理等的制度完善之外，“在社会治理创新中尤其要高度重视社会治理主体制度、公开制度、社会协商制度和责任制度等制度的建构”①。这是创新社会治理的必要制度保障。社会治理必须注重实用性的工作规范的法规建设。社会治理制度建设应该注重可操作性的工作规范、工作导则的建设，以确保制度化建设的实效。社会治理还必须注重使用社交媒体的规则建设。应该出台“加强政府运用社交网络意见”，对政府部门如何使用微博、微信，进行规范化的管理。为政务微博、微信的风险化解提供指导方法，列出所有可能的风险并提出化解方法，向网民公开政务微博、微信工作政策等。例如英国政府制定了使用推特（twitter）的指南。

2. 强化网络企业的制度建设

中国互联网发展的历史虽然不长，但为了适应客观形势发展的需要，中国政府自 1994 年以来陆续颁布实施了一系列有关网络应用及国际互联网络的法律法规，涉及网络信息安全、网络监管等，对促进和规范中国互联网的有序健康发展起到了重要作用。但相对于互联网的迅速发展和社会治理的需求，对网络企业的管理的立法还相对滞后，有些方面亟待完善，尚未形成完善的制度体系。社会治理必须建立健全、具有针对性和可操作性的网络法律规范，加强出台指导性和技术性内容规范。如加强网络企业的程序性规范化的程序、守则建设，强化法律落实的操作性。例如，美国就制定了“新闻记者使用社交媒体规范探讨”“美联社工作人员社交媒体使用守则”等，可供参考。

3. 推进社会组织的制度建设

社会组织是社会治理范式创新的重要内容。“社会组织的基础具有科学性、理性和自反性”②，社会组织可以分为网上社会组织和网下社会组织两种类型。加强和完善社会组织治理，首先应该统筹推进我国社会组织管理的法律、法规建设，以破解社会组织管理之中存在的缺乏有针对性的法律法规、管理责任不清晰等方面的障碍。

社会组织的法律法规建设，主要围绕以下三方面展开：一是对社会组

---

① 江必新，李沫．论社会治理创新［J］．新疆师范大学学报（哲学社会科学版），2014（2）：25-34.

② ［荷］简·梵·迪克．网络社会——新媒体的社会层面（第二版）［M］．蔡静，译．北京：清华大学出版社，2014：19.

织实施分类治理。根据其宗旨和服务目标的性质，将多样化的社会组织划分为公益慈善类、社区服务类、行业协会商会类、科技类等不同的类型。根据各种社会组织的类型和特点，实施基本管理一致，但又有针对性和侧重点的差异化管理，以更好满足社会组织发展的需要。二是建立社会组织管理的协调管理体系。建立以民政部门为主体、“网信办”等其他政府相关部门积极配合的责任体系，避免责任不清、管理分散。三是推进社会组织管理制度创新。本着激发组织活力的原则，积极推进各类社会组织的制度改革，建立开放的注册制度、严格的过程监管、适时的退出机制等。

4. 优化民众参与的制度建设

网络社交媒体时代应该不断完善民众参与社会治理的制度建设。保障公民通过网络参与社会治理的渠道和途径。社交媒体为网民参与社会治理提供了广阔的空间和渠道，但是也容易引发新的矛盾和冲突，必须通过制度化来规范和约束这种参与。社交媒体时代还应该加强民众网络政治参与的法律法规建设。“民众具有两种作用，一是作为社区居民积极参与解决问题，二是作为关心社会的个人，要求政界和公众对某些严重问题给予关注”①，从而不断健全公民网络政治参与法律法规体系，为公民参与社会治理提供有序健康的制度环境。完善乡规民约、个人社会活动守则也是社会治理的重要方面，一个完备的社会治理体系，需要乡规民约、个人参与网上网下的行为准则和个人守则，以提升制度执行的覆盖面，完善整个治理体系。

（二）加强社会治理体制建设

所谓社会治理体制，应该是社会治理体系中的主体及其作用方面能够形成一个有机联系的整体。加强社会治理体制建设，具体来说有以下几个方面：

1. 努力提升地方政府的信任度

我们说的信任度，其对应的英语概念是 credibility（可信任性），按照韦氏词典的解释是引起信任的特质或力量。② 提升地方政府的信任度是社会治理的关键路径之一，因为很多社会热点问题都是由地方政府出面解决的。首先要及时发出有权威的声音。话语权的确立，在平时，在特殊时

① ［美］史蒂芬·戈德史密斯．社会创新的力量：美国社会管理创新启示录［M］．王栋栋，等，译．北京：新华出版社，2013：147.

② 张国庆．媒体话语权：美国媒体如何影响世界［M］．北京：中国人民大学出版社，2012：9.

期。话语权要求快、准、真、实。当今世界，现代信息技术飞速发展，引发信息爆炸，信息碎片化倾向也很明显，使得民众对传统的领导或者权威形象接受度大大下降，社会治理带来新的挑战。因此，社交媒体时代，重塑权威非常重要，要求我们在制定和执行政策上保持连贯性和统一性。“政党想要复苏并提高自身效力，关键是重新获得启迪、激励、动员民众（尤其是年轻民众）的能力，如果不具备这些能力，民众将藐视政治，或者将选择单一性质组织甚至边缘集团作为释放自己政治热情的渠道。”① 网络时代的社会治理，必须做出有担当的行为。要提升软实力，以完善的服务提升政府的治理能力。“软实力是一种难以衡量却很容易感知的力量，包括名誉和尊严的威力、受好评的制度所传达的善意、良好的经济环境及富有吸引力的文化。”② 正所谓金杯银杯，不如老百姓口碑。

2. 不断增强网络企业的影响力

网络时代的社会治理，网络企业要努力发挥正能量。社交媒体时代，网络企业也面临着多种竞争和经营压力，但是千万不能为了吸引眼球而丢了媒体的良心。对于一些敏感话题应该在亲自核实的原则下予以刊登。社交媒体在社会治理中的积极作用必须得到有效发挥。“移动社交网络极强的组织动员能力，便捷了人们的生活，方便了沟通交流，但缺乏规范也给社会与个人带来了危害。”③ 如何利用好移动互联网特别是移动互联网的社交网络为社会管理服务是一大课题。网络企业服务社会治理的持续性必须得到保证。网络技术的不断创新，需要企业抓紧核心技术的改造，不断提供服务于全体大众的技术，只有这样，才能保证网络企业服务社会治理的持续性。

3. 努力提升社会组织的吸引力

网络时代的社会治理必须提升社会对社会组织的认同感。吸引力实际上是一种认同感（Identification），是对社会影响的一种反映。认同是吸引力的重要组成部分。如果一个人发现某一个组织或者团体对自己很有感染力，或者对该团体的原则有共同的认识与评价，他就会比较容易接受该团体的影响。这种认同，是社会组织获得吸引力的关键所在。“非政府组织

---

① ［美］莫伊塞斯·纳伊姆．权力的终结：权力正在失去，世界如何运转［M］．王吉美，等，译．北京：中信出版社，2013：290.

② ［美］莫伊塞斯·纳伊姆．权力的终结：权力正在失去，世界如何运转［M］．王吉美，等，译．北京：中信出版社，2013：164.

③ 官建文．中国移动互联网发展报告（2012）［M］．北京：社会科学文献出版社，2012：17.

能够招募到许多年轻并有志于为组织及其事业牺牲的积极分子，这是一种组织技能，这种技能在非政府组织中要比政党中更常见。”① 网络时代的社会治理树立社会组织的正面形象。社交媒体时代，社会组织可以通过各种社交媒体来树立自己的形象，吸引民众成为自己的“粉丝”。必要时，也可以通过一些有影响的名人来树立形象，增强社会组织的吸引力，共同参与社会治理。例如深圳“壹基金公益基金会”就是利用李连杰先生的影响力，中国第一家民间公募基金会——壹基金，提出“尽我所能，人人公益”为愿景，搭建专业透明的公益平台，专注于灾害救助、儿童关怀与发展、公益支持与创新三大领域，致力于成为中国公益的开拓者、创新者和推动者。②

4. 不断增强民众个人的自制力

网络时代的社会治理应该明确共同的价值观。“当网络在信息和传播技术中形成核心后，新技术的发展会使社会最基本的价值观受到威胁。‘社会平等’受到威胁，因为信息社会中，特定类型的人比其他人更能够参与其中。有些人因为技术的优点而受益，而另外一些人相反。”③ 网络时代的社会变化引起的心态变化必须引起重视。“人口激增，人们不断突破地理的界限到处迁移，信息技术革命又给人们的跨界活动提供了便利。这一切的后果就是引起了人们心态上的革命”④，民众心态的变化可以带来对社会治理的规范及其价值观的变化。网络时代的社会治理必须增强个人参与社会治理的自制力。网络行为自治是自制力的重要方面。网络自律机制的建立在网络文化中扮演着重要作用。例如，为了净化网络环境，“妈妈评审团”积极发挥作用，围绕“抵制网络谣言、共建网络诚信”开展活动，以实际行动参与治理网络谣言，为孩子上网营造健康文明的网络环境。⑤

---

① ［美］莫伊塞斯·纳伊姆．权力的终结：权力正在失去，世界如何运转［M］．王吉美，等，译．北京：中信出版社，2013：289.

② 深圳壹基金公益基金会官网．壹基金介绍［EB/OL］．http：//www. onefoundation. cn/index. php？ g = home&m = page&a = index&id = 35.

③ ［荷］简·梵·迪克．网络社会——新媒体的社会层面（第二版）［M］．蔡静，译．北京：清华大学出版社，2014：3.

④ ［美］莫伊塞斯·纳伊姆．权力的终结：权力正在失去，世界如何运转［M］．王吉美，等，译．北京：中信出版社，2013：XVII.

⑤ 佟力强．首都互联网发展报告［M］．北京：人民出版社，2013：14，206.

（三）加强社会治理机制建设

“机制是为解决某个共同关心的问题而形成的一系列规则和讨论空间。”[①] 治理必须克服单一主体困境，加强政府与媒体企业、社会组织和民众个人的合作，构建起一个和谐与协同的治理体系。在这一治理体系中，政府起到重要的主导作用，媒体企业应恪守道德底线，把握职业操守，社会组织主动承担社会责任，民众应自律与自觉，懂法、守法，从而实现社会的良治和善治。

1. 完善地方政府的约束机制

网络时代的社会治理必须用制度手段约束政府的权力。“我们这个时代应该是：发掘普通民众有效参与政治进程的方式、创造有效治理新机制、在控制制衡体系最坏影响的同时，避免权力的过度集中、提高单一民族国家合作的能力。”[②] 为了加强社会治理，必须建立各级政府权力清单、责任清单和负面清单制度。要重塑政府的法制建设，实现依法治国的终极理想，我们要加快各个环节的立法建设，对政府治理的方方面面完善法制，在不涉及国家信息安全和法律禁止之处，可由良好的社会运行机制和市场机制发挥作用，互联网恰好可以作为一个有效的监督手段，来完善法制的柔性落实。为了加强社会治理，还必须利用大数据推动政府治理的创新。政府应更多地采用各类互联网技术，比如大数据、云计算、智慧政务等手段，以大量的社会、经济、法制信息的高效计算和统计分析来指导政府治理的具体方向，从而提高政府治理的现代化、智能化服务能力，进一步加强政府治理与百姓意愿的融合，实现政府治理的亲民化和智慧化。

2. 构建媒体企业的平衡机制

为了加强社会治理，必须建立动态平衡的治理机制。“如果我们将这里的社会精英视为政府，就得出了一个社会治理中的互动模式”[③]，努力实现政府、网络媒体、网民在各种社会治理问题上的动态平衡。社交媒体时代的社会治理，必须努力形成融会贯通的治理情景，应该鼓励各种利益相关者都能平等参与其中，包括政府、社会组织、企业以及民众个人，从而使社会治理行动者的多元理性能够交往、融合，而网络企业无疑从中发挥

---

① ［美］莫伊塞斯·纳伊姆．权力的终结：权力正在失去，世界如何运转［M］．王吉美，等，译．北京：中信出版社，2013：165.

② ［美］莫伊塞斯·纳伊姆．权力的终结：权力正在失去，世界如何运转［M］．王吉美，等，译．北京：中信出版社，2013：292.

③ 佟力强．首都互联网发展报告［M］．北京：人民出版社，2013：206.

十分重要的支持作用。

3. 优化社会组织的协调机制

为了加强社会治理，必须促进多元理性的交往与融合。在社交媒体时代，跨系统的合作与交往十分普遍，不同系统间的密切协作和配合使用促进了社会组织的协调发展，“网络推动产生了许多小型的多元社群，在这种治理模式中，人们设想将具有更多表达自己观点的责任，并能够更容易接触到政治系统中的民意代表”①。社交媒体时代，社会组织利用新媒体，可以加强政府、公民和网络管理部门协同合作，形成合力。培养社会共同体意识是网络时代社会治理的重要方面。应逐步把一些传统意义的社会治理职能通过多种形式转移给社会组织承担。尤其是在社会服务领域和福利领域，可以由贴近居民、自发组织的非营利组织来承担，可以提高办事效率，方便解决问题，取得民众满意，而且还可以培养社会共同体意识，增强社会的凝聚力。为了加强社会治理，必须通过“互联网+”激发社会组织活力。灵活性的社会组织也是社交媒体时代的特色之一，“以事件为基础的组织、集团的界限有时很模糊，而且动员发生于常规成员名册之外”②。社会组织在社会治理中扮演重要的角色，可以通过互联网公开网民关注的信息，回应网民关切，争取民众的信任，扩大社会组织的影响力和号召力，为社会治理积累正能量，在应对灾害、事故等突发性事件时可以发挥更大的活力。

4. 强化普通民众的参与机制

网络时代的社会治理必须积极构建民众的参与机制。根据国内外实践研究表明，社交媒体既可以在各种重大事件中传递正能量，也可能会传递并不和谐的声音。在社交媒体时代，公民参与型社会逐步形成，使得参与渠道更加多元化，参与的主动性也进一步增强。为了加强社会治理，必须增强民众的文化自觉和自信。社交媒体时代，民众的自主意识、平等意识和竞争意识不断增长。几乎所有成功的社交媒体应用，都可以吸引大量的陌生人进行执法协作，这不仅可以改善信息世界的治理秩序，也可以进一步优化人与人之间的社会关系。社交媒体的健康发展需要民众的文化自觉和自信，只有这样，才能发挥社交媒体在社会治理中的正能量作用。

---

① ［加］文森特·英思科．数字化崇拜：迷思，权力和赛博空间［M］．北京：北京大学出版社，2010：106.

② ［美］布鲁斯·宾格．信息与美国民主：技术在政治权力演化中的作用［M］．刘钢，等，译．北京：科学出版社，2011：110.

四、结语

网络技术的发展丰富了我们的日常生活，也拓宽了我们的政治生活空间。本文探讨的网络社交媒体时代的基本特征及其对社会治理的影响，尽管还比较粗浅，但是，社交媒体的广泛应用对中国的网络政治和社会治理产生了重大的影响。在“互联网+”的引导下，所有社会治理的利益相关者此时此刻都有必要思考的一个问题是：Web3.0 时代网络政治背景下的社会治理应该有什么全新的范式？本文做了一些初步的探索，希望对理论工作者和实践人员有所启发，从而有助于真正形成以“互联网+人”为核心的价值观念和服务形态，促进社会治理新范式的形成。

网络表达与治理互动效果评价和态势分析

陆学莉

摘　要：网络表达和网络治理作为网络舆论场的两大决定性要素，它们之间的动态平衡关系可以保证互联网生态的良性发展。舆论的共识效度、舆论的关注热度、舆论的表达深度是评价二者间良性互动的标准。然而，现实状态下二者往往陷入互动困境：管控失当破坏舆论生态的平衡，引导失误激发舆情危机，信息模糊造成文本解读的多样性。因此，有必要强化网民和政府的角色意识，建构网络表达和治理良性互动态势。

关键词：网络治理；网络表达；评价标准；互动态势；角色意识

截至2016年6月，我国网民规模达7.10亿，半年共计新增网民2132万人，互联网普及率为51.7%[1]。网络空间不再是人们现实空间的简单衍生，线上世界已经构成我国社会个体重要的社会关系。网络空间在当前已经不只是传递信息的媒介，而且是一个跨媒体的群体互动的社会行为场所。民众越来越多地借助网络平台进行社会表达，网络舆情与社会舆情逐步汇流，网络舆情已经成为社会舆情中最有活力的一部分。“互联网对于我们社会的本质意义就是：它是一种新型的社会组织与结构方式，是整个社会的‘操作系统’。”[2]网络舆情所衍生的舆论问题不断出现、发展并渗透到社会管理、公共服务、执政等多个环节，使得问题呈现出多层面和复杂化状态，成为当下重要的文化和政治问题之一。

技术革命推动社会历史的发展不可逆转，互联网技术和社会转型形成合力改变了人们的生活，产生诸多变化。其中两个变化尤为明显：一是网络表达得到激发。虽然早在1948年《世界人权宣言》第19条就规定：人

基金项目：安徽省教育厅人文社会科学研究重点项目（Sk2015A460）；合肥师范学院科研机构专项（2015JG26）。

作者简介：陆学莉，合肥师范学院网络新媒体系副教授、硕士。

人有权享有主张和发表意见的自由，但唯有互联网技术才为“人人皆可发言”提供了机会和平台，个人的舆情表达才真正得到激发和彰显，并汇集了前所未有的表达主体及多元化的表达意见。二是网络治理受到挑战。网络表达的自由性和随意性特点使得网络治理受到挑战。围绕中介性社会事件的发生、发展和变化，网络表达和网络治理成为网络空间常态化的现实存在。二者之间的互动效果直接决定网络空间的稳定程度，进而影响到现实社会的稳定程度。因此分析二者间互动效果的影响因素和评价标准，寻求二者间的良性互动，探求互联网生态的平衡就成为当下学界重要的现实课题。

网络表达和网络治理是网络舆论场的两大决定性要素，对于二者间的互动关系研究非常重要，但是似乎二者的关系并没有得到学界应有的重视。笔者分别以“网络表达”和“网络治理”为关键词，在中国知网中搜索，前者有595条结果，后者有2036条结果；再以“网络表达”和“网络治理”为共同关键词，却搜索不到一条结果。只有一篇涉及网络表达治理，即刘伟的《网络表达治理中的政府角色：治理逻辑、现实图景与路径探讨》，发表在《电子政务》2016年第7期[3]。因此，本文从网络表达和网络治理之间的互动效果评价入手，分析影响二者良性互动的因素，在此基础上提出建构二者良性互动机制的建议。

一、网络表达与治理互动效果评价

突发事件中，表达与治理的互动，直接影响着事态发展。理想的互动状态下，事件会朝积极态势推进；而失效的互动，则无益于舆情的缓解，甚至会产生新的舆情爆点。这就牵涉到互动的效果评价。借助相对完善的评价标准体系，也不难分析出现存互动态势的短板[4]。

评价两者的互动是否起到良好效果，须从多方面去评估。基于2015年以来国内发生重大公共事件的田野调查，综合人民网舆情监测室等相关研究成果，从量化、质化及潜在的可能三个维度设置三组评价参照，分别为舆论的共识效度、舆论的关注热度、舆论的表达深度。本文数据主要来自安徽博约新媒体大数据中心，同时参照人民网发布的《舆论共识度研究报告》。研究样本为2015年以来国内发生重大公共事件，其中以灾难性突发事件为主，考察舆情表达与网络治理互动关系的标准。

（一）舆论的共识效度

在心理学范畴下，当公共事件发生后，一方面网民在线上空间进行表达的意义建构，另一方面是政府在线上和线下进行治理的现实建构，当两种建构呈现相互肯定的状态时，我们称为"共识效度"。人民网发布的《舆论共识度研究报告》显示，舆论共识效度由网络舆论的共识度和政府认同度两项指标体系综合体现。

在对若干公共事件的田野考察中我们发现，当公共危机爆发后，舆论共识效度能够观测表达与治理间互动状态：两者呈正比态势，共识效度高，反映出表达与治理的关系趋于良性态势；反之，共识效度低，反映出表达和治理的关系趋于恶化。下面以浙江丽水山体滑坡事故和平邑9·14事件为例来说明。前者共识效度相对较高，后者共识效度相对较低。同是重大灾难性事件，为什么会产生高低不同的舆论共识效度，这反映出表达与治理之间怎样的互动状态？2015 年 11 月 13 日浙江省丽水发生山体滑坡事件，政府的治理表现可圈可点，在做事和发声两方面表现出较强治理效能，第一时间发布灾害信息，掌握舆论主动权，第一时间处理事故，掌握黄金救援主动权，历经短短 72 小时黄金救援时间之后，网络表达的热度就能持续下降（图 1）。

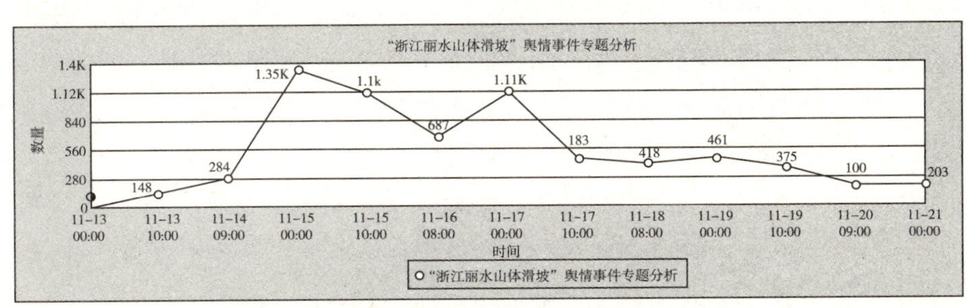

图 1 "浙江丽水山体滑坡"舆情事件专题分析

数据来源：博约新媒体大数据中心

图 1 展示的是媒体关注数据，从图中我们可以看出，自 11 月 13 日丽水市发生山体滑坡事故后，各级媒体快速响应，对此做出了报道回应。在整个事件的发展过程中，媒体关注度呈现先升后降的趋势。11 月 14—16 日达到高峰，该时段是地质灾害救援的"黄金 72 小时"，媒体关注实时救援情况以及政府针对救援所做的应对措施。随着搜救的逐步结束，媒体关注度下降。与之相反的是，平邑县官方治理效能严重低下，从网友发网帖直指山东临沂拆迁致人烧死引关注，到平邑官方发微博回避拆迁——引舆

情升温，再到平邑官员承认火灾与拆迁相关——舆情持续发酵，最后涉事人员被批准逮捕、拆迁工作停止——舆情再度升温。在舆情处理上，平邑县官方试图掩盖事件真相，无视现场众多的目击者，忽视了网络在事件真相发掘中的作用，将网帖所说全部归于谣言，并表示将严惩造谣者，最终致使事态发展失控，网络表达的热度持续上升。

可见，舆论共识效度是衡量网络表达与治理互动状态的质化指标。网络舆论的共识度越高，反映出网络治理手段越高效，网络表达的热度趋于平静，网络治理与网络表达互动关系则呈现良性态势。

（二）舆论的关注热度

舆论的关注热度由关注的强度和关注的长度组成。关注的强度指事件所引起媒体及网民的关注度，一般由新旧媒体报道量、网民表达量、信息的点击量等量化数据来体现。关注的长度指事件所引起媒体及网民热议的时间长度。

舆论的关注热度是考量网络表达与治理互动态势的重要指标。就单个事件来说，当公共危机爆发后，舆论的关注热度迅速升温；经过网络表达与治理之间的碰撞、融合，舆论的关注强度的曲线图呈下降趋势，舆论的关注长度呈静止状态，反映出舆情危机得到有效引导，网络表达与治理呈良性互动态势。反之，舆论的关注强度的曲线图呈上上下下的震荡态势，舆论的关注长度相对较长，反映出舆情危机没有得到有效缓解，网络表达与治理呈纠结互动关系。以天津爆炸事件为例，如图 2 所示。

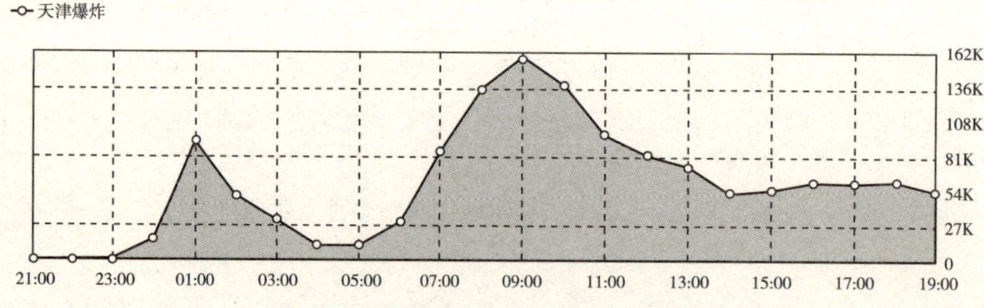

图 2　天津爆炸事件舆情发展时间趋势

数据来源：博约新媒体大数据中心

从图 2 可以看出，爆炸发生后的两个小时里，就已形成了一个热议高潮。8 月 13 日 5 点之后，该话题迅速升温。从中央媒体到地方媒体，从传统媒体到自媒体，无不充斥着对天津爆炸事件的讨论。至 8 月 28 日，在网络上搜索到相关新闻 126329 条，论坛 21365 条，微博 62717580 条。这些数据都反映出该事件引起媒体和网民的高度关注。

再如“和颐酒店遇袭”事件，如图3所示。

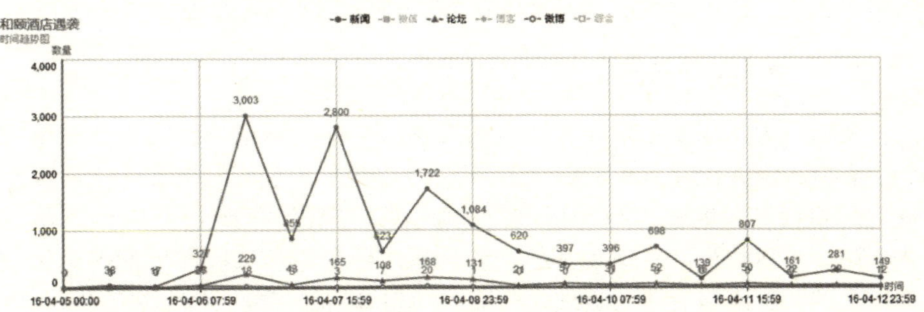

图3 “和颐酒店遇袭”事件时间趋势图（新闻、论坛）

据博约舆情大数据中心数据显示，2016年4月5日00：00至2016年4月12日24：00，共监测到相关舆情1508708条，其中新闻27900条，论坛1464392条，微信15577条，微博839条。随着微博的转发，网民关注度从4月5日开始升温，4月6日因为一些名人大V的转发，事件完全爆发，到4月10日案件告破，公众关注度逐渐降低，舆情逐渐成平稳态势。

再如2016年“雷洋”事件，据博约舆情大数据中心数据显示，2016年5月7日00：00至2016年7月20日24：00，共监测到相关舆情13170条，其中新闻7650条，论坛4497条，微信186条，微博837条。随着事情的发展，舆论的关注强度呈曲线状态，分别在5月11日、6月5日、6月7日三次达到高峰，舆情态势震荡不止，网络的关注强度较高。时至7月8日之后，舆情才逐渐成平稳态势，舆情危机历经一个多月，反映出网络的关注长度相对较长，如图4所示。起伏不定、震荡不止的舆情态势暴露出治理与表达之间的拧巴关系。

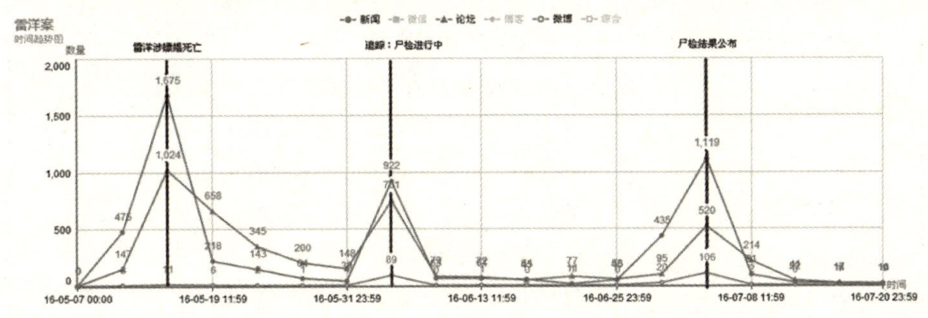

图4 “雷洋”事件时间趋势图（新闻、论坛、微博）

可见，当公共危机爆发后，舆论关注热度能够观测表达与治理间互动状态：两者呈反比态势，关注热度高，反映出表达与治理的关系趋于恶化态势；反之，当关注热度低，反映出表达和治理的关系趋于良性。

（三）舆论的表达深度

舆论的表达深度是指随着时间的推移，事件的舆论生产能力在量上可能会有所减少，但在分析的深度和反思的力度上却有可能增加。之所以以此为观测点，考量表达与治理间互动状态，主要源于随着互联网逐渐深入，网络表达的深度呈现攀升的趋势，而这种变化趋势所产生的舆论影响是巨大的，给网络表达与治理之间的互动态势增加了复杂性和风险性。

网络表达的深度有两种形态。一是深层次反思和追问，表明关注的内容不局限于事件本身，而是聚焦于对事件的深层次反思和追问。以外滩踩踏事件来说明，见表1。

表1　外滩踩踏事件微信平台推送文章及其阅读量统计

序号	微信平台	文章名称	阅读量（万）
1	新华网	国际化大都市，因何发生重大惨剧	>10
2	政商阅读	外滩踩踏事故问责要问到哪	>10
3	财经网、经济观察报书评	纽约时代广场新年倒数，警察是如何维护秩序的	>10
4	透视中国	又一次巧合？上海踩踏事故神秘死亡数字再现	>10
5	重读历史	28年前，我们有一场同样的痛	>10
6	复旦大学、复旦青年、复旦学生、复旦人周报、复旦大学校友会	复旦一学生在外滩踩踏事件中伤重不治，望媒体尊重逝者隐私+复旦学生致部分媒体的公开信	>20
7	记者站	上海纸媒今天由“豆腐块”到“大部头”报道踩踏事件（附版面集）	>8
8	经济参考报	距2015一步之遥的36个生命+外滩的眼泪：对不起，我没有保护好你（二者内容一致）	>8
9	淘漉文化	外滩有多热闹，这座城市就有多孤独	>7
10	法律读库	日本警察用什么手段防止踩踏悲剧	>6

（续表）

序号	微信平台	文章名称	阅读量（万）
11	21 世纪经济报道	上海“外滩踩踏事件”警示：公共安全的“系统脆弱性”	>4
12	南方周末	让踩到的城市公共安全风险管理体系重新建立起来	>4
13	格上理财	太阳照常升起，悲伤依旧延绵	>4
14	正和岛	慰藉逝者不该只有逝者安息四个字	>3
15	团结湖参考	有人踩踏职责，就有人踩踏生命	>3
16	桃花岛主	上海踩踏不是意外突发事件	>3

注：截止到 2015 年 1 月 4 日晚 8 时。

据博约舆情大数据中心数据显示，表中列举了微信平台受关注度较高的一些文章。这些文章动辄有逾 10 万或者几万人的阅读量，传播的力量不言而明。针对表达文本进行内容分析，发现意义建构已远远不是外滩踩踏事件本身，而是更深层次的反思和追问。

一是显现容易爆发的舆论燃点。这些反思和追问因为直接触及当前中国社会政治发展中的一些敏感和焦点问题，形成显性的同时又极易爆发舆论燃点。比如微信平台“淘漉文化”刊发“路明”的评论短文《外滩有多热闹，这座城市就有多孤独》，吸引近 7 万人关注阅读，近 700 人点赞，文章由踩踏事件延伸到人们当下所面临的社会生存压力。再如微信平台“我报道”刊发几位新华社记者的文章《踩踏，大国崛起的伤痛》，吸引近万人关注和阅读。文章旨在提醒政府和人们引以为戒，也有的借机影射中国政体、政局等。这些多样层面的反思和追问集聚较强的感染力，助推着舆情态势的急速燃烧。

二是隐藏着潜在的舆论燃点。在舆情危机的爆发期间，网络表达中隐含的舆论燃点比较多，尽管它们处于潜伏状态，但稍有不慎就会被点燃，从而引发大的舆论漩涡。仍以表 1 为例，表中 16 篇文章议题均可以归纳出若干隐性舆论燃点，比如“逝者亲友的声诉”，在这场舆论竞争中，如果善后工作出现差错或者不到位，这方面的舆论防线可能被攻破，引发大的舆论波澜。再如“迟到的一声道歉”，无论是民众的内心，还是当前舆论，都在默默等待政府针对此次重大悲剧的一声道歉，但这样的道歉却迟迟没有出现，引发种种猜测和联想。舆论也在伺机而动，准备问责，如果处理不好则可能引发舆论质疑，形成新的舆论热点。可见，网络舆情的发生、传播、发酵是一个复杂的过程，看似随着话题的兴衰增减，网民的关注可能会下降，但随着舆情的表达呈深度趋势，舆情的长尾效应不容忽视。可见，舆论表达的深度是考查网络表达与治理之间互动态势的潜在指标。

综上所述，在网络表达常态化和网络治理常态化的大背景之下，舆论的共识效度是网络表达与治理互动的基础性载体，它的高低，是评价互动成效的重要标准；舆论的表达热度由高向低、由强到弱的变化趋势，是考量互动效果的直接量化指标；舆论的表达深度，则是贯穿于网络表达与治理互动态势背后的隐形指标，它实际上在反映社会机理层面的框架性规范，它的潜在程度，也是衡量互动效果的一个标尺。

二、网络表达与治理互动的现实困境

网络舆论场中，表达和治理常常处于矛盾对立之中。网络表达者希望获得真相、希望表达自由、希望事态扩大。而网络治理者希望成为舆论场的主导者，希望事态向良性方向发展，希望控制全局，希望结果能达到自己设定的目标；两种不同心态决定了网络表达极易表现出非理性特点，网络治理往往呈现失控或失当状态。虽然自1994年中国与国际互联网全功能接入至今，网民的态度日趋理性，网络治理者对网民的态度也不再简单粗暴，而是致力于缔造一个稳定的网络舆论环境。在宏观层面，表达与治理之间的互动关系不断推进，以2015年公共事件为样本，我们发现不同舆论场的交集和共识度显著增强，官方舆论和民间舆论就热点舆情事件意见的公约数明显增大。但在微观层面，单个公共事件中两者关系不是简单的线性关系——从相悖到博弈再到良性互动，而是博弈形态更趋复杂性和多样化，两者间互动困境不容小觑。

（一）管控失当破坏舆论生态的平衡

管控不当不仅难获认同，相反极易引起新的舆论波澜，同时也导致各类网络传言甚至谣言有了更宽广的滋生空间，使得线上舆论场的网络表达往往会呈现两种状态，一种是网民的非理性表达呈激进态势，一种是网络传言、谣言肆起。管控不当具体表现为应对迟缓、话语缺失、程序失当、风险预判能力不足等各色形态。如2015年黑龙江庆安火车站枪击事件，在枪击案曝光后，当地政府应对迟缓，竟然在长达两周的时间内保持沉默；在媒体强烈围观下，对于视频是否经过剪辑以及政府操控真相的质疑，未及时回应和处理，官方话语严重缺失；官方在检方未认定开枪合法前就先下了结论，被指处置程序不当。再如2016年7月国内发生两起公共事件，一是上海4000吨垃圾偷运到太湖，二是禄步镇群体性冲突事件，两件同为涉垃圾舆情事件，但是政府治理水平却高低有别。前者涉事部门——上海、苏州始终以高频度的官方表态，直面民意，掌握着舆论的导向、主导事态发展的走向。后者涉事部门——广东省肇庆市却因处理不当，采取敷衍塞责的态度，最终无法掌控舆情局面。

网络管控不当所引发的治理与表达的恶性互动，对舆论生态的破坏性极大，严重时会导致三种极化现象。

一是造成集体失声。例如2015年天津“8·12”特大火灾爆炸事故中，由于地方政府的舆情处置和舆情应对迟缓，一段时间体制内媒体、意见领袖和网民这三大表达主体出现集体失声现象，集体不言极易造成社会舆论的严重撕裂。

二是引发群集事件。以2015年四川邻水民众因为不满铁路方案而聚集街头、2015年重庆医疗改革引家属集体抗议等群体聚集事件，以及2016年禄步镇群体性冲突事件为例。三起群体性事件不是舆情发展的偶然，而是管制失当的必然。当民众的心声通过媒体和自媒体平台进行传播，涉事管理者非但没有及时地采取有效的应对措施，相反对网友的呼吁置若罔闻，甚至关闭了官微的评论功能，禁止网友进行评论，加之辟谣方面缺乏有力的证据，最终导致舆情持续高涨，引发群集冲突事件，直到警方强力介入才控制局面。

三是形成舆论压力。以2016年雷洋案为例。网民关注度提升，推动舆情掀起三次高潮，分别在5月11日，新闻发布《北京警方通报雷洋死亡事件》达到第一个高潮，在6月1日公布对涉案警察进行立案侦查到进行尸检追踪，于6月5日达到第二个高潮，在6月30日公布尸检结果后引发热议，于6月7日达到第三个高潮。正是网民的舆论表达热度形成的强大舆论压力，推动“雷洋事件”事实真相逐步展现。抛开“雷洋事件”在舆论监督层面的积极效能，单就被强化的舆论表达所带来的负面效应——不仅严重削弱了公权部门的公信、公正和威力，还从一定程度上强化了民众信访不信法的意识，造成司法困境。

（二）引导失误激发舆情危机

在人人都是媒介的当下，互联网是整个社会的操作系统。一方面，平等、分享、尊重的互联网精神构建了当下的社会关系，彼此尊重是当下社会关系的交集和碰撞遵循的法则；另一方面社会各种利益诉求有增无减，官民关系、贫富差距、仇富心态、医患矛盾、权益纠纷等社会矛盾是舆情压力的重要来源，互联网是中国社会最大的舆论出口。舆情汹涌是中国深刻转型期的必然产物。在这种舆情生态背景之下，如果网络治理的主体缺乏对网民表达起码的尊重，网络引导就会显得生硬突兀，易使网民表达谩骂、造谣等非理性之态呈现恶性循环模式，网络治理与网络表达互动关系紧张，网络治理效果自然大打折扣。

引导不当成为舆情危机的新的引爆点，加剧网络表达与治理两者之间的矛盾冲突。引导不当表现为故意撒谎、有意隐瞒、自说自话、官方回应避重就轻等诸种形态。2016 年 4 月 6 日，食药监总局在外界的一片质疑声中，承认国产名牌贝因美奶粉也卷入此次假冒名牌奶粉事件中，并称此前说假冒奶粉符合国家标准的目的是为了避免人们的恐慌。作为权威的主管部门——食药监总局竟然用撒谎的方式进行舆情“引导”，显然忽视了网民的主体地位，缺乏对网民主体地位的起码尊重，最终导致舆情引导沦为“自说自话”，主管部门不仅自己打自己嘴巴，而且公信力、权威性和话语权均严重受损。

2016 年 4 月 17 日，CCTV13《新闻直播间》播出《不改建的学校》，报道称江苏常州外国语学校 493 名学生检出皮炎、血液指标异常等，个别查出淋巴癌、白血病等。事件曝光后，立刻成为热点话题。面对全民关注与讨论，官方回应刻意回避体检异常的原因。学校附近正在开挖的地块曾是三家化工厂，专家称校区受到的污染与化工厂地块上的污染物吻合。经检测，该校区地下水和土壤中污染物超标达 94799 倍和 78899 倍。涉事主管部门遮掩、瞒报事实真相的行为方式，成为导致事件扩大化的助力推手。

2015 年“厦大校长就餐特权”一事，普通而又简单的就餐，因为触及“特权、官本位”社会问题，引发民众的集体焦虑，舆情表达空前高涨。当校长朱崇实回应时所称的“对谢灵进行调查”“公报私仇”道德沦丧的感慨和焦虑，使舆情态势又调转了相反的方向。2015 年“保温箱烤死女婴”“湖南产妇死亡”“医生手术自拍”，这三件事涉及的主体是医生和病人。在舆情爆发期，如果主管层面不是偏听偏报，而是尊重并积极回应网民诉求，尽早还原事实真相，就不会误导舆论走向，酿成不必要的舆论风波。

（三）信息模糊造成文本解读的多样性

互联网技术让民众获得“人人皆可发言”的机会和平台，民众的表达权利得到激发和彰显，网民身份多元化、知识层次多样性，网民对信息的关注度异常快速。一旦事件爆发，网民往往关注的不是事件本身发展的情况，而是关注政府在事件发展过程中的反应和态度。政府发出的些微声音和微小动作都会成为网民关注的焦点、发表意见的突破口、围观的对象。所以，政府网络治理的关键是要从源头做起，要把好信息源的关口，对新闻发布机构发布的信息，对新闻发言人的言语都要把好审查关。俗话说，苍蝇不叮无缝的鸡蛋。比如“雷洋案”，如果网民能够在第一时间得到及时准确的信息，那么就不会形成一波又一波的“民意啸聚”。

从网络表达的角度，网民的“民意啸聚”过程是一把双刃剑。一方面代表着社会进步，网民行使舆论监督功能，唤醒民众维权意识、推动法制社会发展；另一方面，滥用伪民意，就极容易走向“舆论绑架”，从而造成执政目标偏离正确轨道。一旦事件发生，网民往往抓住信息来源，对信息文本进行联想式解读，以外滩踩踏事件为例，分析主要的两种联想方式。

第一种是从单一事件到纵横比较。如发生在国际化大都市上海，又适逢跨年夜，世界各国均在举办大型跨年活动的背景之下，网络表达呈现从单一事件到纵横比较的状态，将“外滩踩踏”与以往国内外类似事件和活动进行比照，借机放大事件影响，借机影射中国政体、政局，扩大事件的严重性。遥相呼应的对比和碰撞，网络舆论得到发酵、扩散和燃烧。

第二种是从简单报道到延伸报道。一类是延伸到政治层面。此类文本借此事件，分析涉事部门行为逻辑，拷问行为方式有没有遵循“以人为本”，反思事件的爆发是否由中国的政治体制缺陷所造成。另一类表达文本延伸到社会层面。前文提到的《外滩有多热闹，这座城市就有多孤独》《太阳照常升起，悲伤依旧延绵》《醒来的震惊》等文章，都从当代中国人尤其是青年人的社会生存环境和生存状态的角度，将踩踏事件与人们面临的生存压力联系起来。再有一类是延伸到文化层面，《外滩踩踏事故与中国传统的扎堆文化》等文章，把踩踏事件与传统文化、民族心理联系起来，将一次突发事件上升到所谓中国文化劣根性的角度去发挥。

两种文本解读方式形成舆情压力，极易造成社会舆论场的撕裂局面，归纳起来有三种倾向。一是网络民意是否呈现泛政治化倾向，二是网络民意是否呈现民粹主义倾向，三是网络民意是否呈现民族主义倾向。一旦发生上述情况，政府也不用恐慌，应该冷静分析和思考，仔细分辨属于哪种情况，在分析的基础上发出正确的回声，给错误倾向以严厉的回击，给中间状态以正确的引导，给真正的爱国者、正义者以鼓励和赞扬，引导舆论朝良性方向发展。

三、寻求网络表达与治理良性互动的突破口

网络表达的非理性特点和网络治理不当导致二者间的互动困境。因此必须建构网络表达和治理间良性互动关系，才能保证网络舆论场的动态平衡，才能确保网络社会的稳定发展进而推动现实社会的发展。本文认为，之所以能够产生以上网络表达和治理的互动困境，最主要的原因是网民和政府在网络表达和治理中的角色意识不强。

一般认为，网民在网络舆论场中处于被动地位、次要角色，政府才是网络的主导者。这种观念容易使网民和政府之间产生对立情绪。网民认为政府做得不够，政府压制了他们的知情权、表达权。于是，一旦事件发生，他们往往以批判和揭露的心态进行围观、评判和讽刺；从政府的角度，他们往往以一种高高在上的心态，以治理者的心态，以领导者的角色参与到网络治理中。由于二者之间心态不同、出发点不同，他们在进行网络活动时不能产生共识，形成不了合力。事实上，多元化、去中心化的网络主体已成事实，在互联网的平台上，政府、媒体及网民的声音彼此不分上下，共同发声。在意见市场间，管理者、媒体、民众泾渭分明的关系已经改写。管理者既是网络治理的主体，又是舆论主体的新成员，网民既是网络表达的主体，又是网络治理的参与者。所以，网络治理和表达之间形成良性互动，首先要确定和强化公民和政府在网络表达和治理中的角色意识，使他们各负其责，各就其位，共同发力，共同推动网络生态良性发展。

从网民的角度，在网络环境下，每个个体都是“事实真相”显现过程的参与者、阐释者和监督者。网民“以公民记者的身份参与社会事务，以网络舆论影响社会”，成为一支“日渐独立的媒体力量”。他们一方面通过网络迅速传播信息，保障了最大多数公民的知情权；另一方面，通过呼吁、谴责等一系列行为发出自己的声音并形成真正有别于传统媒体舆论的网络舆论，从而起到全面监督社会、促进政治民主化建设的作用[5]。因此，媒体技术发展，传播格局变化；职业与业余、传者与受众边界正在模糊化；新闻法制的缺失，市场经济的冲击，揭示事实真相不仅是行业性的专业精神，还是每个个体普遍遵守的交往信条和基本精神。

从政府角度，在互联网强大的舆论场中，政府的监控能力、舆情应变

能力、防控机制等受到挑战，一旦事件爆发或事态发展，政府只能主动应变，不能被动“应战”，不能采用压制、堵塞、隐瞒等措施，只求尽快“平息”事件或控制事态蔓延[6]。须知，网络舆情就如洪水，治水不能堵，只能疏，凡事欲速则不达。所以，政府必须实现从被动适应走向主动建设的角色转换，完成“从传播机构的管理者到社会传播生态的共建者”的角色转变[2]。政府必须抛弃传统舆论管理的模式——以管控为内核，以应急为重心，以平息为旨归，推进服务型政府管理模式，基于服务型政府的构建逻辑，着力变革管理理念，变被动管理为主动治理。基于服务型的网络治理，政府就不会摆出高高在上的管理者姿态，而是作为网络表达的一个成员，与其他网民形成平等的关系，相互信任，相互尊重，从而形成以尊重为基础，以沟通为前提的舆论引导模式，容易形成表达和治理同舟共济、情感共振、意见认同，构筑起符合正确导向的主流舆论态势。“舆论不仅是个人感知社会意见气候变化、调整自己环境适应行为的皮肤，同时，它又在维护社会整合方面起着重要作用，就像作为‘容器’的皮肤一样，防止由于意见过度分裂而引起社会解体”[7]，而这正是网络表达和治理所要达到的理想状态。

参考文献：

[1] 中国互联网络信息中心．中国互联网络发展状况统计报告［R/OL］．［2016-08-03］．http：//www.cnnic.net.cn/gywm/xwzx/rdxw/2016/201608/t20160803_54389.htm.

[2] 喻国明，李珊，包路冶，等．互联网是高维媒介：一种社会传播构造的全新范式［J］．编辑学刊，2015（4）：6-12.

[3] 刘伟．网络表达治理中的政府角色：治理逻辑、现实图景与路径探讨［J］．电子政务，2016（7）：20-26.

[4] 佘宗明．突发事件中媒体与受众互动研究［D］．武汉：华中科技大学，2013.

[5] 汤景泰．走出自由与管制的二元藩篱：论公共舆情治理［J］．暨南学报（哲学社会科学版），2014（12）：116-121.

[6] 朱丽．突发公共事件中网民的角色功能［J］．新闻爱好者，2012（5）：42-43.

[7] 陈淑伟．大众传媒在突发事件应急管理中的角色与功能［J］．青年记者，2007（1）：75-76.

网络色情治理的技术规约及舆论引导

——基于“快播案”的反思

黄伟迪　蒋海波

摘　要：伴随着技术的不断革新，网络淫秽色情的传播不断出现新的模式与特征，在法律层面，不管是对“淫秽色情”，还是对“传播”概念的界定都存在一定的理论困境。以“快播案”为例，庭审中被告单位对“传播”行为的否认和“技术中立”的“狡辩”恰恰反映了新的技术模式下淫秽色情法律规制的困境，即法律的滞后性与网络技术革新之间的矛盾。

由“快播案”的庭审直播引起的网络围观，各方媒体的参与以及社会互动，体现了不同的话语特征。网络的喧嚣除了带有非理性的传播特征之外，更是反映了以往的主流价值判断与当下复杂的传播语境之间可能发生的矛盾，因而更需要法庭外对网络色情治理有力的舆论引导，通过话语建构强化新环境下淫秽色情治理的正当性。

关键词：快播案；网络色情治理；技术规约；舆论引导

淫秽色情品冒犯公众感知，危及社会公共道德，特别是会对未成年人造成不良影响。各国法律对淫秽色情品的制作、复制、出版、发行以及传播行为都明令禁止，但什么是淫秽色情品？它应该怎样被确定、管制以及传播者怎样被处罚？各国对于这些问题的答案各不相同。对于淫秽色情品的定义这个问题，美国一位法官的回答可能很贴切：“我不能告诉你它是

基金项目：本论文系安徽大学舆情与区域发展协同创新中心2014年度重点招标课题成果，项目编号：ADYQXC14ZD04。

作者简介：黄伟迪，安徽大学新闻传播学院讲师，武汉大学新闻与传播学院博士研究生；蒋海波，武汉大学国际法研究所博士研究生。

什么，但是我可以告诉你，我不喜欢它。”[①] 各国对此规制的方法各不相同，以美国和加拿大为例，美国最高法院将宪法第一修正案中的言论自由保护扩展至色情作品，儿童色情作品除外，而只有当为了实现合法的公共政策目标，除了限制言论自由之外别无他法时，国家才可对言论自由进行限制[②]。在加拿大，色情作品与淫秽品之间的界线更具有模糊性，它容许以内容为基础对淫秽品进行限制，即所谓的“紧迫和实质利益标准”[③]。而网络的广泛普及和技术的不断革新使得淫秽品的传播更为迅速，影响范围也更为广泛[④]，这对现有的法律规制产生了重大影响，各个国家都面临网络空间中的淫秽色情治理问题。而于 2017 年 4 月入选中国“2016 年推动法治进程十大案件”[⑤] 的“快播”传播淫秽物品牟利案（以下简称“快播案”）就是我国面临此问题的一个实例。

2013 年 11 月 18 日，北京市海淀区文化委员会从位于海淀区的北京网联光通技术有限公司查获深圳市快播科技有限公司（以下简称“快播”）托管的服务器四台，北京市公安局从上述三台服务器里提取了 29841 个视频文件进行鉴定，认定其中属于淫秽视频的文件为 21251 个。[⑥] 2016 年 1 月 7 日至 8 日，备受关注的“快播案”在北京市海淀区人民法院开庭审理，整个庭审过程在互联网上进行直播，由此引发社会高度关注。据统计，全部的直播时长达到 20 多个小时，有超过 100 万人看了直播，最高时有 4 万人同时在线。[⑦] 庭审直播迅速演变成了一场网络的“狂欢”，不管是辩护团队的庭上对抗，还是网络上的一片喧哗、各方媒体的积极参与，都使得这场庭审成为值得关注的“焦点时刻”。很显然，“快播案”值得我们思考的问题很多，比如互联网行业的日常监管与社会责任、淫秽物品的法

---

① Rev. Ric Marchi，Is Anything Obscene Anymore：Article：Obscenity，Tolerance，and the Moral Community，2005 Nexus，A Journal of Opinion.

② Marion D. Hefner，“Roast Pigs” And Miller-Light：Variable Obscenity In The Nineties，1996 U. Ill. L. Rev. 843.

③ Justin A. Giordano，Esq. The United States Constitution's First Amendment Vs. The Canadian Charter Of Rights And Freedoms：A Comparative Analysis Of Obscenity And Pornography As Forms Of Expression，2004 North Carolina Central University School of Law North Carolina Central Law Journal.

④ Senator Dick Ackerman. Is Anything Obscene Anymore：Article：Technology & Obscenity：Ever-Changing Legal Challenges（10 Nexus J. Op. 37）.

⑤ 最高人民法院、中央电视台联合公布 2016 年推动法治进程十大案评选结果，聂树斌被宣判无罪案、“快播”传播淫秽物品牟利案、白恩培受贿被判终身监禁案等十大案件入选。参见：《“2016 年推动法治进程十大案件”评选结果揭晓》，中国法院网，2017 年 4 月 21 日。

⑥ 《快播案一审宣判王欣被判有期徒刑 3 年 6 个月》，新华社，2016 年 9 月 13 日。

⑦ 《快播案引发网络讨论狂潮　法官判案不受外界影响》，央广网，2016 年 1 月 11 日。

律规制、庭审直播的法治意义与效果等，而本文试图从网络色情治理的视角对“快播案”的庭审直播以及多方舆论进行反思：为何在快播利用色情获得巨大商业利润的事实面前，一句“技术本身并不可耻”反而赢得围观者的同情，并成为庭审以及舆论的焦点之一？同时，在网络围观的喧闹中，快播是否涉黄似乎并未成为焦点，各方媒体的参与以及网民的积极互动，显示了不同的话语特征，淫秽色情治理在新的传播语境下面临何种问题？

一、技术革新下的网络色情治理

（一）“传播”的界定困境

在“快播案”的庭审辩论中，关于淫秽色情视频的认定并无争论。[①]王欣的辩护是基于快播所采用的 P2P 网络即时流播放技术，快播只提供技术服务和缓存服务，本身不提供内容和内容的存储，因而无法控制和判断用户通过快播点播和观看视频的过程，因而快播本身不具备传播属性。这里提出了一个问题：即 P2P 技术的提供是否构成刑法意义上的传播？在有关的刑法司法解释中，并没有找到对“传播”一词的有权解释。[②] 我国刑法学界对传播的几种解释有：“传播，是指通过播放、陈列，在互联网上建立淫秽网站、网页等方式使淫秽物品让不特定或者多数人感知以及通过出借、赠送等方式散布、流传淫秽物品的行为”[③]；传播即“将淫秽物品在社会上广为散播”[④]。我国刑法使用了模糊的“传播”一词，司法部门以及刑法学者对什么是传播的解释有着较大的差异[⑤]，同时在 P2P 技术理念下的传播行为需要多方主体共同完成（上传种子文件供他人下载行为、终端用户下载行为和网络服务提供者），因此，作为 P2P 技术的提供方快播是否具有“传播行为”意味着：当用户通过网络平台实施了上传淫秽色情信息的行为并符合刑法规定的犯罪构成时，平台提供者是否需要承担责任？

---

① 《刑法》第九节规定制作、贩卖、传播淫秽物品罪。其中第 367 条规定了淫秽品的范围，即淫秽品是指具体描绘性行为或者露骨宣扬色情的诲淫性的书刊、影片、录像带、录音带、图片及其他淫秽物品。同时该条排除科学著作和包含有色情内容的有艺术价值的文学、艺术作品。

② 周详、齐文远：《传播“艳照”行为的刑法评析》，《法学》，2008（04）.

③ 张明楷：《刑法学》，法律出版社，2003 年，第 891 页 .

④ 高铭暄、马克昌：《刑法学》，北京大学出版社、高等教育出版社，2005 年，第 669 页 .

⑤ 周详、齐文远：《传播“艳照”行为的刑法评析》，《法学》，2008（04）.

很显然，网络色情“传播”的行为构成与传统模式不同，主要是网络技术革新导致的结果。从刑法对淫秽品色情品传播的一般规制来看①，在网络还未广泛普及、网络技术还不发达的情况下，制作、复制、出版、贩卖和传播等行为在刑法认定上不存在多大疑问，公诉机关在调查取证方面也不难。首先，在传统的技术条件下，实施淫秽色情品的制作、复制、出版以及传播等行为需要一定的技术门槛和财力支持，并且各行为之间的界限以及犯罪主体易于区分和认定；其次，网络传播之前，淫秽色情品多为书籍以及电影、录像等音像制品，这些有形物体（传统介质）便于管理、审查以及调取和固定证据；最后，在传统传播方式和技术条件的限制下，犯罪主体的牟利方式有限，即通过直接制作、复制、出版、贩卖和传播等手段牟取利益。但随着互联网络的普及，淫秽色情品的制作、复制、出版、贩卖和传播出现了技术门槛降低、手段方式多样化、各行为之间的界限变得模糊、传播速度快、影响范围大以及难以控制等特点。面对这种变化，法律的滞后性和局限性凸显出来，法律灰色地带也随之扩大，而这种灰色地带是否能够用刑法进行规制？若进行规制，是否符合罪刑法定这一刑法的基本原则？

快播用户在观看视频的过程中，其他用户可以进行分享，随着分享用户的增多，点对点的互动演变成不特定多数人之间的传播。在P2P的技术规则下，个人只要把淫秽色情品置于共享目录下，就可能不自觉地成为淫秽色情品的传播者，这就意味着传播者可能是为数众多的每一个快播用户，而且许多人可能并没有意识到自己的传播行为。快播虽然没有直接提供淫秽色情内容，也并非专门供用户发布淫秽色情信息的工具，但它为传播得以实现提供了支持：为用户提供淫秽网站的链接、为淫秽色情品在用户之间以及用户和淫秽品网站之间的传播提供了技术支持。“快播公司提供的这种介入了缓存服务器的视频点播服务，以及设立的这种缓存技术规则，决定了其实质介入了淫秽视频的传播行为”②。

（二）技术何以中立

辩护方提出缓存是一种价值中立的技术行为，快播公司并没有有意传

① 《刑法》第九节第363条规定了制作、复制、出版、贩卖、传播淫秽物品牟利罪。从犯罪构成分析，主观方面要求为故意（包括直接故意和间接故意），并且以牟利为目的；客观方面要求犯罪主体从事制作、复制、出版、贩卖和传播行为。第364条传播淫秽物品罪则要求情节严重才构成犯罪。

② 《快播涉黄案一审王欣被判3年6个月　法院判决回应四大焦点》，新华社，2016年9月13日。

播淫秽视频。事实上，快播在2013年底对缓存服务器的存储方式进行调整，将原有的完整视频文件存储变为多台服务器的碎片化存储，试图利用技术手段规避版权和淫秽视频等法律风险。[①] 然而，所谓的“技术中立”以及“菜刀论”忽略了一个重要的事实：快播作为一个网络服务提供者，技术是其借助色情牟利的手段，因此这种情境下的“技术”不再是中立的。借用维基百科中文版对“快播”的描述：“在中国大陆，快播拥有着巨大的用户数量。由于采用了专用的传输协议，所以快播被部分用户用来下载被禁视频，如有暴力或色情性质的视频、涉及政治敏感的视频等。另外，在快播中盗版视频很泛滥。”[②] 从现有证据来看，虽然快播没有向用户或淫秽网站直接收取服务费，而是通过弹窗广告和点击率收取广告费用，但实际上只是牟利的逻辑发生变化：为用户提供淫秽网站链接是吸引用户的主要手段之一，通过吸引用户来提高点击率以获取巨额广告费用，达到牟利目的。因此，所谓的“技术中立”在快播借助色情传播牟利的逻辑下是不成立的。但值得注意的是色情在互联网行业快速发展过程中似乎带有“原罪”的色彩，网络“直播”同样如此。快播打了一个法律的“擦边球”，在庭审的过程中，不管是辩护方对于“传播”的否认，还是“技术中立”的狡辩，都反映了一个问题，那就是在技术革新的过程中，网络色情的治理不断面临新的问题，反映了法律的滞后性与网络技术的革新之间的矛盾。原本就比较模糊的概念，比如“传播”行为，在新的技术条件下需要从法律层面进行解释和不断地完善，亦如2008年“艳照门”事件中对于“传播”概念的争论一样。因此，网络的特性决定了其规制方式与传统媒体的不同，在现有法律规制模式存在不足的情况下，通过引入技术手段治理网络可能成为未来网络规制的发展趋势。[③]

二、色情治理与舆论引导

“快播案”引起社会的广泛关注有很多原因，除了快播本身拥有巨大的用户群之外，案件庭审的直播更是引发了舆论的高潮。各方媒体的报道与网民的围观显示了不同的话语特征，舆论的焦点似乎并非集中在快播是否涉黄，而是

① 《透视快播之罪：“宅男神器”的吸睛与吸金》，《人民法院报》第六版，2016年9月26日。

② 参见 https：//zh. wikipedia. org/wiki/% E5% BF% AB% E6% 92% AD.

③ 张志铭、李若兰：《内容分级制度视角下的网络色情淫秽治理》，《浙江社会科学》，2013（06）.

快播涉黄是否有罪，进而关乎对网络色情治理的正当性的引导问题。

（一）庭审直播引发“网络狂欢”

首先，审理此案件的北京海淀区人民法院在其官方微博上开启了视频直播，腾讯、网易、凤凰、新浪等门户网站都专门开设了图文直播页面。据中青舆情监测室统计，2016 年 1 月 7 日 0 时至 13 日 17 时，相关舆情信息达到 563 万条，包括中文新闻报道 3720 篇、论坛帖子 58997 篇、博客 9440 篇、微信 39053 篇、微博近 100 万条。[①] 网民积极围观，各种喧闹充斥其中，辩词被演绎成一个个段子在网上流传，“技术无罪”“我欠快播一个会员”等，网络围观使得原本严肃的庭审直播变成了网民娱乐的一场闹剧。

除了网络直播外，还有各种自媒体文章，就“快播案”讨论各种问题，比如：《快播案：程序正义、盗版和色情》《游走在美化和妖魔化两端的王欣和快播》《性、审判和播放器》《虎扯：段子手救不了王欣》等，相对于网民的喧哗，这些文章从不同的角度进行了理性的思考。传统新闻媒体则是围绕案件庭审内容进行报道，《南方都市报》《新京报》等运用整版进行报道，《南方都市报》在 1 月 9 日的头版使用了王欣受审的照片，标题为“快播庭审堪比律剧”，《新京报》的标题则是“快播 CEO 王欣被建议判刑 10 年以上”。面对网络舆论中对快播辩词的一片掌声，《人民日报》客户端 1 月 9 日发表时评《快播辩词再精彩，也不配赢得掌声》，文章指出：“不能因为辩论精彩就混淆了是非黑白，也不能因为转发的人多就占据某种‘道义’高地……如果不加谴责反而视而不见甚至同情，岂不是咄咄怪事？法律禁止的行为难道仅仅因为‘愿打愿挨’，就可以合法化吗？”作为主流媒体的《人民日报》发表言论以正视听，代表了官方话语对于“快播案”的舆论引导。当天晚上，新华社发表文章《无论快播是否有罪，都要对“狡辩的权利”报以掌声》，指出：“庭审直播在很大程度上体现了法治的精神，体现了公检法敢于直面挑战的担当。就算快播有罪，也不能剥夺他们为自己辩护的权利，就算你相信快播有罪，也要为这个团队精彩的辩词报以掌声。”体现官方声音的《人民日报》和新华社，在评论中看似对快播的辩护是否应该赢得掌声产生了分歧，发出了不同的声音，但就舆论的引导来看并无分歧，实为同一话语。

① 中青在线：《快播案“挖”走了多少人的“心头肉”?》，2016 年 1 月 14 日，http：// news. cyol. com/content/2016-01/14/content_ 12077348. htm.

（二）色情治理需要舆论引导

围绕“快播案”迅速升温的网络舆情带有娱乐狂欢的色彩，各方声音体现了不同的话语特征，网络狂欢的背后在一定程度上反映了网络色情治理所面临的问题。

“快播案”的直播之所以引起网络上的一片喧哗，一方面是由于辩护方以讲故事的话语方式迎合了网络空间里的非理性情绪，快播公司 CEO 王欣被建构为艰苦创业的技术精英，致力于开发互联网产品，并非有意传播淫秽视频，通过“技术并不可耻”引发网民同情，有意忽略传播淫秽色情视频的事实。而由于技术更新所引发的规约滞后，公诉方无法立即以更好的方式进行回应，从而显得被动。而以《人民日报》、新华社为代表的官方舆论引导实际上体现了法庭外对于网络色情的话语治理：作为“狡辩”，快播的辩护是否应该得到掌声并不重要，“不能因为转发的人多就占据某种‘道义’高地”意味着网络舆论不能绑架司法，同时强调了网络色情治理的正当性。虽然“不加谴责反而视而不见甚至同情”的网络喧闹可谓“咄咄怪事”，但也体现了“公众积极构建法治、追求公平正义的热情”，“庭审直播在很大程度上体现了法治的精神，体现了公检法敢于直面挑战的担当”。因此可以看出，新的传播语境下色情治理与以往的不同在于网络舆论的引导成为色情治理的重要环节。

另一方面，网络的喧哗也在一定程度上反映了色情治理不能忽视当下的社会环境。快播涉黄并非具有很大的争议，但如何定罪成为关注的焦点。网民对快播的声援在一定程度上反映了“扫黄”在当下社会语境中的正当性问题。正如有学者提出随着改革开放和社会转型的进行，主流话语实践中的扫“黄”所面对的社会生活状况已经发生巨大变化，一度在社会生活中隐形的“黄”重新呈现并凸显成一个严重的社会问题。从扫“黄”政策的表达结构与“黄”的现实结构的关系看，既存在一致的方面，也有背离的地方。[①] 立法需要解决色情淫秽的标准问题，但色情淫秽的定义随着社会开放度的变化而难以确定；不仅如此，色情淫秽社区标准的多元化使得建立统一的适用标准成为不可能。可以说，试图在法律上廓清色情淫秽的整体面貌并以此进行规制陷入了理论上的困境。[②] 近年来广电总局针对

---

① 张志铭、李建新：《“黄”在当代中国何以成为问题》，《政法论坛》，2012（03）.

② 张志铭、李若兰：《内容分级制度视角下的网络色情淫秽治理》，《浙江社会科学》，2013（06）.

色情内容的审查与禁播频繁出现，“扣子解到第几颗算色情”，电影人对情色尺度的追问正反映了在色情治理的过程中缺乏具体的、可操作的执行标准。由于淫秽色情信息在我国长期以来受到历史文化的价值审判，被认定为无价值的信息，因此国家对于淫秽色情信息传播的监管具有天然的合理性。“黄”与“赌”“毒”并称，作为一种话语，“黄”本身就包含了价值引导与判断，即代表了违法的“性”，治理淫秽色情的正当性不言而喻。但是在新的社会情境下，尤其是伴随着社会的多元化发展以及淫秽色情界定的复杂性，在“涉黄”与“扫黄”的话语实践中，以往的主流价值判断与当下复杂的传播语境之间可能发生矛盾，围绕“快播案”的非理性表达即反映了这一问题。网民们的声援除了带有非理性的传播特征外，其本身体现了与主流价值判断的矛盾，以至于官方话语把网民的这一态度定义为“咄咄怪事”，不管是《人民日报》还是新华社的评论都体现了官方话语对网络淫秽色情治理的舆论引导，无形之中在强化新环境下淫秽色情治理的正当性。

三、小结

伴随着技术的不断革新，不同于传统媒介，网络淫秽色情的传播不断出现新的模式与特征，从法律层面，不管是对“淫秽色情”，还是对“传播”概念的界定都存在一定的理论困境。各国对网络色情淫秽的规制经历了一个政策变化的过程，由原先的立法规制逐渐转变为引入技术规制和行业自律的模式。[①]“快播案”的庭审中关于“技术中立”的“狡辩”恰恰反映了新的技术模式下淫秽色情法律规制的困境，即法律的滞后性与网络技术的革新之间的矛盾，同时也预示着通过引入技术手段治理网络以及网络色情可能成为未来网络色情规制的发展趋势。

由“快播案”的庭审直播引起的网络围观，各方媒体的参与以及社会互动，体现了不同的话语特征。不管是“快播无罪”还是“我欠快播一个会员”，网络的喧嚣除了带有非理性的传播特征之外，其背后则是反映了以往的主流价值判断与当下复杂的传播语境之间可能发生矛盾，因而更需要法庭外对网络色情治理有力的舆论引导，通过话语建构强化新环境下淫秽色情治理的正当性。

---

① 张志铭、李若兰：《内容分级制度视角下的网络色情淫秽治理》，《浙江社会科学》，2013（06）.

国家治理语境下网络参与的媒介镜像

——对《人民日报》2006—2014 年关于互联网的报道分析

刘莲莲

摘　要：互联网的发展在一定程度上为社会组织和普通民众的利益表达提供了平台和渠道，由此而生的网络舆论是否以及如何得到传统媒体的关注成为传统媒体服务国家治理的基础。本文对 2006—2014 年《人民日报》关于互联网议题的报道进行分析后发现，“治理与沟通”类议题的报道以“网络问政”和“网民议政”的方式将互联网呈现为服务于网民参与国家治理的渠道。然而，因其偏向于呈现互联网中的正面舆论，《人民日报》实际上塑造一种象征性政治参与的景象。

关键词：网络问政；象征性政治参与；国家治理

改革开放以来，中国总体性社会产生分化，社会利益渐趋多元，加之经济体制改革的深入，企业、社会组织加入了公共政策的制定和公共事务的管理过程中。在此背景下，“治理”成了当前的政府管理及研究过程中频繁使用的概念。与传统的政府管理理念不同，“治理”强调的是上下互动的过程，治理主体是“出自政府，但又不限于政府的一套社会公共机构和行为者”①，各行为主体“通过合作、协商、伙伴关系、确立认同和共同的目标等方式实施对公共事务的管理”②。媒介在国家治理过程中发挥着沟通国家与社会组织和个人的功能，具体包括两个方面：其一，将互联网视为媒介结构的组成部分，讨论互联网与国家治理间的关系，这是直接层面；其二，将互联网视为民众意见的聚集地，讨论网络舆论是否经传统媒

作者简介：刘莲莲，安徽省社会科学院研究员。

① 格里·斯托克：《作为理论的治理：五个论点》，华夏风，译．《国际社会科学杂志》1999 年第 1 期，第 19–30 页。

② 俞可平：《治理与善治引论》，《马克思主义与现实》1999 年第 5 期，第 31–47 页。

体平台传播而达到民众意见与国家治理间的互动，这是间接层面。一般而言，学界通常采取的是前者的视角。因此，本文所要研究的问题是：网络舆论与国家治理间的关系是如何在传统媒体中得到呈现的。

本文选择的研究对象是2006—2014年《人民日报》关于"互联网"议题的报道，样本采取七抽一的方式获得。之所以选择2006年为起始点，原因在于2006年底全国互联网普及率突破10%——根据创新扩散理论，这说明互联网已经得到了普及。经过抽样，2006—2014年《人民日报》关于互联网议题的报道样本共595篇。通过分析这一时期报道的指涉框架，《人民日报》在其报道中将互联网描述为国家治理与政治沟通渠道的报道共205篇，占样本的34.5%；通信78篇，占13.1%；规范管理72篇，占12.1%；商务交易59篇，占9.9%；事务处理17篇，占2.9%；犯罪渠道和网络组织各38篇，各占6.4%；交流沟通24篇，占4.0%；网络宣传12篇，占2.0%；网络娱乐和网络发展各11篇，各占1.8%；网络依赖、教育学习、网络产品和科技的样本量较少。为描述2006年前后报道指涉框架的变化，本文进一步对1999—2005年《人民日报》关于"互联网"议题报道的指涉框架进行了分析。与1999—2005年相比（图1），治理与沟通框架的比例出现急剧上升，从1999—2005年的5.7%上升到了34.5%。

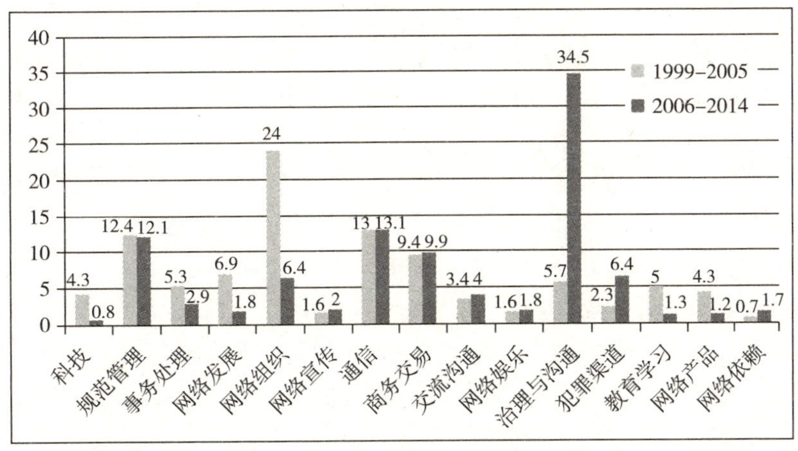

图1　1999—2005年与2006—2014年《人民日报》互联网报道的指涉框架比较

"治理与沟通"框架在1999—2005年已经少量出现，在2006—2014年则占据了报道样本的三分之一。《人民日报》采用的"治理与沟通"框架的相关报道为我们呈现了什么样的政治参与和政治沟通图景，怎样呈现以及为什么如此呈现？在对2006—2014年所获得的样本进行整体分析后，"治理与沟通"框架大致可分为两种情况，这两种情况将被分别进行讨论。

一、电子政务工程主导下的“网络问政”

1999—2001 年实施的三大上网工程是国家主导下推进国民经济和社会信息化的重要措施之一，其中，政府上网则为电子政务的开展奠定了基础。中办发〔2002〕17 号文件《国家信息化领导小组关于我国电子政务建设指导意见》提出实施电子政务的主要目的是改善和加强中央和地方党委政府的“管理能力、决策能力、应急处理能力、公共服务能力”[①]。此后 2006 年 5 月中办国办颁发的《2006—2020 国家信息化发展战略》明确了互联网发展的重点在于：以围绕经济结构的调整和经济增长方式的转变为核心，推进国民经济信息化，以提高治国理政能力为核心，实施电子政务工程。[②] 2007 年 1 月通过的《中华人民共和国政府信息公开条例》规定：“行政机关应当将主动公开的政府信息，通过政府公报、政府网站、新闻发布会以及报刊、广播、电视等便于公众知晓的方式公开。”[③]

2006—2014 年，《人民日报》关于互联网的报道主要从两个方面对民众的政治参与和政治沟通进行报道：其一，在政府信息公开的情况下，中央和地方相关职能部门将文件和政策在网上进行公开，以征求民众意见，这是《人民日报》报道的主要内容；其二，《人民日报》刊载地方党委和政府的主要领导的文章，以低姿态表明其听取民众意见和建议的意愿。

（一）广开言路：网民意见的汲取

在政府上网工程的推动下，中央和地方各级党政机关纷纷开通了网站，为信息公开拓展了一条便捷的渠道。在这方面，以治理与沟通为框架的报道主要涉及两方面内容。

首先，相关部门将文件和规定在网上公开以征求民众对文件和规定的意见和建议。此类报道实际上是把互联网视为官方获取民众意见的平台。对于民众而言，发表对文件和规定的意见和看法意味着直接或间接参与国

① 《国家信息化领导小组关于我国电子政务建设指导意见（摘要）》，《中国信息界》2003 年第 1 期，第 80-82 页。

② 《中国政府制定一系列政策规划互联网发展》，人民网，取自：http：//news. 163. com/10/0610/06/68Q230EJ000146BD. html。

③ 《中华人民共和国政府信息公开条例》，中华人民共和国中央人民政府门户网站，取自：http：//www. gov. cn/xxgk/pub/govpublic/tiaoli. html。

家政策和法律规章的制定，并使自身的要求和意志得以体现。下述案例来自2006年3月24日《人民日报》第10版①（图2）。

北京市政协3月23日上网公布142件委员提案

重点提案 公开征求市民意见

其他提案也全部公布，市民意见反馈给委员和承办单位

本报北京3月23日讯 记者王建新报道："如何加强政府职责，完善住宅物业管理体制？""如何加强胡同保护？""如何合理解决房产权证问题"……从今天开始，北京市民登录北京市政协网站和首都之窗、新浪网，就会发现，原来这些与他们的生活密切相关的热点、焦点话题，也是政协委员们特别关注的问题，而且，市民还可以对这些话题发表意见，将自己的想法告诉政协委员。

从3月23日至4月10日，北京市政协通过网络等形式，正式公布24个方面的委员提案选题，涉及142件提案，邀请广大市民通过登录相关网站特设栏目、发送电子邮件、发送手机短信、邮寄书信等方式发表意见，以确定2006年市政协主席、副主席、秘书长检查督办的重点提案。北京市政协提案委员会副主任任英英说："这样做，将使政协提案工作更贴近社会实际，贴近人民群众，也在更广阔的空间接受群众监督。"

据北京市政协提案委员会办公室介绍，在今年初北京市政协十届四次会议期间，各民主党派、人民团体和政协委员共提出提案1335件，立案1253件。按照程序，市政协各专门委员会组织委员先对这些提案进行了分析，从中推荐出24个选题，涉及142件提案。然后，向社会公开这些提案，请市民和市政协委员发表意见。最后，综合整理收集到的意见和建议，并与各委员会的推荐意见一起进行综合评定后，上报市政协主席会议审定，由此确定2006年北京市政协主席、副主席、秘书长检查督办的重点提案。

与此同时，北京市政协还在市政协网站公布了包括上述142件推荐提案在内的市政协十届四次会议全部提案，市民也可登录网站"提案点评"栏目对自己感兴趣的提案进行点评。据任英英介绍，市民的这些点评和意见与建议，经综合整理后将及时反馈给各相关政协委员和有关提案承办单位，以便这些部门在办理提案过程中能更全面、更客观地看待和思考问题，更多地从群众的角度处理和解决问题。这样做也有助于政协委员们在今后提出提案时增强针对性和可操作性，不断提高提案质量。

图2 《人民日报》2006年3月24日第10版

《人民日报》在这篇报道中详细突出了北京市政协在形成正式提案过程中通过听取民众对提案的意见和建议，并在整理基础上将之体现于提案当中。此外，在本篇报道的"延伸报道"部分指出北京市政协的九成提案参考了市民意见，并指出这九成提案全面反映了各界群众的要求。因此，这篇报道将互联网描述为民众针对政协提案发表意见和看法的渠道，采用的是治理与沟通的框架。

在同类的报道当中，民众或网民通过互联网发表意见和建议的还涉及《考试条例》、"公务用房用车"、交通管理、二手房买卖、规范物业管理和完善社保制度等政策和制度。这些报道中均将互联网视为民众或网民实现政治参与和政治沟通的渠道。如上海市政府改进了原有的规制草案征询公众意见的工作方式，在其门户网站上开设"政府规章草案民意征询平台"，并将之作为一种制度确立下来②；四川则将所有人大代表的提案和建议上网，以接受民众评议，《人民日报》将这一举措描述为与民意互动的新举措，并指出这一举措具有满足公众知情权、更新公众参与人代会的形式、深化代表和民众的良性互动三方面的意义③。

---

① 《北京：重点提案 公开征求市民意见》，《人民日报》，2006年3月24日第10版。

② 《上海市政府门户网站开设"民意征询平台" 政府规章都要上网征求意见》，《人民日报》，2007年9月18日第10版。

③ 《四川：议案全面上网接受群众评议》，《人民日报》，2006年1月19日第10版。

另一类报道则将政府门户网站描述为舆论监督和网上举报的平台，民众通过网站推出的应用或链接，对党委和政府的行政行为进行监督和举报，从而实现政治参与。《广西开通举报网站　监督违规用人》[①] 将"12308"举报网站视为"三位一体"举报网络的组成部分，从而对违规用人选人问题进行监督和举报。此类报道还涉及官员财产的网上公开、网上信访、法院工作人员违纪行为等的监督。如我国各地高级法院开通举报网站并与最高人民法院举报网站实现对接，《人民日报》在2011年2月的一篇报道中将之描述为"拓宽群众举报渠道、主动接受社会各界监督"的一项重大举措[②]；2010年9月《人民日报》以较大篇幅报道了成都市新都区政府网站不删除网友留言、保证件件回复的做法，并借用网友的话说，这种举措实现了政府与百姓沟通的"零距离"，反映的是一种"百姓有所呼，政府有所应"的真实政治生态。[③]

无论文件上网公开征求意见还是开通举报网站对政府权力进行监督等均是政治参与的应有之义，《人民日报》在其报道中表现了对这种政治参与方式的赞扬。在这些报道中，通过互联网实现政治参与依赖的是政府网站这一平台，而这一平台是政府实施上网工程后进而推行电子政务的直接结果，也是信息公开的一种路径。因此，这两种方式均建立在信息公开的基础上——尽管《政府信息公开条例》在2008年5月1日才开始实施，但信息公开的实际探索在此之前已经出现。

（二）邀网友灌水与拍砖：地方官员俯身问政的姿态

在《人民日报》刊发的稿件中，地方党委和政府领导降低姿态主动邀请网友灌水和拍砖以"求计问策，接受监督"的报道以《书记省长邀网民"灌水""拍砖"》[④] 最为典型。该报道主要内容是广东省领导通过互联网发布的《致广东网民朋友的一封信》引发网友讨论一事，报道引用信中的话说："互联网日益成为人们工作和生活的基本工具，也成为各级党委、政府联系广大群众的重要平台、听取社情民意的重要渠道"，"我们愿意成

---

① 《广西开通举报网站　监督违规用人》，《人民日报》，2010年8月30日第11版。

② 《全国高级法院开通举报网站　举报人可查询处置情况》，《人民日报》，2011年2月10日第11版。

③ 《这个政府网站有个性——成都市新都区官方网站对网友留言件件回复不删帖》，《人民日报》，2010年9月28日第11版。

④ 《广东省党政领导致信网民："愿意成为大家的网友，求计问策，接受监督"　书记省长邀网民"灌水""拍砖"》，《人民日报》，2008年2月14日第10版。

为大家的网友，求计问策，接受监督”。这涉及地方领导对互联网在地方治理中的作用的认知。此后，《人民日报》将反映地方领导干部对互联网功能认知的报道编入以“从 web 2.0 到政府 2.0”为题的系列报道中，后又编入《我发言》《看招》《声音》《心得》等栏目。由此，对互联网治理功能的认知从报道的形式转变为文章的形式。

2013 年 1 月 17 日起，《人民日报》开始将地方领导撰写的文章归入新开办的《问政 · 看领导干部用网》栏目。这些文章主要结合地方领导干部的工作实际，阐释其对互联网在地方治理中的功能的认识。从开栏时《编者的话》中可以看出，开办《问政 · 看领导干部用网》栏目的目的在于：“希望通过官员的实际经历、深入思考，为各级领导干部提供一个‘读懂网’、‘用好网’的样本，构建一个交流用网经验与教训的平台，搭起一座官民良性沟通的桥梁。”① 该栏目所刊发的文章出自地方主要领导干部之手，并经过记者整理后进行刊发。在该栏目下刊发的文章大多为地方党委和政府在应对网络舆论和舆情过程中的工作经验和体会。如《江苏省宿迁市委书记蓝绍敏不做网络的旁观者》② 中转述相关领导的话说：“领导干部要想用好网络、掌握网络，就必须重视网络、融入网络、放下‘架子’、接触网民，决不能把自己放在网络之外做旁观者。这既是对网民的尊重，也是政治智慧的体现。”此外，在文章末尾，通过配发“读者反馈”以建立起官民之间的虚拟沟通。从 2013 年 1 月至 2014 年底，该栏目共刊载文章 71 篇。

从整体上看，无论是在网上公开相关信息以征求民意和寻求舆论监督，还是领导干部俯身问政，这两种类型的稿件均呈现出政府及其官员角色和态度的转变。首先，政府部门和官员以积极开放的姿态主动咨询网民意见，寻求舆论监督；其次，《人民日报》主动参与到推动民意的表达过程中，充当官民沟通的中介——系列报道和栏目的推出，表明《人民日报》主动进行策划以推进民意表达的积极态度。这两种主动态度是公共事务治理和政治参与的核心所在：一方面，官民间进行平等、互动的交流和沟通是治理的制度环境；另一方面，媒体是公共事务治理和政治参与的渠道和平台。

---

① 《中共陕西省委书记赵正永：网友的每条留言我都认真对待》，《人民日报》，2013 年 1 月 17 日第 14 版。

② 《江苏省宿迁市委书记蓝绍敏：不做网络的旁观者》，《人民日报》，2013 年 5 月 16 日第 14 版。

二、民意的呈现：报网互动理念下的“网民议政”

在网络媒体获得充分发展之前，传统媒体并没有给民众的政治沟通和政治参与留下足够的空间，这一状况随着民众频频通过互联网发声而有所改变。传统媒体不断丰富“报网互动”理念，使母体和子体优势互补，以应对新的舆论格局，同时推动其母体（报纸）和新闻网站（子体）的共同发展。具体而言，《人民日报》与人民网之间的互动大概经历了报纸内容的翻版、报为网用、网为报用、报网合一（或称报网联动）四个阶段。[①]报网互动背后凸显的是《人民日报》在运营观念方面的变化。2009 年 12 月《人民日报》扩版的目的在于“宣传党的主张、弘扬社会正气、通达社情民意、引导社会热点、疏导公众情绪、搞好舆论监督”[②]，在保持宣传功能定位不变的情况下，注重了民意的传达、热点舆论的引导和民众情绪的疏导，尤其是明确提出了舆论监督这一理念。因此，与报网互动理念日趋丰富和报网互动实践日渐深入紧密相关的是《人民日报》在办报理念上发生了较大变化。

正是在互联网日趋成熟的背景之下，《人民日报》进行了报网互动的探索实践，并形成了一套相对稳定的联动体系。在这种体系中，网络舆论成了报网互动的重要内容。具体而言，2006—2014 年《人民日报》借助人民网平台呈现网络舆论的方式主要有网上调查、网友留言或热议、官民沟通、“做客”式访谈四种。

（一）网上调查：民意的呈现渠道

“两会热点调查”始于 2002 年，是《人民日报》与人民网探索报网联动的最早举措，报网双方在调查题目、问卷和结果上进行了合作与联动。[③]这一调查一直延续至今，参与调查的人数从 2002 年的“数千人”变为 2012 年的 213 万多人，到 2014 年，参与调查人数达到 335. 85 万。

---

① 官建文：《人民网探索报网融合的实践与思考》，《中国广播》2009 年第 4 期，第 14-16 页；吴焰：《报网互动新格局研究——以人民日报、人民网间的互动进程为例》，复旦大学硕士学位论文，2009 年。

② 人民日报编辑部：《致读者》，《人民日报》，2009 年 12 月 31 日第 1 版。

③ 官建文：《人民网探索报网融合的实践与思考》，《中国广播》2009 年第 4 期，第 14-16 页。

“两会热点调查”选择“两会”这一特殊时间点对民意进行调查，“热点问题将通过本报记者带到两会现场”，可以说，这一举措确实具有下情上传的作用。“两会热点调查”这一方式在《人民日报》和人民网互动过程中逐渐变为网上调查，成为了解民意的一种常规方式和途径，并成为支撑《人民日报》报道相关问题的材料和事实。如2007年11月16日第10版的报道《九成网友个人信息遭侵害》，该报道是系列报道《关注“个人信息保护”》中的一篇。《谁来保护我的个人信息》这一针对网友的调查所获得的数据成为这篇报道的主体和证据，报道使用的数据和图表①，赋予报道直观性。此外，这篇报道与《谁动了我的个人信息》（图3）之间形成了较好的配合，将个案的可读性和调查数据的说服力进行搭配，丰富了报道的层面。

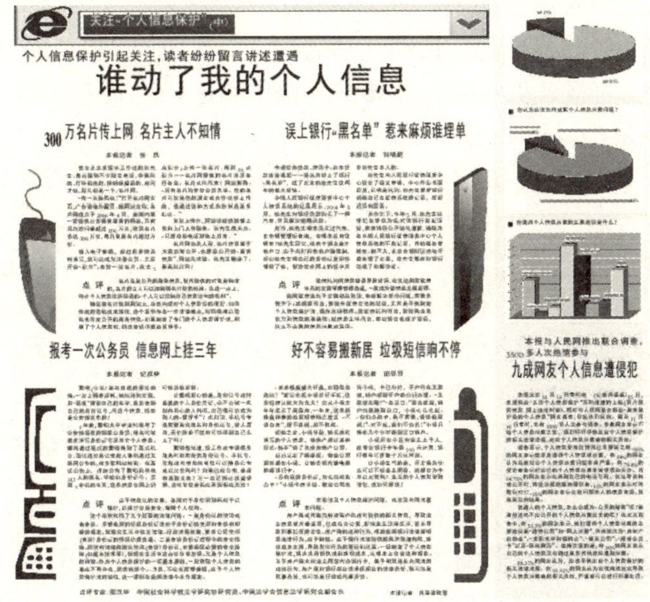
关注“个人信息保护”（中）

个人信息保护引起关注，读者纷纷留言讲述遭遇

谁动了我的个人信息

300万名片传上网 名片主人不知情

误上银行“黑名单” 惹来麻烦谁埋单

报考一次公务员 信息网上挂三年

好不容易搬新居 垃圾短信响不停

本报与人民网推出联合调查，3500多人次热情参与

九成网友个人信息遭侵犯

图3 《人民日报》2007年11月16日第10版关于个人信息保护的版面构成

《人民日报》类似的网上调查还涉及城市特色、宜居城市、国家调整法定假日、刺激消费政策、不文明驾车行为、供热体制改革等。这些调查结果以或简单列举，或支撑报道的材料和证据等方式在《人民日报》中得到了呈现。

① 《九成网友个人信息遭侵害》，《人民日报》，2007年11月16日第10版。

报网互动不仅丰富了《人民日报》的报道手段，在《人民日报》的报道中，互联网成为民众意见发声的渠道，通过刊载网上调查的结果，报纸也成为呈现民意的平台，而在传统的媒体格局中，民意的呈现通常是通过事件报道来实现的。

（二）留言与热议：网民议政平台

在互联网产生之前，读者来信是《人民日报》听取读者意见并与读者保持联系和进行互动的主要方式。1988 年前后，《人民日报》每天收到约 2000 件读者来信和来稿。这些读者来信来稿通常采用两种方式进行处理：一是相关建议和批评转给相关部门处理；二是在报上“读者来信”中刊发①。据日本“中国研究中心”统计，1983 年《人民日报》共刊载读者来信及相关部门的回复 1165 件，占总数的 0.2%。②

随着《人民日报》与人民网互动的深入，人民网先后开办了网友留言和地方领导留言板，供网民发表批评、意见和建议，其中一部分经过整理和编辑之后由《人民日报》刊发在其专栏“人民网网友留言板”和“在人民网上”上，其目的是“把人民日报和人民网打造成与读者、网友良性互动的平台”。

从 2006—2014 年《人民日报》刊发的留言板稿件来看，这些稿件的标题通常包含“网友留言”和“网友热议”的字样。通过对刊发的稿件进行分类，我们发现，《人民日报》通常采用以下几种方式处理人民网“网友留言板”的内容：

1. 与新闻事件或国家政策、社会焦点相关的留言汇编或报道

此类稿件可以分为两种处理方式：其一是采用报道的形式，对网友留言进行加工，并将之作为消息来源围绕相关主题进行报道。这种处理方式与一般的报道在形式上没有太大区别，不一样的是报道中的采访主要使用网友在人民网留言板上的留言。此类报道涉及节能减排、沼气建设、网络色情、固话月租等主题。其二是留言汇编。这类稿件通常会专门添加一个类似于导语的部分，留言涉及的事件包括如 2006 年的“中国公民旅游不文明行为表现”和“提升中国公民旅游文明素质建议”征集活动、2006 年四川和重庆的特大干旱、2007 年国家工商总局关于“‘中国驰名品牌评选’是骗局”的声明、2006 年国内频发的矿难等一些热点事件或热点问

---

① 《人民日报社简介》，《新闻战线》1988 年第 6 期，第 7-8 页。

② 大洪：《“从读者来信看中国现状”》，《新闻战线》1986 年第 9 期，第 48 页。

题。图4为《人民日报》2007年8月31日第5版刊发的《净化网络　网民有责》的报道版面：

净化网络　网民有责

人民网 people　www.people.com.cn　网友留言板

随着构建网络文明的不断开展，一些色情网站和涉及网络安全的案件开庭审理。人民网网友纷纷留言表示，支持净化网络环境、严厉打击网络犯罪。现选登部分网友留言：

——本来网络是很好的学习工具，但黄色、诈骗等毒害愈来愈严重。网络不能成为管理漏洞，应该健全法制，依法管理。（IP：222.174.1.★）

——任何事物都具有两面性，网络是科学技术发展的产物，但网络中色情的传播更加迅速。色情的传播会造成对社会道德的冲击，想要遏制它，除了运用网络科技手段以及法律手段外，还得靠教育。（IP：221.239.232.★）

——希望明天更美好，净化网络时空。杜绝黄色，保护网络安全，从自己做起从自律做起。（IP：121.30.22.★）

——我们要学习国外先进经验，根据我国国情，尽快制定行之有效的网络管理体系。国家应该尽快出台一部专门的法规。（IP：59.36.146.★）

——人人都是捍卫“绿色网络”的哨兵，人人都有拒绝谎言与网络陷阱的责任。我们在互联网上播撒责任的种子，我们将在互联网上收获文明的果实。（IP：218.57.200.★）

——政府一定要严厉惩治破坏网络安全的网络犯罪，维护每个人的合法权益。（IP：59.59.123.★）

图4　《人民日报》2007年8月31日第5版的网友留言板

2. 与《人民日报》刊发的报道、评论或文章相关的网民留言汇编

根据对报道文本的分析，可以看出，其一，关于评论的留言汇编类的报道中主要针对的是网友对任仲平的评论文章，如《网友热议任仲平文章：“敢”字当头“闯”字当头》[①] 是网友对头天刊登的任仲平文章《没有那么一股子气，不行——论发展创新为文化与建设创新型国家》的留言。任仲平的文章均与国家重大活动、决策和措施等有着密切的关系，如奥运会、汶川地震、中国模式、全国各族人民大团结、低碳社会、群众路线等。其二，关于文章的留言汇编的报道涉及理论版的文章，如对《在改革开放中坚持和发展马克思主义》《中国共产党领导的多党合作和政治协商制度符合中国国情》《官为什么不好当了》等文章[②]留言的摘编。其三，

① 《网友热议任仲平文章：“敢”字当头“闯”字当头》，《人民日报》，2006年4月6日第5版。

② 《人民网网友留言》，《人民日报》，2009年5月22日第7版。

关于《人民日报》报道的留言汇编的报道主要针对《人民日报》刊发的一些重要报道，如：《网友热议：个人合作建房，政府应予规范》① 是网友对头天刊登的报道《1556 元/m^2个人合作建房“新样板”?》留言的摘编（具体报道见图5）。该类型涉及的报道主题还有高考移民、小学生负担、电信资费、“中产”生活、铁路新规、公款吃喝、特色农业现代化、创业等。可见，这些报道主要与中央、地方的相关政策和措施以及当前社会热点焦点问题有关。

个人合作建房，政府应予规范

本报北京 1 月 18 日讯　本版今日刊登《1556 元/m^2，个人合作建房“新样板”?》一文，报道了深圳个人合作建房者“竞拍模式”取得进展一事，引起网友热烈讨论。

有网友留言表示，“希望这种现象越来越多，越来越好！”有些网友则希望各级政府对合作建房制度的各个环节进行规范，并通过试点等手段促其健康发展、推广。网友“gxnm”认为，“这种方式符合以人为本的理念。”一位自称“福州人”的网友说，有的国家也曾有人采用这种方式解决住房问题。各种模式都可以尝试，关键是政府要规划和规范好。

也有网友提出了自己的不同意见，认为这是合作竞拍买房，不是集资建房，偶然一次竞拍旧房成功，不见得合作建房就行得通。（唐述权）

图5　《人民日报》2007 年 1 月 19 日第 5 版的网友留言板

从上述分析可以看出，《人民日报》关于人民网“网友留言板”上的网友留言的汇编或报道与国家方针政策、社会热点和焦点、社会新现象有关——《人民日报》的报道、文章和评论的网友意见摘编也与此有关。这些汇编或报道所涉及的网友留言在《人民日报》中刊载，实际上说明网友意见和建议通过《人民日报》这一平台得到了表达。因而，通过报道和汇编，《人民日报》充当了民意表达的平台，这也进一步表明，《人民日报》在此类稿件中将互联网描述为网友意见和建议的呈现渠道。由于网友意见和建议通常以网友评论的方式表达出来，属于网友议政的范畴，因而，《人民日报》的《网友留言板》栏目是网友议政的平台。

① 《网友热议：个人合作建房，政府应予规范》，《人民日报》，2007 年 1 月 19 日第 5 版。

（三）沟通上下：官民网络互动图景的建构

在《人民日报》关于互联网的报道中，相当一部分是对互联网上官民互动的报道。这类报道建构起了官、民、专家之间和谐互动的良好图景。

1. 官民沟通：从网上互动到网下行动

《人民日报》2011 年 4 月开办的《网连中国》专栏、“两会”期间传统互动栏目《我替网友问代表委员》《我有问题问总理》和《我托书记省长“捎句话”》等强化了政府与民众之间的交流和沟通的互动性。在 2013 年两会期间，《我替网友问代表委员》刊发稿件 11 篇，《我托书记省长“捎句话”》刊发稿件 5 篇，其中每一篇编发网友意见若干，从其专栏名称来看，其意见表达的指向明显。

《网连中国》专栏主要选择性地刊载人民网《地方留言板》上网民给地方领导的留言以及地方领导对该留言所涉及事件和问题的办理回复的基本情况，同时附上《人民日报》编辑或记者对互动情况的点评。该专栏在 2011 年 4 月至 2012 年 7 月共刊发稿件 36 篇。《开栏的话》《网连中国》专栏的目的在于“倾听声音、回应关切、征集意见，促进政府与群众互动互通”，并“及时跟进问题解决情况”[①]。可见，这一专栏采用的是网友反映问题—领导解决回复—编辑点评的模式，突出的是官民网上互动基础上实际问题的线下解决。

《网连中国》专栏所涉及的问题包括退托费、档案管理费、退离休老干部医药费、黑网吧、旅游服务等与民众生活关系密切的问题。在《网眼点评》中，编辑根据具体事务的办理和回复情况进行或赞扬政府态度或表扬政府解决实际问题的成效等方面的点评，但点评中最核心的还在于对人民网《地方留言板》在推动事件解决过程中的作用，如在 2012 年 3 月的一篇点评中，编辑说：“小小留言板，传递民意民情，搭建政与民的沟通桥梁……留言板作为一个汇聚社情民意、反映群众诉求的窗口，使地方领导能够原汁原味地听到网友心声、了解群众心愿，更好地履行社会治理的职能。”[②] 由此，我们可以看出，在该专栏中，《人民日报》一直在强调《地方留言板》在实现官民沟通中的地位，从而赋予《地方留言板》存在的合理性和必要性。

---

① 《省委书记回复网友留言贵州大方 230 名师生喝上放心水》（网连中国），《人民日报》，2011 年 4 月 19 日第 14 版。

② 《安徽省芜湖市市长杨敬农回复网友留言我们村盼大学生村官》（网连中国），《人民日报》，2012 年 3 月 20 日第 14 版。

然而，《网连中国》专栏所刊载的网民互动的次数毕竟有限。据人民网舆情监测室的分析数据显示，从2006年开通到2011年12月初，《地方领导留言板》共刊发21万多条网友留言，30个省区市的850位省、市、县三级地方领导对网友留言进行回复，回复涉及7万个网友问题。此外，《网连中国》所涉及的事件主题的重要性有欠缺，通常均为与民众生活相关的、涉及范围有限的话题，较少涉及具有普遍性的公共话题。从这个角度来说，《网连中国》选择性地建构了《地方留言板》作为官民线上互动和政府线下行动的渠道的合法性，也塑造了地方政府开明、民主和积极的形象，形成了一幅政治参与和政治沟通良性发展的图景。

2. "做客"式互动：官员、专家与网民间的政治沟通

报网互动的另一种形式是《人民网》在对中央和地方党政机构的主要领导、专家学者、先进人物在强国论坛上进行访谈，并与网友进行在线交流和沟通，《人民日报》对访谈和互动情况进行报道，从而塑造出官员与网民、专家与网民、先进人物与网民之间互动交流的景象。在此过程中，互联网是承载这一互动交流行为的平台。

强国论坛的前身是"强烈抗议北约暴行BBS论坛"，其开办宗旨是"及时宣传国家有关政策，真实反映民情民意，成为政府与群众之间沟通的网上桥梁"[①]。开办之初即邀请专家与网民在线进行交流，后将交流对象延伸到党政官员和先进人物，这种方式一直延续至今。

《人民日报》通常采用两种方式对人民网强国论坛中的访谈和互动情况进行报道：其一，对访谈和交流情况进行简单筛选，直接以对话形式进行呈现，如对任长霞与网友交流情况则全文刊登了交流的全部内容[②]。其二，以新闻稿的方式对访谈和互动情况进行报道，如对沈浩实际报告团和家属的网上访谈的报道[③]，再如《"透明"乡政府能否走下去》[④]，报道分为三个部分：第一，访谈对象白庙乡党委书记张映上的工作感言和体会；第二，导语介绍白庙乡公开公务开支明细的情况；第三，网友与主持人对访谈对象的提问以及访谈对象的回复。报道中还根据访谈内容将访谈部分分为"为啥敢'全裸'公示""公开的数字真实吗""是不是想出风头""公示能往前走多久"四个部分，并添加了分割标题。从报道中可以看出，

① 《弘扬爱国主义 反映民意民声——强国论坛开办一周年》，人民网，取自：http://www.people.com.cn/item/dongtai/newfils/200003/0516.html。

② 《任长霞畅谈人生追求》，《人民日报》，2004年6月4日第1版。

③ 《沈浩实际报告团及家属网上访谈反响热烈》，《人民日报》，2010年1月15日第4版。

④ 《"透明"乡政府能否走下去》，《人民日报》，2010年3月17日第11版。

《人民日报》对强国论坛的访谈的报道多采用添加报道要件以解释访谈背景、增加被访谈人的工作感言以点题的方式组织报道，在部分报道中还配发相应的短评。

此类访谈通常在报道中会突出访谈对象“做客人民网强国论坛”，因而，我们可以称之为“做客”式互动。从《人民日报》的报道来看，此类访谈的主题涉及政治、经济、文化、外交、道德等领域，具体主题包括公民道德建设、猪肉价格、农业科技、先进人物的先进事迹、政务公开、司法体制改革、反腐、教育改革、十八届四中全会公报、大气污染等。访谈对象包括国家机关负责人、地方党政机关领导、专家、先进典型和外国领导人。此类报道呈现给读者的是一幅官员与网友、专家与网友、先进人物与网友之间良好交流的图景。正是通过这种方式，《人民日报》将互联网塑造为政治沟通与交流有序展开的平台。

此后，《人民日报》关于访谈的报道不再局限于人民网强国论坛，而是延伸到央视网、新华网等重点新闻网站开办的访谈活动。同时，在访谈方式上也进行了灵活调整，如由记者代替网友向专家提问①，以增加问题的针对性和访谈者与网友之间的沟通，达到解读政策和释疑解惑的目的。

三、象征性参与：互联网舆论的选择性呈现

总的来看，网民议政格局的形成是在报网互动的背景下实现的，一方面，互联网的特性使得网民的意见表达成为可能，而在传统的媒体格局下，这种表达更多受到官方和媒体的限制而难以实现。从这个角度来说，互联网确实有一定的推动政治民主的作用；另一方面，在网络舆论的倒逼之下，传统媒体不能不从发挥舆论引导功能和自身发展两个层面来改变忽视民众舆论的传统，主动创新报道方式，呈现民众舆论，从而实现党和人民满意的目标。在此情况下，传统媒体的门户网站成为其首选。

然而，也应该看到，在正面宣传为主的方针之下，传统媒体更多选择以赞扬为主的网友留言或互动内容来塑造官民互动的议政格局。具体到《人民日报》，无论是在政务公开所伴生的政治沟通与政治参与，还是在报网互动推动下形成的网民议政，《人民日报》呈现的绝大部分是赞扬性意见和建议，甚至其所开办的专栏或系列报道本身均限制了负面舆论的采

① 《学雷锋，其实很简单》，《人民日报》，2012 年 3 月 2 日第 6、7 版。

用，如《问政·看领导干部用网》以领导干部的稿件为主，表达的是领导干部对互联网在政治治理和政治参与中功能的认识，且带有政绩展现的色彩；而“做客”式互动的访谈报道，也是以政策的解惑释疑、先进人物事迹等正面信息为主；《网友留言板》专栏所刊载的网民言论，同样以正面为主，少量负面信息均指向社会而不是指向地方党委和政府，这就弱化了网友言论的舆论监督作用。这些内容固然是政治参与和沟通的必要条件，但监督性言论的缺乏使得《人民日报》所塑造的互联网政治参与和沟通的平台过于干净。因此，对网络舆论的选择性呈现使得基于互联网的政治参与和沟通在《人民日报》中更多地成为一种象征性的政治参与。《人民日报》所塑造的象征性参与图景与现实社会中互联网频发的网络舆情之间所存在的较大反差，最终会在媒体与民众之间产生间离效应，导致党报公信力的降低。

网络公众参与与公共治理的不同互动模式

殷 俊

摘 要：随着互联网在中国的发展，互联网的公众参与已经成为公众参与公共治理的重要形式，其既有助于解决中国公共治理面对的一些体制性限制，又对既有的公共治理模式提出了很大的挑战。本文认为，对于网络公众参与的形式、影响和政府对其的回应，不能以统一的模式分析，而要区分不同的议题和领域。通过对三个不同类型的网络公众参与的案例进行分析，本文发现，可以从议题的政治敏感性和互联网在该领域的自治性两个维度出发，区分不同模式的网络公众参与，从而归纳出合作、互补、管控和禁止四种基本的政府-公众参与的互动关系。

关键词：互联网；公众参与；治理

互联网（Internet）作为一种新兴的媒体平台，在过去十几年里极大地影响了人类社会的政治、经济、社会各个方面。查德威克（A. Chadwick）认为，互联网带来了八大政治议题：去中心化、参与、社区、全球化、后工业化、理性主义、治理和自由主义。[①] 而作为一个基本完成经济起飞，但依然处在转型阶段的国家，中国的公共治理面临着许多挑战，包括地区、城乡差异较大，缺乏问责制度，社会组织发展不足等，在此情况下互联网无疑提供了一种参与平台，具有很大的潜力。但是人们对于互联网特别是网络公众参与和治理之间的关系，存在着不同看法，既有人认为网络公众参与可以提高治理的参与性和有效性，甚至转变治理模式，也有人认为网络公众参与在中国受到严重的限制而效用有限。

本文旨在从国家和社会互动的角度，探讨网络公众参与对中国的公共

作者简介：殷俊，深圳大学城市治理研究院助理教授。

① Andrew Chadwick. Internet Politics: State, Citizens, and New Communication Technologies [M]. Oxford: Oxford University, 2006.

治理提出的挑战和产生的影响。通过三个不同案例的分析，我们可以发现，中央政府、地方政府、NGO 和公民个人之间在不同类型的议题上，可以产生不同的互动模式，从而对公共治理产生影响。

本文主体部分安排如下：第一部分首先回顾关于公共治理特别是互联网与公共治理的相关文献，在此基础上提出主要的研究问题；第二部分探讨三个与互联网有关的治理案例：网络反腐、微博打拐、免费午餐项目，从而发现网络公众参与对公共治理模式和绩效产生的影响；第三部分从国家-社会关系的路径出发，分析公众通过网络参与治理和国家做出回应的不同模式以及其决定因素。在此基础上，第四部分提出本文的结论。

一、文献回顾

（一）互联网与公共治理

作为最大的发展中国家，中国的互联网开始于 1987 年，但是直到 20 世纪 90 年代末，还属于只有少数人才负担得起的高端消费行为，只是在一些高校里面才能够发展出具有一定社区规模的校园网。从 2000 年起，由于经济的发展和技术的进步，互联网在中国大陆迅速普及，截至 2013 年 12 月底，中国大陆网民规模达到 6. 18 亿，互联网普及率为 45. 8%[①]，成为全球互联网使用人数最多的国家，互联网对于公共治理的影响也开始凸显。

对中国民众而言，互联网首先可以作为一种有别于传统媒体的公共信息平台，并在此基础上可以形成政治交流的公共空间。网络表达可以发展成虚拟的公共空间，成为公民社会的基础[②]，甚至这种表达和信息传播可以构成一定的压力，带来某种程度的政策改变，就如同在 2003 年 SARS 事件中那样。[③] 其次，互联网可以促进公民在线上以及线下的聚集和协调，以进行集体行动，杨国斌称之为“网络行动”[④]。通过这两种途径，公民得

① 中国互联网络信息中心（CNNIC）. 第 33 次中国发展状况统互联网络计报告［R/OL］.（2014-01-16）［2015-03-02］. http：//www. cnnic. cn/hlwfzyj/hlwxzbg/hlwtjbg/201401/P020140116395418429515. pdf.

② Hung Chin-fu. Public Discourse and “Virtual” Political Participation in the PRC：The Impact of the Internet［J］. Issues & Studies，2003，39（4）：1-38.

③ Hung Chin-fu. The Politics of Cyber Participation in the PRC：The Implications of Contingency for the Awareness of Citizens' Rights［J］. Issues & Studies，2006，42（4）：137-173.

④ 杨国斌. 连线力：中国网民在行动［M］. 桂林：广西师范大学出版社，2013.

以突破空间限制连接起来，就公共议题进行分享、讨论和合作，参与到公共治理当中，并且获得政治效能感，网络公民社会成为公民社会发展的新生力量。[①] 而对国家而言，互联网既使其得以了解公众的需求与意见，也提供了新的渠道倡导政治议题，动员公众参与到公共事务中来。所以郑永年认为，中国互联网的发展对国家和社会都产生了赋权效应。[②]

另一方面，中国政府也认识到互联网可能带来的负面影响，包括虚假有害信息的传播、信息安全、网络犯罪等。就公众参与而言，在社会还未发展到一定程度时，互联网提供的相对开放得多的空间，是否会对现实社会构成冲击？因此政府采取了一系列措施管理网络上的言论，而这也引起了国内外一些人的疑虑，将其视为打压网络公众参与。

笔者认为，不应将互联网或网络公众参与看作一种一致的政治行为来分析，而应区分不同议题、领域和形式的网络公众参与。虽然不同的网络公众参与具有一定的共性，但也具有各自的特点，特别是政府在面对网络公众参与时，更多的是考虑其特性并做出回应。在这方面，可以借鉴传统公民社会研究中对于政府-NGO 关系的分析。

（二）NGO 与公共治理

政治经济学者对于非政府组织（NGO）产生的原因有三种分析路径：市场失灵论（market failure）、政府失灵论（government failure）和第三方治理（the third party governance）。前两种理论具有相似的视角，认为市场或者政府由于资讯不足、供给能力等原因不愿或不能提供社会所需要的公共品（public goods），非政府组织便会产生，提供相应的公共品[③]，当社会对公共品的需求愈多、愈多元，对非政府组织的需求也就愈大。而第三方治理理论则认为，非政府组织可以代替政府执行目标，产生的目的在于民众一方面担心政府权力膨胀，另一方面又希望政府提供更多公共服务。

无论是市场失灵论、政府失灵论还是第三方治理理论，都注重非政府组织所提供的公共服务，因此当考虑政府与 NGO 的关系，也就需要分析

---

① 刘学民．网络公民社会的崛起——中国公民社会发展的新生力量［J］．政治学研究，2010，4：83-90.

② Zheng Yongnian. Technological Empowerment：The Internet，State，and Society in China［M］. Stanford：Stanford University Press，2007.

③ Salamon L M，Anheier H K. Social Origins of Civil Society：Explaining the Nonprofit Sector Cross-Nationally［J］. Voluntas：International Journal of Voluntary and Nonprofit Organizations，1998，9（3）：213-248.

NGO 提供服务的领域和方式。对于政府与 NGO 的关系，Kramer 等通过比较四个发达国家的案例提出二元论（Dualism）和整体论（Holism）两种模式[①]，Gidron 等人将其划分为竞争和合作两种关系模式，具体又可分为政府主导、二元、合作和 NGO 主导四种模式，认为政府主导关系常见于发展中国家和福利国家。[②] 不过许多学者都指出，虽然政府对 NGO 的政策因其政体、社会性质不同而有不同特点，但即使在同一社会中政府与 NGO 的关系也有不同的模式。例如 Coston 就从六个以上不同维度将政府与 NGO 关系分为八种类型：压制、敌对、竞争、契约、第三方治理、合作、互补和协作[③]，又可以简化为冲突、竞争、合作三种形态。Adia Najam 则提出 4C 理论（表 1），从政府和 NGO 各自的手段和目标出发，可以将其相互关系分成四个模式：合作（Cooperation）、互补（Complementarity）、吸纳（Co-optation）以及对立（Confrontation）。[④]

表 1　政府-NGO 关系的 4C 理论

手段 / 目标	类似	差异
类似	合作	吸纳
差异	互补	对立

资料来源：Najam，2000：386

上述关于 NGO 或第三部门与政府关系的理论是否适合中国的网络公众参与呢？根据 Salamon 的归纳，第三部门应包括组织性、稀有性、自治性、自愿性和非营利性五个特征[⑤]，但是中国目前完全符合这五个特征的非政府组织很少，因此王名提出中国的第三部门应包括独立于政府部门和市场

① Kramer R. Privatization in Four European Coutries: Comparative Studies in Government-Third Sector Relastionships [M] . Armonk, NY: M. E. Sharpe, 1993.

② Gidron b, Kramer R, Salamon L. Government and the Third Sector: Emerging Relationship in Welfare States [M] . San Francisco: Jossey-Bass, 1992.

③ Coston J M A. Model and Typology of Government-NGO Relationships [J] . Nonprofit and VoluntarySector Quarterly, 1998, 27 (3): 358-382.

④ Najam A. The Four c's of Government Third Sector-Government Relations [J] . Nonprofit Management and Leadership.

⑤ Salamon L M, Sokolowski S W, Anheier H K. Global Civil Society: Dimensions of Nonprofit Sector [M] . Bloomfield, CT: Kumarian Press, 1999.

部门之外的所有志愿者团体、社会组织或民间组织。① 从这个定义出发，基于互联网的有一定组织的公众参与无疑是一种新的形式的第三部门，可以独立于政府和市场之外参与社会治理。

二、案例研究

NGO 研究理论为我们研究网络公众参与提供的启示是：当讨论网络公众参与的效果以及政府的回应时，必须从这种参与的领域、议题和方式出发。对于网络公众参与或者说网络公民社会，也可以看作是对现实中政府失灵、市场失灵甚至线下公民社会失灵的一种回应，提供了某种公共品，那么这种公共品的性质也就决定了网络公众参与的性质以及政府对其的态度。以下将分析三个基于互联网的公众参与的不同案例，以此发现在不同的议题中网络公众参与的不同特征。

（一）微博打拐

拐卖妇女儿童是中国政府一直致力打击的严重犯罪行为，但是现实中这类犯罪一直处于高发状态。仅在 2009 年的打击整治拐卖儿童犯罪专项行动中，4 个多月内公安部门就侦破各类拐卖案件 4420 起，解救的被拐卖儿童和妇女分别达到 2169 人和 3851 人。② 几个因素使得拐卖儿童事件屡禁不止：人口流动的大幅增加，使得流动务工人员居住的城乡接合部和青壮年外流的农村成为儿童丢失的高发区；传统的重男轻女思想使得买卖儿童的情况始终存在；基层管理的薄弱和对收买行为打击较轻使得解决儿童被卖问题较为困难；许多被解救儿童很难找到亲生父母。其中前两点可以视为由社会发展不均衡引发的问题，而最后两点可以视为由资讯不足引起的政府失灵，这就产生了公众参与治理的需求。

虽然网络上一直存在关于拐卖妇女儿童的讨论，但这一议题真正引发大范围的网络关注始于 2011 年，一位妇女在微博上发帖，称其丢失的儿子可能在泉州被强迫乞讨，并@了当时拥有十几万粉丝的社科院学者于建嵘。于建嵘很快转发了这个帖子，并呼吁网友通过随手拍照和报警的方式

① 王名．中国社团改革：从政府选择到社会选择［M］．北京：社会科学文献出版社，2001.

② 公安机关开展社会治安整治行动［EB/OL］．（2010－04－01）［2015－03－02］．http：//www. mps. gov. cn/n16/n1991360/n1991492/n2155024/2262383. html.

来帮助流浪乞讨儿童。这一话题立刻引起了广泛的关注，不仅在网络上获得许多“大V”转发，也获得传统媒体的报道。特别是，第二天就有一些公安部门的微博账号也开始关注此事，其中包括公安部打拐办主任陈士渠。到了2月底“两会”期间，国务院总理温家宝在回答提问时，也提及了网络上对于流浪乞讨儿童问题的讨论。于建嵘也利用这一关注热潮，成立了一个基于网络的公益组织@随手拍照解救乞讨儿童。这一网络事件的发展过程如图1所示。①

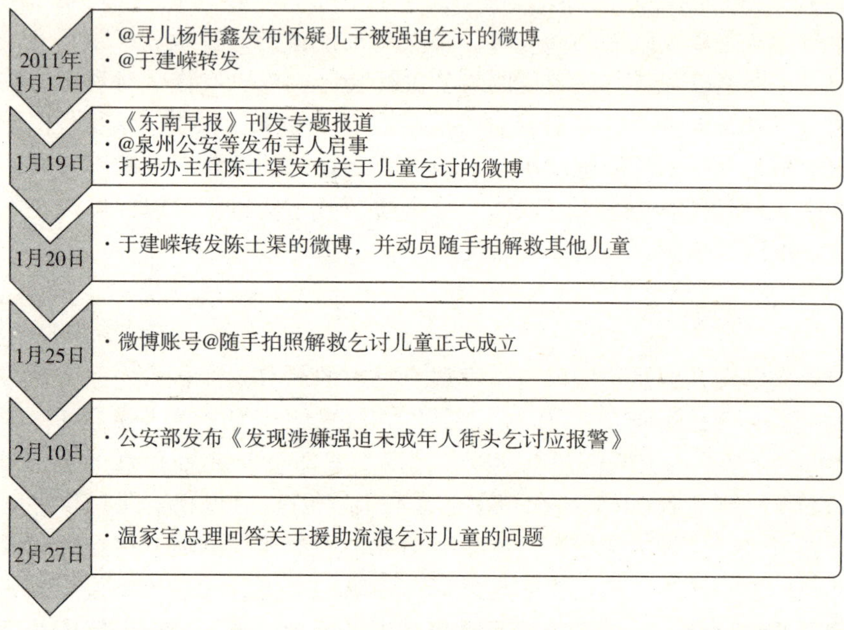

图1　微博打拐的发展路径

从图1可以看出，政府对于微博打拐事件的反应是较为迅速和正面的，相关的地方公安部门和中央主管部门在两天内就做出了回应，甚至国务院总理也以某种方式回应了这个问题。这可以从几个方面进行解释：首先，拐卖儿童既是犯罪行为又是一个社会问题，但政治敏感性较低；其次，提高民众的关注，无论是从预防还是解救角度而言，都对打击拐卖行为有重要意义；最后，对高层政府而言，民众的参与也有助于监督地方政府对相关法规政策的执行。也就是说，鼓励公众参与治理并没有太大的政治风

① 董晋之．寻找：中国失踪儿童纪实［M］．桂林：漓江出版社，2013.

险，反而可以帮助政府解决资讯不足引发的失灵问题，并有利于政府提升形象。政府对网络参与打拐的正面态度亦可从另一个案例——宝贝回家网——证明：该网站负责人被多次邀请参加相关政府活动，公安部打拐办主任亦曾到该网站视察。

但是另一方面，在打拐议题上的网络公众参与亦有其局限性：虽然随手拍活动引发了很大的关注，于建嵘等随后又在其基础上成立了公益组织“寻子之家”，但并未有太大的实际效果。从这些活动自身而言，其作用主要体现在两个方面：通过议题倡导，引发舆论关注；通过相关信息的分享，帮助受害人寻找亲人（通过宝贝回家网站寻亲成功的，绝大多数也都是成年人）。公众的参与在长期内对于减少拐卖犯罪可能起到一定的作用，但在短期内要打击拐卖特别是拐卖儿童犯罪行为，无论是在个案上还是整体上，都取决于政府相关部门的行为：就个案而言，公众可以提供相关信息，但只有政府机关才有权力和资源去执法；就整体而言，议题倡导必须转化为政府法律和政策的改变，才有实质意义。这是网络公众参与的局限，但在某种意义上也是其得以发展的原因，因为这决定了其必须和政府进行合作而不是对抗。

（二）免费午餐

免费午餐项目是2010年初由记者邓飞等人在微博上发起的一个公益项目，其主旨是通过网络募集善款，通过定向捐助贫困地区农村学校，为在校儿童提供免费的午餐。根据中国社会福利基金会的财务报告，免费午餐基金在2011年度（从4月2日项目启动开始），共募集善款1833万元，资助129所学校的15000余名农村贫困儿童。该项目的资金来源，除了爱心者直接募捐，更有许多基于互联网的运作模式：爱心人士捐出物品在网络上进行拍卖，根据微博转发承诺相应的捐赠等。[①] 免费午餐和公共部门的关系有多重模式。首先，如果将农村中小学视为一种准公共部门，则免费午餐和其资助的学校存在分工明确的协作关系：前者通过网络募集资金提供给后者，并通过志愿者对后者进行监督，而后者则负责具体的采购、制作和分配事宜。其次，其和地方政府也可能存在合作关系，如基金会成员杨博智就曾游说湖南省新晃县政府，为免费晚餐的3元提供1元资助。

免费午餐项目的意义和可能性，很大程度上在于中国经济社会发展的

① 有关信息来自免费午餐网站：http：//www. mianfeiwucan. org.

高度不均衡性：虽然经济发展取得了巨大成就，但是许多农村地区的家庭还难以负担基础教育阶段的费用，而在现行财政体制下，这些地区的政府也无法提供足够的公共资源，包括基础教育在内的公共服务供给严重不足[①]。所以，在多数情况下，免费午餐可以视为对政府的公共教育政策"失灵"的一种回应，并且与之形成互补关系——在公共教育政策失灵的领域利用社会资源提供相应的公共品。就在免费午餐项目开始的同年7月，国务院决定启动民族县、贫困县农村免费午餐试点工作，10月份更推出农村义务教育学生营养改善计划，试点范围包括全国2600万农村学生，这可以看作是政府作出的一种政策性回应。之后免费午餐与国家该计划既有程度上的互补——采取不同的运作方式，也有范围上的互补——对营养改善计划尚未覆盖的学校进行资助。

几个原因决定了免费午餐更倾向于与政府形成互补关系：首先，整体而言免费午餐针对的是一些公共财政暂时无法满足的公共品需求，也就是政府没有覆盖到的公共品市场，与政府间既非竞争又非完全的合作关系。其次，就个案而言，免费午餐通过线上线下网络建立了一个完善的架构，可以完成从募款、分配、执行到监督的整个过程，并不需要和政府部门协作。最后，从中央政府的角度出发，免费午餐这样的项目可以帮助解决公共品多元需求的问题，缓解财政压力，也有利于社会和谐与发展，因此对此持乐观其成的态度，但未必积极介入其中。

（三）网络反腐

腐败一直是中国政府面临的一个重要问题，不仅影响公共治理的效率和公平性，更危及民众对政府的认同，因此历任中央政府都将反腐败放在重要的议程上，但是现有体制对反腐亦有一定的制约，特别是缺乏有效的外部监督机制。因此，在互联网兴起后，利用网络进行腐败的披露和进行监督，成为备受关注的现象。根据学者研究，网络反腐的特点包括快捷方便、透明度高、安全性强、参与广泛等。

中国政府对于网络反腐也表现出肯定的态度，例如国务院新闻办在《中国的反腐败和廉政建设》白皮书中指出："中国高度重视互联网在加强监督方面的积极作用，切实加强反腐倡廉舆情网络信息收集、分析和处置工作，完善举报网站法规制度建设，健全举报网站受理机制及线索运用和

① 韩小威．中国农村基本公共服务供给的制度模式探析［M］．北京：中国社会科学出版社，2012.

反馈制度，为公民利用网络行使监督权利提供便捷畅通的渠道。”中共十八届三中全会通过的《关于全面深化改革若干重大问题的决定》也提出：“健全民主监督、法律监督、舆论监督机制，运用和规范互联网监督。”为此，中央纪委、监察部、最高人民检察院等相关部门相继开设了网络举报专门网站，各大中央重点新闻网站及一些主要商业网站，也推出“欢迎监督，如实举报”的“网络监督专区”。

广义上，一切通过网络进行的涉及腐败问题的言行都可以称为网络反腐，而从公众参与角度出发，可以将其分为三个层次：第一个层次是非公开的网络举报，例如在中纪委监察部举报网进行举报，这类行为虽然具有快捷、低廉等网络特点，但是从本质上而言与传统的举报，例如去信举报，并没有太大差异。第二个层次是在网络上公开举报腐败问题，例如记者罗昌平对时任发改委副主任刘铁男的举报；第三层次则是通过网络进行腐败问题的讨论乃至追查，例如在“天价烟事件”“表叔”事件中网友进行的“人肉搜索”。后面这两类行为具有网络参与具有的公开透明、自发互动等特点，因此属于本研究讨论的主要范围。

与前述两个案例相比，网络反腐具有几个方面的特点。首先，反腐属于政治议题，其针对的直接目标是政府官员，具有一定的政治敏感性。其次，网络反腐的政治性决定了其必须获得政府的积极回应才能有实质效果，这点与微博打拐相似，但程度更深：微博或许能帮助民众找回失散的亲人，但一般不会使得涉腐官员自动下台。最后，从举报者角度看，网络举报的意义，不仅在于向反腐机构提供信息，而是通过公开信息一方面对有关部门增加压力，另一方面也保护自己。例如罗昌平就曾表示，自己举报刘铁男的动机之一就是试探高层反腐的决心，而且“这样把事情完全公开化，他把我灭了的可能性很小”[①]。这正是互联网具有的优势之一，但这也同时增加了这一方式的敏感性，从消极的角度看也增加了不实信息传播的可能性。

因此，政府对网络反腐的态度具有多面性：虽然举报腐败案件属于党和政府鼓励的行为，但是对网络公开举报却并不鼓励，而举报可能涉及的政府部门和地方政府更可能对此持抵触甚至敌视态度。[②]

---

① 曹海丽．罗昌平：我为什么实名举报［EB/OL］．（2013－06－01）［2015－03－02］．http：//cn. nytimes. com/china/20130601/cc01luochangping/.

② 王学进．公安不能动辄拘留网络举报者［EB/OL］．（2014－09－05）［2015－03－02］．http：//news. sina. com. cn/zl/zatan/blog/2014-09-05/09322188/1231409562/4965d19a0102v14y. shtml.

三、网络公众参与的模式

通过第二部分的讨论，我们可以发现，虽然三个案例中基于互联网的公众参与都起到了重要的作用，但是无论是其自身的运作形式，还是其对公共治理产生影响的形式、与政府的互动模式，都有很大的不同。这里将这些不同总结为表2：

表2　网络公众参与的不同形式

案例	议题性质	线上运作	线下运作	与线下公民社会连接	对应的政府失灵问题	与政府连接	政府态度
微博打拐	社会	信息共享、互助	提供信息、督促	强	资讯不足	非正式	中立/正面
免费午餐	民生	资源动员、信息公示	提供资源、监督	强	多元需求	权变	非决定性
网络反腐	政治	信息流通、倡导	提供信息、舆论监督	弱		非正式	权变

将表2与表1对照，可以看到“微博打拐”中的政府-NGO关系较接近合作或协作类型，“免费午餐”较接近互补或契约关系，而网络反腐则较难归类；而若与表1对比，则三者分别接近合作、互补和吸纳模式。为了进一步分析其不同模式，我们可以将表2中的变项简化为两个层面：第一个层面是网络公众参与的自治性或独立行动能力，而这又由议题的具体领域、线上参与的形式、与线下公民社会及政府的关系等因素决定。例如，同为网络名人发起的项目，免费午餐可以通过网络动员获取资源，和线下的公民社会合作独立完成项目，其独立行动能力就较高，而这又使得其可以以独立的立场与地方政府合作；而微博打拐虽然也可以通过网络动员获得支持，但对于其最终诉求——寻回失踪儿童，就必须通过公安部门才能实现。第二个层面是议题的性质和领域，如果议题涉及的主要是经济、社会领域，政府对网络公众参与的容纳程度就较高，而如果议题涉及政治领域，现行政治制度提供的空间就较有限。

所以，网络公众参与的效果，特别是与正式治理的关系，取决于议题的政治敏感性和网络公民社会在该领域的行动能力。从这两个维度出发，可以将相关议题和领域分成四个类别，相应的政府对这种参与的态度及相互关系也就有四种模式（表3）：

表3　政府–网络公众参与的四种模式

政治敏感性 \ 网络自治性	弱	强
弱	鼓励/合作	管控/吸纳
强	许可/互补	限制/对立

如果相关议题的政治敏感性较弱，例如只涉及经济、民生领域，而且网络公民社会缺乏自治的行动能力，则在此情形下一方面政府较愿意接纳网络公民社会的参与，另一方面公民社会也必须依赖政府才能达到目的，二者就较容易形成合作关系，例如网络打拐的案例。在这种模式下，公众参与需要依赖于既有的治理结构，但也会辅助公共部门改善治理。

如果相关议题的政治敏感性较弱，但网络公民社会有较强的独立行动能力，则政府可能依其具体利益，对网络公众参与采取默许或鼓励的态度，二者更易形成互补关系，其例子便是免费午餐的案例。在这种模式下，公众参与可以发展出较为独立的运作模式，提供公共服务，既能辅助既有的治理结构，也可能对其产生挑战从而激励其进行改善。

如果相关议题有一定的政治敏感性，政府对于网络公民参与的包容程度就较弱，即使在一定程度上需要这种参与，但可能会对其采取一定的管控措施。

四、结论

通过以上的分析，我们可以发现，虽然同为基于互联网的公众参与，但是在不同的领域公众参与也有不同的特征，特别是这种特征会影响到政府对于公众参与的态度和二者之间的关系。这种区别主要可以从两个维度进行分析，就是相关议题的政治敏感性和网络公众参与在该领域的相对自治性。在低敏感、低自治的领域，可能形成合作性的关系，公众参与辅助现有的治理模式；在低敏感、高自治的领域，可能形成互补性的关系，公众参与激励治理进行改善；在高敏感、低自治的领域，政府会对公众参与进行一定的限制。

当然，不论是何种模式，基于互联网的公众参与对于公共治理都有其正面作用，也有其必然性。所以，相关政府应积极回应网络公众参与提出的要求，通过治理创新扩大公众参与的空间，以求更有效的治理。其中，政治“脱敏”是很重要的一个前提，当“敏感”的范围越来越小，公众参与也就可以更有序而广泛地进行，有助于提高治理水平。

新媒体慈善行为的情感动力机制研究

——基于情感社会学的视角

张　杰　殷　文

摘　要：新媒体慈善行为的兴起，往往伴随着同情的情感驱力。然而，面对新媒体中的陌生人，新媒体受众何以能够产生情感驱力去做出慈善行为？本研究运用情感社会学的同情理论，发展出新媒体慈善行为的情感动力模型：移情—信任—同情—慈善行为，指出移情和信任是网络同情的发生前提，而同情的经济学和同情的政治学是网络慈善行为的动力，一旦同情的互惠法则和地位差异法则被颠倒，网络情感就会反转，慈善行为就会终止。

关键词：新媒体慈善行为；情感社会学；移情；信任；同情

随着人们移动支付习惯的建立以及传统慈善观念的转变，新媒体正在打造一种便捷、高效、简单的慈善捐赠理念。越来越多的人愿意选择在网络和新媒体上进行捐赠。人们经常可以在网络上看到某则新闻：某求助人自行在各种网络平台上发布求助信息，经由媒体报道，然后被广大网民们迅速及时地转发、传播，最后短短数天内就集齐了手术巨款。这样的事例很多，如2016年海南初二学生陈序在腾讯乐捐平台一个星期募捐超过20万元。①

网络慈善行为的发生一般是建立在信任的基础上。信任可以分为两种：系统信任和人际信任。② 今天的网络慈善行为也可以分为两种：一种是建立在第三方基础上的，公益组织如红十字会、爱德基金会等各类公益

基金项目：国家社科基金项目“网络时代人际交往方式新变化的社会学研究”（13CSH056）的阶段性成果。

作者简介：张杰，河海大学教授，硕士生导师；殷文，南京审计大学公共经济学院副教授。

① http：//gongyi. qq. com/succor/.

② 吉登斯．现代性的后果［M］．南京：译林出版社，2000：30.

基金会等，或者网络平台比如网易、腾讯等捐赠平台。这类网络慈善行为对应于系统信任，是对慈善机构本身的信任引发的捐赠行为，与现实中的捐赠行为的发生机制并无二致。另外一种则是建立在网络和社交媒体基础上的个人捐赠行为。和第一种相反，它不是建立在系统信任基础上的，因为其捐赠对象往往是直接对应网络中的个人而非机构；但是也不是建立在现实的人际信任基础上的，因为其对象是网络中虚拟的陌生人而非现实中的熟人。传统的信任机制对于新媒体的慈善行为的动力机制无法予以有效的解释。

那么，面对新媒体中虚拟的陌生人，捐赠行为得以发生的动力机制究竟为何呢？这构成了本研究的中心。

网络慈善行为从发生机制来说，包括两个层次：1. 人际层次。这主要牵扯到对虚拟的陌生人信任的问题。2. 个体层次。这主要是牵扯到利他行为的动机问题。

当前，我国对于网络信任机制和网络利他行为动机的社会学研究并不多见，网络信任机制有关研究大多集中在计算机技术领域，在对等环境下如何通过建模来分析网络信任模型以及如何建设可行的网络信任体系①？已有的网络信任机制研究主要考察大学生这一群体②。高闽归纳出了网络人际信任的三种主要机制：一、预设性信任；二、由网民之间的共性而产生的信任；三、对网络交往者的自我呈现进行主观判断。③ 而张杰则将网络信任视为一种新的信任机制，它不同于现实中的人际信任或者系统信任，而是一种基于类别范畴和公共角色扮演的话语信任。④

在个体层次即网络利他行为的研究中，利用相关分析研究影响网络利他行为发生的因素的研究较多。郑显亮等认为网络利他行为不期待有实质性的奖赏，但可能在做出利他行为后产生心里愉悦、优越感等精神上的满足。⑤ 陈子江等发现网络被关注程度高的人更容易做出网络利他行为。⑥ 郭娓娓提出，上网方式、工作类型、年龄和网络使用时间、受教育程度这四

---

① 李勇军，代亚非．对等网络信任机制研究［J］．计算机学报，2010，33（3）．

② 张利利．从网上购物看大学生网络信任的形成机制［D］．武汉：华中科技大学，2008．谢英香．“90 后”大学生网络社交中信任关系的研究——一项教育社会学分析［D］．上海：华东师范大学，2013．

③ 高闽．网络空间中的人际信任研究［D］．兰州：兰州大学，2008．

④ 张杰．话语信任与网络群体构建［J］．现代传播，2013（8）．

⑤ 郑显亮，顾海根．国内外网络利他行为研究述评［J］．外国中小学教育，2012（4）．

⑥ 陈子江，朱祖德，黄鋆．林康有网络被关注度与网络利他行为：移情的中介作用［J］．课程教育研究，2013（19）．

个因素是影响网络利他行为发生的重要因素。[①] 郑显亮发现网民更愿意在网络上做出利他行为，网络利他行为具有一定的自主性。[②]

网络信任机制的研究揭示了新媒体慈善行为的人际因素，即必须建立起对虚拟的陌生人的信任关系，这是新媒体慈善行为发生的前提，即信任。而网络利他行为研究则发现新媒体的媒介特质和个体特质能够影响新媒体利他行为的发生。然而，以往的研究过多地聚焦于心理学的个体层面，而对从信任到慈善行为的发生中的情感动力机制的研究比较匮乏。网络中的行动者，是如何产生对虚拟陌生人的信任，从信任到慈善行动的情感动力机制是什么？慈善行为的反转的情感机制是什么？这构成了本研究的中心。

2015 年南京市柯江夫妇通过新媒体（微信）为脑肿瘤女儿筹集手术款，一开始获得巨大成功，募捐款项达到600 余万元。但很快这对父母被指以女儿手术的名义“诈捐”，引起了网络激烈的舆论反转。本研究拟以这一事件为个案，运用情感社会学的相关理论，对网络与新媒体中这种针对个人募捐者的慈善行为背后的情感动力机制进行初步的讨论，最终提出网络慈善行为反转的情感动力机制模型。

一、从移情到信任：网络同情的唤起机制

2015 年 6 月，一篇名为“爸爸妈妈别哭，我会好起来的”[③] 的文章在朋友圈中流传，文章内容如下：

我叫柯蕾，今年四岁了。四年前在我出生的时候，爸爸希望我像一朵小花一样健康漂亮地成长，所以给我取了这个好听的名字。现在爸爸妈妈常常陪着我，带我去见好多穿着白色大褂的叔叔阿姨。我还会常常呕吐，连喝水都会呛到。我知道我生病了，可是每次问爸爸妈妈，他们都跟我说穿白衣服的叔叔阿姨是守护我的天使。有天晚上，我听到妈妈偷偷躲在门外哭。我才知道在我的脑干部位得了脊索瘤，这是一亿个小朋友里只有两个小朋友才会得的病。我妈妈常常夸我乖，也许这一次我也没有做错什

① 郭娓娓．网络利他行为：测验量表适用性验证与特点分析［D］．陕西：陕西师范大学，2014.

② 郑显亮．现实利他行为与网络利他行为：网络社会支持的作用［J］．心理发展与教育，2013（1）．

③ http：//suzhou. house. sina. com. cn/news/2015-06-09/20506014020409048230464. shtml.

么，只是碰到了一点坏运气。在医院里好辛苦，打针好疼，吃药好苦，我告诉自己，一定不能让爸爸妈妈看出来呀。

亲爱的叔叔阿姨，我是个乖孩子，我想一直陪伴在爸爸妈妈身边，当他们的乖宝贝。

这位可爱的孩子是我们同事王丽的女儿，为了照料女儿，我们已经很久没有见到她的身影。为了不给大家增加麻烦，王丽夫妇一直隐瞒着孩子的病情，不想求助任何人帮助。4 月 5 日下午在南京儿童医院确诊之后，医生认为目前医疗技术和设备无法治疗，直接建议他们去上海、北京等医院。王丽夫妇当晚抱着孩子驱车 9 小时来到了北京，并在北京医院做了手术，可惜手术失败了。他们没有放弃，通过朋友的介绍，向德国、法国、美国等国外医疗机构寻求帮助，最终美国洛杉矶儿童医院经过研究会诊，愿意接收他们去当地动手术治疗……为了全身心照顾孩子，孩子爸爸已经辞职；为了筹备去美国治疗的费用，他们准备将唯一的住房挂牌出售。但是，在发现靠自己所有的努力都无法筹齐治疗费用的时候，王丽哭了。

因为必须去美国动手术治病，而出国首期的费用就高达200 万人民币，200 万还不包含在美国吃住以及后续治疗的费用。在知道了王丽孩子的事之后，社会上不少好心人已经开始自发捐款，在此王丽表示万分感谢。经过我们仔细了解，目前，他们家最需要得到以下帮助：

1. 如果有脑干部脊索瘤疾病治疗经验的医院或者专家，特别是美国方面的，请赶紧联系孩子父亲柯江。

2. 尽快出售家里唯一的那套住房；因为是着急用钱，最好能够一次性付款。

3. 由于前期在北京动手术已经花去了数十万，小两口积蓄已经花完，仅靠卖房筹集的现金还远远不够，依然希望得到社会的帮助。

作为她的同事，在此我们发起倡议，愿为这个孩子尽一点绵薄之力。

值得注意的是，这个文本有两个不同的叙述主体。第一个叙述者柯蕾，作为乖巧、懂事、可爱的儿童角色出现。“我妈妈常常夸我乖，也许这一次我也没有做错什么，只是碰到了一点坏运气。”“我是个乖孩子，我想一直陪伴在爸爸妈妈身边，当他们的乖宝贝。”孩子，遇到了坏运气，这样的角色很容易让受众产生文化上的移情效应和信任。而第二个叙述者是以同事这样的第三人而非父母这样的直接利益人出现的。这增加了叙事的客观性，从而会让人产生认知的移情和信任。因此，两个叙事者，一个是孩子，一个是同事，在给人以真实性、客观性的同时，也产生了强烈的移情作用。文本中对罕见病的描述使得人们认识到了这种病的严重性，产生了认知移情；“打针好疼，吃药好苦”，使人们的身体开始产生生理移情，而父亲柯江拍摄的柯蕾病痛时的视频也和这个帖子一并在网络和微信中传播，直接让人们产生生理移情。如网友“下雨天注册”说：“父母录下很清晰的孩子发病过程，孩子发病时很痛苦很痛苦。很多看了视频的人都哭了，毫不犹豫捐款。”

最后人们意识到如果这种病发生在自己身上该有多么不幸：自己也会非常的痛苦。而治疗费用的高昂，孩子父母竭尽全力的治疗，孩子本身的乖巧可爱，都通过文化规则的设定，让人们感知到必须对柯蕾的困境做出情感反应，从而产生文化移情。认知移情—生理移情—文化移情，这三种移情的重叠作用构成了捐赠行为发生的情感唤起因素。

这篇求助文章的下半部分以王丽同事的口吻表达。当王丽同事发布求助信息时，身体是缺场的，在场的是语言。以非当事人的口吻表达，真实性更容易得到验证，并且是和公众的公共角色领悟相吻合——“竭尽全力仍无法摆脱困境”“急需帮助的孩子”“身患绝症的病人”，孩子、病人这样的公共角色，困境这样的共同情境，使得社交媒体的公众产生话语信任，他们很多处于柯江夫妇的这个年龄阶段，都有这么大的孩子。网络信任关系得以建立。[①]

移情导致情感的唤起，而要想让情感因素成为主导性的因素，就必须使得认知图式：信息加工方式遵循省力原则而非理性推理原则来进行。认知作为一种信息加工方式，本来在做出慈善行为这样的利他行为时，应该是按照理性认知模式，即细心搜集信息、理性推理的模式来进行，但是当信息的简化机制发挥作用后，省力原则，即运用认知范畴来快速进行认知的模式就会起作用。因而，要想让情感因素在认知中发挥决定性的作用，就必须建立起对网络陌生人的信任：这种信息和情境的简化机制。

可见，从移情到信任，新媒体的受众对该事件的认知开始导向省力原则。而社交媒体的特有传播方式，则使得这种情感因素的考虑成为受众行为的主要动力。这篇文章流传之后，得到新媒体特别是微信朋友圈的大量转发。“已验证，属实，请转发”“已经验证过了，是真的”“朋友的同事的小孩”这样的字眼充斥于微信朋友圈。微信朋友圈的熟人关系性质无疑给这种话语信任提供了人际信任的支持。网友“午后呢喃语”说：“大学同学跟他（柯江）是同事，在朋友圈转发消息，并且信誓旦旦保证了真实

① 关于话语信任的产生条件详见张杰．话语信任与网络群体构建［J］．现代传播，2013（8）．

性。”而朋友圈的转发和捐赠行动也强化了人际压力。网友“木兰郡主”说：“本来我是没有捐的，因为可怜人真的太多，捐不过来，但是同事在单位群里发了，说这是她同学。想到这么近的关系，于是我也捐了。”[①] 正是微信朋友圈的这种人际信任和人际压力，很多群友都进行了捐款。而柯江本人的朋友圈众多（长期从事 IT 业、保险业，户外运动爱好者），其妻子是新浪乐居的员工，具有新媒体发布的渠道，也使得微信的人际信任得以迅速建立和扩散。

此时，主流媒体也进行了大规模报道，以“你疼醒了，我心碎了”“感谢你热心人”为标题的文章被《东方卫报》《现代快报》等当地大众传媒予以大规模传播[②]，电视媒体也进行了跟进报道。大众传媒的跟进无疑为这种话语信任提供了系统信任的支持，从而使得社交媒体的受众更加深信不疑。

可见，话语信任—人际信任—系统信任的三重叠加，使得社交媒体的受众从移情走向对慈善对象的信任。

二、从理解到同情：网络慈善行为的情感动力机制

通过移情和网络信任，互为陌生人的网民理解和确认了柯蕾一家人的困境。但这种理解如何能够转化为捐赠的利他行为呢？我们通过网友的发帖发现，情感因素是最为重要的慈善动力。如网友“矮人族狂战士”说：“这样消费好心人的同情心，不怕遭报应吗？”[③] 网友“sunlijiao”说：“突然有种被利用的感觉，利用的是我的同情心！”[④]

诸多网友的留言中，同情、感情是用得最多的词。可见，从理解到慈善行为的发生，这中间发挥关键作用的是同情这种情感动力机制。

同情作为一种情感动力资源，其启动是需要条件的。根据克拉克对同情的研究，人们并不总是对他人使用同情，什么样的社会成员能够被施与同情，有五条规则。而柯蕾符合五条中的三条。

1. 特殊的剥夺规则。这条规则强调因剥夺使个体处于正常生活之外。懂事乖巧的柯蕾，因为罕见病被剥夺了幸福的生活。在《爸爸妈妈别哭，

---

① http：//www. xici. net/d217959968. htm.

② 东方卫报，2015-6-9 头版，2015-6-11 头版 .

③ http：//bbs. tianya. cn/post-funinfo-6427127-1. shtml.

④ http：//www. xici. net/d217881608. 1. htm.

我会好起来的》这篇帖子中，“辞职”“唯一住房出售”“积蓄已花完”这3个词语表达了病魔剥夺了柯江一家正常生活的权利。

2. 易感性原则。这条规则强调有些特定社会范畴中的个体（如儿童、妇女和老人）更容易遭受到不幸，因此他们更值得同情。柯蕾作为一个小女孩，她比其他成年人更值得同情。

3. 发展潜力原则。这条规则强调前途被荒废或耽搁的人，比那些已经有了一个好的发展机会来实现他们潜能的人更值得同情。柯蕾作为一个懂事乖巧的孩子，无疑其发展的潜力和可能性更容易唤起人们的同情。而柯江所发的柯蕾的图片，更是展示了一个乐观、可爱的儿童形象，从而使得这种易感性更为直接。

尊老爱幼是中华文化中的同情法则，好人终会有好报则是中国文化中的道德善恶的主要信念。因此，已经习得的文化逻辑告诉人们：柯蕾这样乐观、可爱、懂事的儿童应该被同情、被帮助。求助帖下网友“guty”说：“可怜的宝宝，100已汇，聚沙成塔吧。”网友“我有我想说”留言道：“希望有更多的人献出自己的爱心，孩子看上去太可怜了。”① 这些都表明了这种同情机制开始起作用。

巨额的治疗费用（200万）、家里用光积蓄、失业，都在传播着严重的经济困境这一情境。北大医院的诊断书是对病情困境的确认，而微信中传播的柯蕾治疗时的痛苦图片和痛哭视频则是对这种困境的可视化表达。正如网友“下雨天注册”所说：“父母录下很清晰的孩子发病过程，孩子发病时很痛苦很痛苦，父亲亲自录下的然后转到微博朋友圈，很多看了视频的人都哭了，所以毫不犹豫捐款。”②

因此，我们可以看到，由于吻合了同情启动的三个标准，对于柯蕾，网络受众们完成了从理解到同情的情感转变，同情作为一种情感动力开始驱动慈善行为的发生，以至于在短短两周时间内，柯江收到了逾600万的善款。

三、同情的反转：网络慈善行为的中止机制

就在主流媒体和微信圈持续发酵的时候，出现了舆论的反转。有网友在微信圈回复了大致如下的内容：就在你们捐款如此积极的时候，有去柯

---

① http：//mbbs. house365. com/showthread. php？ threadid＝5458887.

② http：//bbs. tianya. cn/post－funinfo－6427127－1. shtml.

蕾的邻居家打听一下吗？夫妇俩有四套住房，是不是真的穷得看不起病了？于是就有人开始接着质疑：为什么公布的都是私人账号，目前初期治疗需要的200万凑齐了吗？家里是不是真有四套房？数额这么巨大的善款，难道不应该找慈善组织监督吗？如此之类的声音层出不穷①。

面对质疑，柯江夫妇写了一封信告知大众，主要是申明自己的经济状况属实，只有一套房子。孩子手术费预计需要200万元。目前收到捐款4854682元。已经有慈善机构托管捐款，个人账户暂停接受捐款。

善款有专门的组织托管了，一个多礼拜之后又出现反转，2015年6月25日，南京爱心妈妈群突然发布了一条宣布退出托管的帖子。这条"关于南京市浦口区博爱之家解除柯蕾善款托管的声明"② 的帖子使得柯江事件再起波澜，在一片片质疑喧嚣之后，2015年7月16日，数十名捐赠人开始联络和组织，指责柯江夫妇诈捐并向公安局报案③，有的网民去法院起诉，希望柯江夫妇返还钱款。

表面看上去，舆论和新媒体受众慈善行为的反转是由于新的异质性信息的引入。当然，信息的不一致会引发认知方式的调整。但是如前所述，网络慈善行为作为一种利他行为的发生，有赖于同情机制的作用。在移情和网络信任发生以后，同情机制会使得人们根据同情的经济学（互惠机制）和同情的政治学（地位差异机制）这两种机制来使得同情表达出来，成为慈善行为。

所谓互惠机制，是指情感的表达同样需要对象的情感反馈。个体对他人任何的情感表达总是期待情感资源的交换，即给予他们某种情感资源的同时期待他人也回报相应的情感资源，也就是说人们寻求在情感交换中实现某种心理效益。同情的经济学即互惠机制要求当一个人给予其他个体同情时，实质是一种互惠的交换过程。④ 这就要求受到同情惠及的个人，须用感恩、高兴、恢复以及从悲惨中解脱出来等情感来回报给予同情者。并且由于受"同情礼节"的约束，同情接受者有一系列要遵守的规范。例如网友"maggiehan2013"说："感觉这家人不怎么感恩，钱花得很大手大脚，一会儿30万美金，一会儿50万美金的。"柯蕾母亲对明基医院和第三方监

---

① http：//bbs. tianya. cn/post-funinfo-6427127-1. shtml.

② http：//www. xici. net/d218524852. 3. htm.

③ 南京重病患儿获600万捐款遭网友联名报案诈捐 . http：//china. huanqiu. com/hot/2015-08/7274185. html.

④ 特纳，简斯戴兹 . 情感社会学［M］. 上海：上海人民出版社，2007：53.

管组织工作人员的态度也十分恶劣，丝毫没有感激和感恩之心①。不感恩，恰恰说明这种同情的经济学未能实现。

所谓地位差异机制，是指人们在互动中，会自然地比较他们与他人之间的相对位置，因为对自我的确认通常依赖于一个人可以从互动对象那里要求的位置②。人们通过“角色采择”和“位置采择”来考察“我”与别人之间的比较优势。当微信中传播柯蕾一家陷入困境、无钱看病时，柯蕾一家是弱势者，网络受众身体是健康的，相对有资源的，属于优势者。柯江表达出焦虑、痛苦、伤心、不安等情感线索，人们选择给予捐赠，此时网民们能够获得自身互动地位上的优越感。而当网友发现，柯江并不是真正意义的弱者，其经济状况可能比很多捐赠者强时，这种同情的政治学的发生基础就出现了颠倒。正如网友“爱美丽 007”分析大多数捐款者的心态，“大多数捐款者都未必家有几套房，于是开始质疑对方装柔弱骗捐”，并强调柯江“至少应该尽自己最大努力后才动用社会资源”。③ 这种同情政治学体现在对柯江的两点不满上：1. 装柔弱，其实是强者；2. 没有尽自己努力，没有把自己变成弱者。网友“沁沁宝宝的麻麻”也说“柯江要是能把四套房子卖了不够，我第一个捐款”，就说明了这种同情政治学的运行逻辑。

这种同情政治学和经济学的未能实现，产生了情感失调。为了化解这种失调，捐赠者产生了怀疑和负面情感，其实是一种对同情暗含的政治学和经济学原则的恢复。既然你没有表达互惠的情感，那么我也就无须表达同情。但是之前已经表达过了同情，为了恢复平衡，就需要将之转变为负面的情感。既然事实上你的社会经济地位比我高，就需要表达负面情感，将你视为道德上有缺陷的人。“骗子”“无耻之徒”“拿孩子骗钱”等道德判断其实是为了恢复平衡和维护自身同情表达时的地位优势。

在负面情感驱动下，会进一步引发对对象和原有信息真实性的怀疑。网友“午后呢喃语”说：“我帮忙转发之后，我这么小的朋友圈都至少有三个人表示是他们以前的同事，或者是朋友，当时就觉得非常可疑了。”网友“aneasn004”说：“其实当时就有怀疑的，房子在和燕路，上学上的莫愁湖附近的幼儿园，南京的朋友肯定知道这肯定不止一套房子了。小夫妻很聪明，只写了自己名下有一套房子，没写父母那 3 套。而且房子挂上

① http：//mbbs. house365. com/showthread. php？ threadid=5480913.

② 特纳，简斯戴兹．情感社会学［M］．上海：上海人民出版社，2007：52.

③ http：//bbs. tianya. cn/post-funinfo-6427127-1. shtml.

网去卖，没多少天就撤了，压根不想卖的节奏。”① 这种怀疑会进一步导致对利他行为的负面情绪体验，从而做出利他行为的终止。很多网友表示以后不会再给私人捐款救助。网友“杳云暮”写道：“我从来未捐款过，这次捐了，唯一一次，也是最后一次。唯一一次，看来，柯江媒体公关做得到位；最后一次，因为善心被骗，不会再相信了。”② 网友“若若 2007”评论道：“这件事给我的教训就是，以后非第三方监管的捐赠坚决不参与！”③ 而“zhanknin”说：“这一家人，害了以后真正需用到捐款的孩子。”④

四、结论

人们在面对纷繁复杂的网络信息时，在面对新媒体中的私人求助时，一旦产生了移情：生理、认知和文化的移情叠加，对信息的加工方式往往会基于范畴化的信息简化方式来进行。而这种范畴如果是社会和文化的共享范畴，那么，对求助者的信任关系就会产生。这种信任一开始是基于公共角色领会意义的话语信任，而新媒体的传播特点会使得这种信任成为人际信任，大众传媒的传播又会使得系统信任得以叠加。因而，新媒体的受众会对求助者产生信任，并确定其信息和情境的真实性。移情和信任，构成了网络慈善行为的情感启动机制。同情，作为一种情感动力，开始运行起来，产生实质性的慈善行为。捐赠者做出利他行为是因为同情的政治学——能够获得道义上的优势和“位置”上的优越感，和同情的经济学：一定的情感互惠要求。捐赠接受者必须要遵守一系列同情规则，如果预期和要求得到捐赠接受者的满足，捐赠者会觉得捐赠是成功有效的，但当捐赠者的预期和要求得不到满足时，人们就会开始质疑信息的真实性，信任关系开始瓦解。当同情的政治学和经济学未能实现时，捐赠者发现与求助者的社会位置发生了变化甚至是颠覆性的，此时捐助者对于求助者的同情情绪会消失，代之的是负面的情感表达，慈善行为就会终止。具体如图 1 所示：

---

① http：//bbs. tianya. cn/post-funinfo-6427127-1. shtml.

② http：//www. xici. net/d217940082. htm.

③ http：//mbbs. house365. com/showthread. php？ threadid＝5505655.

④ http：//www. xici. net/d218737850. 1. htm.

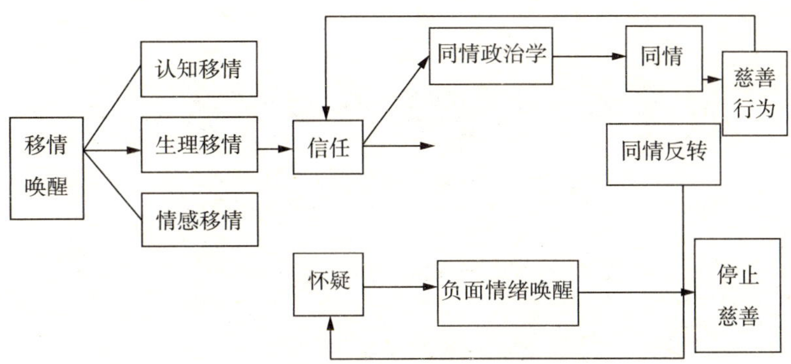

图 1　新媒体慈善行为的情感动力模型

可见，同情在现代社会中具有社会团结的功能，能够促进社会融合，成为社会的“黏合剂”[①]。因而，必须重视网络慈善行为中的情感动力，一旦出现反转，不仅阻止了下次慈善行为的发生，而且对于社会信任，对于促进社会团结，都会产生消极的影响。

① 特纳，简斯戴兹．情感社会学［M］．上海：上海人民出版社，2007：53.

娱与舆：情感社会学视角下的网络舆情传播研究

——以王宝强离婚事件为例

洪　安　李致君

摘　要：以微信、微博等社交网络为代表的新媒体运用，颠覆了网民们的社会交往方式与结构，在这一背景下的舆情传播事件值得研究者们关注。发生于2016年8月的王宝强离婚事件成为一件备受关注的娱乐圈舆情事件，此事在社交及网络媒体上引发的巨大效应，使其成为影响广泛的舆情事件，舆情形成的原因及其传播成为本文研究的主要内容。由于舆情事件的背后蕴含着复杂的情感动力，因此论文从情感社会学的视角出发，剖析在这一起舆情传播事件中的网民群体行为、群体行为背后的情感因素以及潜藏在情感背后的社会结构原因。论文提出在当前社会结构下，舆情事件中出现的情感失范现象凸显了现代社会的情感困境。基于此，社会管理者需要对转型期的社会情感进行疏导，建构情感文明。

关键词：娱乐；情感社会学；舆情传播；王宝强离婚

一、引言

2016年8月14日0点21分，演员王宝强在微博发表声明，称已与妻子马蓉解除婚姻关系，同时解除宋喆经纪人的职务，并透露马蓉与经纪人宋喆的婚外不正当两性关系。此声明一出立即引发网民和媒体的关注。作为一起娱乐圈的离婚事件，引起网民的热议是一件平常的事，但是王宝强

作者简介：洪安，安徽大学新闻传播学院硕士研究生；李致君，安徽大学新闻传播学院硕士研究生。

离婚事件的火爆程度令人惊讶，其中对马蓉、宋喆的声讨甚至成为一个网络群体性事件。笔者认为，在“娱论”与舆论的双重作用下，这件事的舆情传播过程值得思考。群体性事件是一个利益诉求和情感宣泄不断相互交织的过程，情感在其中具有重要的作用。因而，笔者试图从情感社会学的视角出发，思考以下几个问题：在王宝强离婚事件中，网民的情感如何被唤醒与激化？在互联网社会，网民的情感状态、互动如何呈现和展开？在这种各种情感混杂的舆情发酵背后，其社会结构层面的原因是什么？在急剧变革的当下中国，何以疏导非理性的互联网情感？

8 月 14 日 0 时 21 分，演员王宝强在微博平台发布“离婚声明”，称马蓉与其经纪人宋喆发生婚外不正当关系。短短 4 天后即 8 月 18 日，该条微博评论数接近 117 万，点赞数超过 235 万，“王宝强离婚”成为实时热搜榜第一位，话题#王宝强离婚#阅读数高达 12.9 亿。8 月 14 日，王宝强发布离婚声明，马蓉随后回应。8 月 15 日，王宝强到法院起诉，要求两个孩子的抚养权，分割财产。8 月 16 日，马蓉起诉王宝强侵犯名誉权。8 月 17 日，因执照公章丢失，疑遭马蓉卷走，王宝强工作室发遗失声明。

网民接连爆料马蓉出轨等事件进展，掀起一轮又一轮的舆情热议。相关舆情信息量在 8 月 14 日达到顶峰。根据新浪提供的数据，王宝强发布微博 1 小时后，QPS（每秒查询率，即最大吞吐能力）瞬间增长 2 倍之多；24 小时热议度较同期增长 20348%。而由此衍生出的“王宝强抓奸在场”“马蓉过去的背景”“马蓉回骂疯狗”“王宝强亲子鉴定”“王宝强起诉”“马蓉房产”等话题更是通过照片、视频等方式攻陷了各大社交媒体。

据华科新媒实验室舆情分析团队监测的数据显示，至 18 日 12 时，围绕该事件，用王宝强、马蓉、宋喆、离婚、出轨等关键词综合监测发现，共检测到相关信息 413800 条，其中，新闻 34419 条，论坛 93902 条，微博 277875 条，微信 1553 条，海外 4645 条，其他 1406 条。以下，笔者将对该舆情事件的传播路径、节点、趋势以及媒体报道内容的类别等方面进行分析，还原该事件的传播过程。

（一）循环往复：事件传播路径分析

8 月 14 日凌晨，公众人物王宝强在其微博中发布离婚声明，声称因妻子马蓉出轨经纪人宋喆，郑重解除与马蓉的婚姻关系，同时解除宋喆的经纪人职务。该声明引发网民热议。15 日，王宝强携律师出现在朝阳法院立案确定此事，朝阳法院已正式受理此案。16 日，媒体报道马蓉委托律师到朝阳法院立案起诉王宝强侵犯其名誉权，网民持续关注事态的进展。可见，该舆情事件的传播路径为：微博爆料→网民关注、转发→相关回应→媒体报道→网民持续关注。在此次事件中，微博依然成为引爆热点的起源，虽然王宝强的微博发布时间在凌晨，但由于王宝强自身的知名度及其在影视荧幕塑造的正面形象，他发布的这条微博迅速成为网民关注的焦点，引发广泛的评论、转发。经由媒体报道之后，此事的传播面继续扩大，引发持续关注。

（二）跌宕起伏：传播节点与趋势分析

从新浪舆情系统提供的分析结果来看①，对网络上“王宝强离婚”的话题的讨论，截止到8月16日下午3点，可以看出有几个重要性的时间节点：8月14日1点，也就是王宝强发布微博后的40分钟左右，达到了一个小高峰。从这个时间点开始，话题开始引爆，形成网络话题的“爆炸效应”。8月14日10点到11点，开始达到当天阶段性高潮，显示越来越多的人开始参与。8月14日下午2点，整个舆论达到第一个阶段性峰顶。网络段子、谣言和内幕开始大量出现，话题发酵到了一个新的阶段，然后热度开始消退。结果在8月16日10点，在马蓉发布起诉王宝强名誉侵权的微博后，又引爆了一个新的高潮。因此，事件的传播节点图与趋势图如下（图1、图2）：

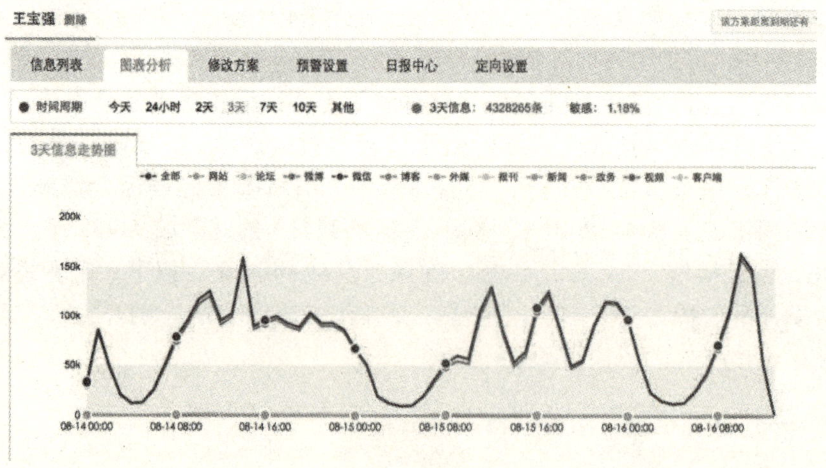

图1　事件传播节点图

① 由于新浪舆情系统的主要数据来源为新浪微博，占了98.02%，其他网站的数据源总共只占1.98%，所以新浪的网络舆情主要是新浪微博舆情。

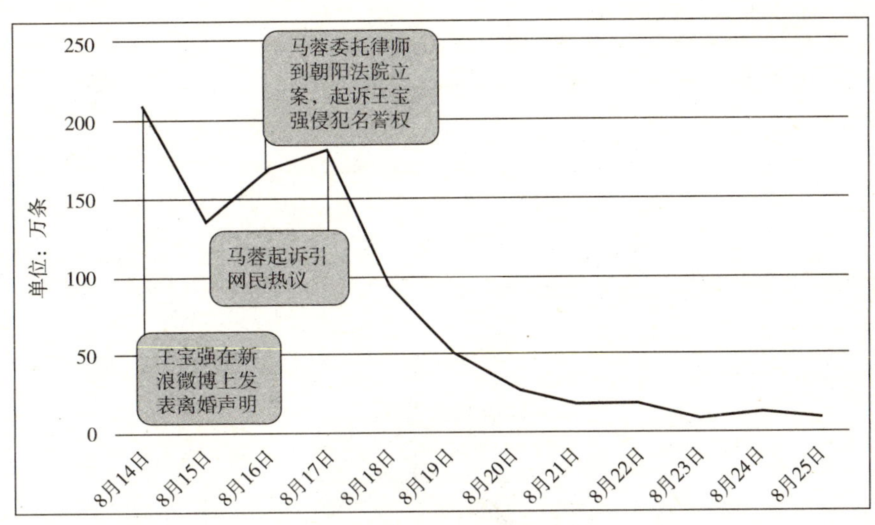

图2　事件传播趋势图

（三）媒体如何报道：报道内容类别分析

根据统计，2016 年 8 月 14 日至 2016 年 8 月 25 日，媒体关于“王宝强离婚事件”的新闻报道约 86171 篇①，报道的主要网站为：中国新闻网、新华网、新闻晨报等媒体。通过对这些信息进行关键词提取、主题聚类分析，可知其类别如下（图 3）：

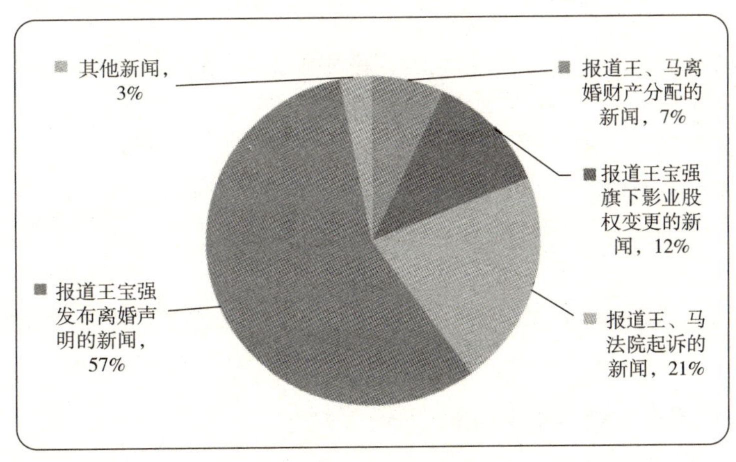

图 3　“王宝强离婚事件”媒体报道内容类别分析图

① 数据来源：蚁坊软件舆情监测系统。

由图 3 可以看到，以上网络媒体对于王宝强离婚事件的报道主要围绕声明发布本身，其次再是王、马法院起诉的新闻，再是关于婚姻财产以及其他方面的新闻。

除了以上对该事件的回顾与梳理，笔者认为，网民对于该事件的讨论内容更值得关注。根据统计，2016 年 8 月 14 日至 2016 年 8 月 25 日，网民关于“王宝强离婚事件”的言论约 925.7 万条，言论主要来自新浪微博。① 通过对这些信息进行关键词提取、主题聚类分析，可知其倾向性如下（图 4）：

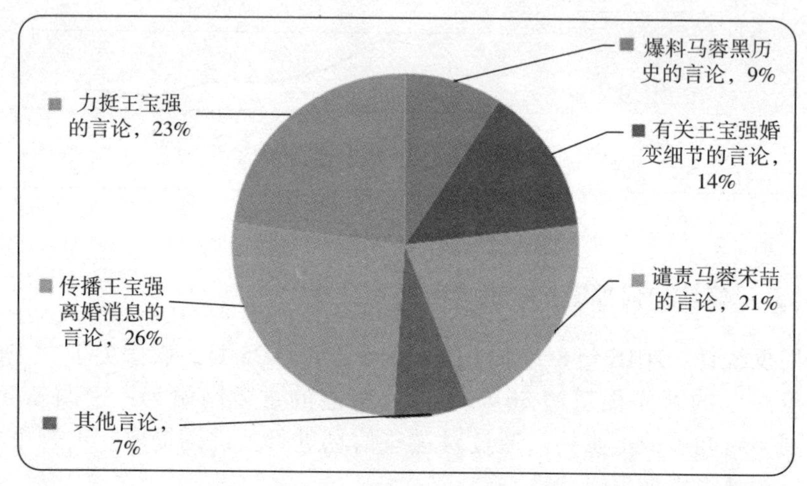

图 4 “王宝强离婚事件”网民话题分析图

可以看出，网民对于该事件的言论中，谴责马蓉宋喆、爆料马蓉黑历史的占据了 30% 的比例，而在其他类别的言论中，更是谩骂、诅咒、娱乐、消费混杂于一体的“狂欢圣地”。一个明星的离婚事件，具有了何种元素，激发了网民的情绪，使得网民对此事的热烈讨论成为一个影响广泛的舆情事件？

二、唤醒与爆发：舆情发生、激化的原因分析

（一）道德震撼与怨恨唤起

道德震撼（moral shocks）是由美国学者贾斯柏（Jasper）提出的，指

① 数据来源：蚁坊软件舆情监测系统。

的是在社会运动刚开始时，一个未曾料想的事件发生或一个未曾料想到的信息被公布，引起了人们的道德愤怒。[①] 也就是说，导火索的触发作用不容忽视。在王宝强的离婚声明中，这样描述要与妻子离婚的原因："……我无论在生活中、工作中、社会交往中，都是一个对婚姻与家庭、对朋友与团队、对工作与社会尽责忠诚的人。我无愧于关心我、厚爱我的家人、朋友和社会。我自婚姻关系建立以来的一切言行与举止，绝对忠诚、正派与宽容。但我绝无法忍受恶意背叛婚姻、破坏家庭的行为。现因马蓉与我经纪人宋喆的婚外不正当两性关系，严重伤害了婚姻、破坏了家庭，郑重决定解除我与马蓉的婚姻关系，同时解除宋喆的经纪人职务……"在这段描述中，马蓉的婚内出轨，与其保持不正当的两性关系的正是自己的经纪人，这样的现实无疑引起了人们巨大的道德震撼。

在人们的常规认识中，出轨是一件背叛婚姻的不道德事件；而马蓉的出轨对象，更是令网民难以接受。人们根据过去的记忆对偶发事件所体现的矛盾冲突或不公表现出一种共同的集体心理反应，即群体情境定义。这是一种对过去记忆和未来预期的反应，是一个意义的建构过程。因为偶发事件被感知并被赋予了意义，它所代表的"符号"和"象征"，刺激了群体内化的怨恨，唤起了沉淀在人们记忆深处的对背叛婚姻之人的怨恨，也是群体成员对于群体情感和将来可能采取的行为的正当性建构。因此，来自不同行业的网民个体结合形成了特定的情感互动仪式链，科林斯对仪式的一个重要观点是"使一个仪式成功或失败的最核心的特征，是相互关注和情感连带的程度"[②]，在这样一个群体互动仪式中凝聚共识，唤起了对马蓉、宋喆的怨恨。

（二）集体情感与群体聚焦

人们在集群下将平时强烈隐忍的情感释放出来，导致情感的重复和强化，给极化的演变制造了一个情感场域，即团结一致的仇恨。海涅说过，基督宗教的爱所无能为力的事，可以靠一种共同的仇恨去做到，它将人从自我中快速卷走，变成一颗匿名的粒子，渴望跟同类汇聚融合，刺激到人们情感的公众事件作为一种共同的仇恨对象，将平日里单一异质的个体联合起来。这其实不难理解，因为当我们受到伤害、渴望报复时，总会希望有人站在我们的同一边。因此很多和事件并无直接利益关系的人被感染和

① 应星．气场与群体性事件的发生机制：两个个案的比较［J］．社会学研究，2009（6）．

② 兰德尔·柯林斯．互动仪式链［M］．北京：商务印书馆，2009：14.

动员起来，不断加入形成了一个庞大的情感群体。

在拥有集体情感的人群形成之后，在共同的集体之中，人们由于相互感染，原来就对此事的发生心生不满的群体变得更为仇视和痛苦，在事件中将马蓉与宋喆设置成形象生动的“敌人形象”，强化原本就憎恨和蔑视的情感。在人数众多的网络群体中，参与者付出了高度的情感投入，同时也限制了妥协的空间。事件的情境定义构成了极化驱动，将人们心底的怨恨唤醒并凝聚起来，形成了群体聚焦，为极化提供了一个特定的发生场域和现实空间。列斐伏尔认为：“空间从来就不是空洞的，它往往蕴含着某种意义。”① 群体是集体性的交往空间，由许多共享的价值、利益结合的共同体组成。人们需要在现实的场域和空间下找到“同类”，相互认可。

（三）怨恨动员与舆情激化

在集体情感不断增强的情况下，通常会有一个类似于“领袖”的角色出现，对怨恨进行动员，激化现有的舆论。在微博这个空间中，很多“大V”都纷纷发声，表明对王宝强的支持。8 月 16 日，新浪微博用户“大河报”发出一条微博，标题为“释永信力挺宝强：有我在不怕”，少林寺方丈释永信发短信，请@ 释延君转给@ 王宝强，“宝强：祸兮福所倚，照顾好自己身体，照顾好父母心情，能经历风雨才是真英雄。遇到困难，别忘了还有少林寺，有我在，不怕；经济上若有急用，告诉我，我让你的师兄弟们帮你；自己一定坚强点，佛菩萨会保佑你”。截至 8 月 25 日，此条微博传播 1. 08 万次，影响面达 6216. 88 万人。8 月 16 日晚，王宝强又迎来一位支持者，内地著名男演员黄晓明发微博力挺王宝强，称：“喜欢宝宝憨憨的笑容，你是我们心中永远打不死的小强。无论什么时候，你需要什么，随时一句话。兄弟们都在，陪着你，一起走!”此外，还有王宝强的其他圈内好友也纷纷发微博表示了对王宝强的声援，虽然并没有明星直接表达对马蓉的谴责，但是这些公众人物凭借自身的影响力，在某种程度上促成了网民对马蓉与宋喆的怨恨动员，使得舆论进一步激化。

由于网络空间的个体会对聚集和情感的动员趋之若鹜，能够将原本已有的情感倾向转化为更强程度的仇恨，导致谴责马蓉的言论在网络空间进一步热化，8 月 16 日，新浪微博用户“mary 灵珊”：“和王宝强身边人简单聊了几句，问：有无剧情反转可能？答：绝无可能。问：他现在怎么

① 成伯清. 现代西方社会学有关的大众消费的理论［J］. 国外社会科学，1998（3）.

样？答：身无分文，哦，这么说可能有偏颇，十几张卡，每张卡余额不足一元……太可怜，太可怕，睡在身边的人竟然一直工于心计算计自己，十年心血、钱财、家庭付之一炬，我一个不喜婚姻制度的人都觉得马蓉实在天理难容。”8 月 16 日，新浪微博用户“西瓜仙子子子”在马蓉微博底下发表评论“马蓉是现代版的潘金莲，同意赞我”，获得了 49 万的点赞。而获得点赞数最多的是用户“顾初蔓”发表的评论“骂马蓉是妓女的点右边，我全部回粉了”，此条评论获得了 99 万点赞。

三、困境与释放：社会结构下的情感失范

（一）互联网催生的口诛笔伐

8 月 18 日，《新闻晨报》发文《人们为何关注王宝强婚变》，文称：现在看来，王宝强婚变事件，已成娱乐史和媒体上热度最高的事件，也是群众参与度最高的事件。事情过去 3 天了，王宝强发布的离婚声明，得到 67 万次转发，270 万条回复。马蓉的最前两条微博，回复将近 800 万条，其中大部分回复都是辱骂。和婚变事件有关的人和事，也霸占着热搜榜前三名的席位，而且远远甩出其他热搜词几条街。当日热搜榜的前十名热词，五条和婚变有关，其中由网友发起的“抓宋喆”活动排第一，搜索次数是 124 万次。就连几个蹭热度的人发布的微博，回复都超过 10 万条。

事实证明，网络新媒体使个人领域社会化、私人领域公开化，甚至使隐私领域公众化，提供了信息传播、舆论生成和组织动员的平台，多对多的传播爆发力给人们对公共事务的参与提供了极为便利的条件，利用公众同情心将人的“政治动物”的天性越来越彻底地激发出来。公众普遍有“同情弱者”、支持“正义”的心理，认为事件参与群体是“弱者”应当得到大家的舆论支持，因此一些激情性的帖子通过反复转帖在网上迅速扩散，一些煽动性言论由点到面、由小到大很快就形成“蝴蝶效应”，成了民意的聚集地，成为沉默的大多数发出声音的重要甚至是唯一的渠道，在一定程度上满足民众的信息需求。在王宝强离婚事件中，大部分网民站在王宝强这一边，将其视为“弱者”，且需要支持与呐喊。同时，对马蓉的愤怒情绪又经由网络传播到世界的各个角落。其实，在互联网科技发达的“大众麦克风”时代，一人维权爆料，众人“围观”已成为群体性事件发

展过程中的一种常态，情绪在疑似真相和“家事国事天下事”的匹夫之责的感召下得以宣泄开来，成为事件发展的重要推手。

社会心理学中的“匿名理论”认为，人们在匿名状态下由于不必担心受到社会规范的制裁，容易做出平时不敢做的违反社会规范的越轨行为，并且群体人数越多，个体的匿名性就越强，法不责众的心理也就越强烈。经由从众、共振相互刺激、强化，吸引了旁观者产生相同的情感体验，从而将群体情感统一起来，逐渐由弱到强，产生互动式的感染和共鸣，使群体成了群氓①，产生了巨大的情感能量。在互联网的匿名场域之中，网民都是戴着面具的个体，由于可以不用对自己的言论负责，所以针对马蓉出轨这种受到道德谴责的事件，他们不会有所忌惮，而是一起参与对马蓉的“围攻”行动，口诛笔伐，不亦乐乎。

（二）现代社会的情感困境

在王宝强离婚事件中，网民参与度高，并针对#王宝强离婚#话题发表了大量的个人看法，部分网民一窝蜂地在马蓉微博底下进行各式各样的评论，包括各种不堪入耳的责难与辱骂。而催生这一网络群体性事件的网民情感也折射出：在现代社会中，人们其实正在面临不可避免的情感困境。笔者认为，研究者应当透过这些群体事件的表象，探究社会不满的真正根源，直视问题背后的情感困境。人的情感对历史、对社会人生独特的感受，会根据生活的外在环境而发生变动，如痛苦、忧患、伤感等，正如马尔库塞所指出的：“只要世界变幻无常，就会存在足够的冲突、忧伤和苦难，以及对田园诗式图景的摧残；只要存在必然性的王国，就会有足够的需求。”② 这些情感虽然千差万别，却具有一定的共性，造成一种内隐的社会性格，一旦经由某个震撼点刺激就会形成一边倒的情感认同。加上网络环境中人以群分，跟帖留言的相互激荡，“语不惊人死不休”的个性表达，往往增强并放大了这种情感认同。

情感不仅是个体的内部状态，而且存在于社会结构关系中。正如马克思所说，“每一历史时代的主要经济生产方式与交换方式以及必然由此产生的社会结构，是该时代政治的和精神的历史所赖以确立的基础”③，情感

① 根据百度百科定义：群氓就是聚集起来的表现为同质均一心理意识的人类群体。群氓具有某些共同的特征，包括偏执、可怕的敏感，荒唐的自大和极度的不负责任，其原因就是他们过分自负、过分狂热。

② 马尔库塞．审美之维［M］．桂林：广西师范大学出版社，2001：40.

③ 马克思．马恩选集（第一卷）［M］．北京：人民出版社，1972：237.

就是这一社会结构下导致的意识形态。现代化建设中，“改革”与“开放”成了时代的主旋律，社会变迁带来了一场全面、整体性的结构变革，对我们的经济、社会、民族思想、文化、政治、心理等各个方面带来了巨大的影响。在这样的历史大变局之中，国家的经济得到飞速发展，但在发展的十字路口，我们同时遇到了迷惘、困惑、对立、冲突、焦虑和浮躁，道德信仰缺失，官民对抗，腐败泛滥。孔德宣称：“我们的时代是一个革命的时代，由于缺乏一种新的精神力量，它将引发一场巨大的灾难。”尼采认为：“我看到的虚无主义的洪流在奔腾泛滥。”而作为社会结构和社会生活的重要组成部分，情感则从过去的压抑隐忍逐渐转向如今的自由解放，可以说，中国人的情感已经进入了一个零容忍的时代。

四、情感态势及其疏导：网络社会的舆情思考

（一）主体化、自主化与流氓化的情感态势

2012 年中国社会科学院社会学研究所发布的《社会心态蓝皮书》认为，我国社会情绪总体的基调是正向为主，但存在的一些不利于个人健康和社会和谐的负向情绪基调不容乐观，这在一定程度上击中了我们社会长期存在却处于习惯性麻木状态的软肋。不断发生的社会公共事件导致社会情绪的耐受性和控制点降低，公众借由这样的引爆点将隐忍许久的仇恨、愤怒、怨恨、敌意等负向情绪与不满足、不信任表达出来。群体性的负面情感会像瘟疫一样传染给社会各个层面的人，潜移默化，会形成破坏性的“负能量”，如此一来，将会危及社会的健康发展与和谐稳定，导致社会公众运用一系列“问题化”的技术，将自己的困境建构为国家本身真正重视的社会秩序问题。此外，随着科技的日新月异、网络的普及、通信工具的便捷性和即时性，人们的情感表达方式也日趋丰富多元，更加凸显个性、追求感性体验和身体诉求，会逐渐发展为一种主体化、自主化和流氓的情感态势。

自 20 世纪 70 年代末 80 年代初以来，福柯、利奥塔、布迪厄等一大批社会学家都意识到个体意识在全球范围内的觉醒，个体性格、个体体验、个体权利等个体意识的崛起将逐渐成为这个时代的特色。如此情感态势发展下去会对社会稳定与和谐产生一定威胁。它不需要任何粉饰，有“我是流氓我怕谁”的气势。德国心理学家马茨认为，人的健康发展需要满足他

的基本需求，生理的需求和社会的需求，在不同的需求满足下人会有相应的情绪和情感，即使是需求得不到满足也会有情感反应，但如果在外界条件的压抑下情感不能得到释放，就会产生情感阻塞。长期的情感阻塞会成为一种心理问题和疾患，将导致主体不断寻求替代的代偿方式。对于社会心态意义上的社会情绪也是一样的，所谓的社会消极情绪如果不能得到正式的渠道释放，长期淤积的消极能量会一直寻找替代的释放方式，构成社会情绪的风险和不确定性。在现下的社会结构中，我们需要警惕社会无意识顺从情感自主化、主体化和流氓化的态势。

（二）建构情感文明：转型期社会情感的疏导

越来越复杂的社会现实告诉我们，健康良好的情感文明对于构建和谐社会具有重要的影响作用；而目前我国体制内的正常渠道却往往无法有效疏导社会负面情绪，使这些不良的情感收缩聚拢为一团有毒物质，导致这些负面情感与社会现实发生结合引发情感发生的扩展、改变和转移；此外，长期以来固化的对抗思维使民众日趋走向偏激，倾向于寻找毕其功于一役的尝试，这显然无益于社会的稳定与和谐。消除民众的怨气，最有效的办法就是建设当代社会的情感文明，对情感进行合理的控制和管理。

从社会发展的战略高度认识和重视社会情感问题，通过“名副其实”“实之有效”的利益沟通及表达机制尊重和协调不同的利益，通过法制框架对不同群体的利益诉求和价值主张进行有序保障；也就是说，社会稳定的维系、社会秩序的存在、社会发展的推进、社会文明的延续，都离不开情感的文明建设，以国家的名义创建和捍卫情感文明，以文明、宽容、乐观取代非理性的、偏激的情绪。

五、结语

尽管网络舆情事件产生的物质基础是急剧的社会变迁和复杂的制度结构，但是它背后真正的原因却是长久以来社会公众被积压的负面情感的累积爆发。中国“体制性”迟钝不断，因此怨恨出现扩展、升级和转移的倾向，它是深层次矛盾累积的结果，植根于现实的经济社会条件之中，这无疑是我国社会转型、利益调整所导致的结构性紧张和安全阀体制缺失的客观后果。偶发的公共事件作为一个导火索，将人们的怨恨唤醒，这种情感由于场景性和聚集性不断汇合和叠加，汇聚了一道强大的洪流迅速扩散蔓延，经过网络社会中信息传播的反复强化，怨恨性情感不断累积强化，最终爆发成为愤怒的发泄。如果群体情感的极化过程没有得到有效控制，极有可能造成群体规模、情感冲击性、行为破坏性不断扩大，甚至转换为一种不计后果的群体性攻击行为。

帕累托在其著作《普通社会学纲要》中写道："这里知与行之间的对立现象显得特别突出。要认识，仅有逻辑实验科学有价值；要行动，听凭情感的引导更为重要。"他认为，情感在群体行为中占有重要地位。笔者认为，舆情事件的发生、发展过程，其实也反映出事件参与者情感的变化。本文通过情感社会学的视角分析了网络舆情传播的社会根源，从而揭示了网络舆情事件的情感面向，为群体非理性、冲动情感的疏导和预防提出了一种新的视角，而在当下转型期的中国，疏导社会情感，建构情感文明迫在眉睫。因此，社会管理者在法理管制的过程中应该注重情理，这一点需要我们携手一起努力，共同创建良好的社会情感文明。

参考文献：

[1] 科尔曼．社会理论的基础［M］．邓方，译．北京：社会科学文献出版社，1990.

[2] 科林斯．发现社会之旅——西方社会学思想述评［M］．李霞，译．北京：中华书局，2006.

[3] 科林斯．互动仪式链［M］．林聚任，王鹏，宋丽君，译．北京：商务印书馆，2008.

[4] 科塞．社会冲突的功能［M］．北京：华夏出版社，1989.

[5] 勒庞．乌合之众——大众心理研究［M］．冯克利，译．北京：中央编译出版社，2004.

[6] 雷蒙·阿隆．社会学主要思潮［M］．葛智强，译．北京：华夏出版社，2000.

[7] 李琼．政府管理与边界冲突：社会冲突中的群体、组织和制度分析［M］．北京：新华出版社，2007.

[8] 李友梅，等．社会认同：一种结构视野的分析［M］．上海：上海大学出版社，格致出版社，2007.

[9] 扬宜音．个体与宏观社会的心理关系：社会心态概念的界定［J］．社会学研究，2006（4）．

[10] 孙静．群体性事件的情感社会学分析——以什邡钼铜项目事件为

例［D］. 上海：华东理工大学，2013.

［11］王鹏. 基于情感社会学视角的社会秩序与社会控制［J］. 天津社会科学，2014（2）.

［12］王鹏，侯钧生. 情感社会学：研究的现状与趋势［J］. 社会，2005（4）.

［13］郭景萍. 西方情感社会学理论的发展脉络［J］. 社会，2007（5）.

［14］郭景萍. 集体行动的情感逻辑［J］. 河北学刊，2006（2）.

雷洋案舆情与中产阶层的新媒体表达

姜德锋

摘 要：雷洋案件发生后，昌平警方、雷洋妻子和人大校友都频繁运用各类媒体，或发布信息回应关切，或发表声明表达诉求。除了案发前后作为背景产生一定影响的“结构性压力”外，警方、家属和校友各方媒介渠道的不同选择，导致了不同的传播效果，很大程度上决定了舆情方向。雷洋妻子和人大校友以“中产阶层遭遇”为想象，以网络新媒体为表达诉求平台，因此在博弈中获得了更多民意支持，主导了公众舆论。雷洋案的舆情发展，显示了崛起的中产阶级与当下新媒体之间的对应关系，是社会阶层结构与媒介生态之间同构关系的具体反映。中产阶级遵循传播理性开展的危机应对，有利于践行法治，也具有良好社会效应。此案舆情对社会治理和突发事件应对具有启示意义：在信息发布和社会互动中，要慎重选择媒体和沟通策略；在决策与应急中，要更多考虑中产阶层的心理和利益；要设法增强中产阶级在社会治理中的存在感，使其充分意识到自己的主人翁地位，发挥其维护稳定推动进步的力量。

关键词：雷洋案舆情；中产阶层；新媒体；社会治理

2016年5月7日晚上，29岁的雷洋离家去机场接人。第二天凌晨，其家人接到北京市昌平警方通报，称雷洋当晚涉嫌在一间足疗店从事嫖娼活动，警方在对其进行询问和控制过程中，遭遇剧烈反抗，雷洋在被带回警局途中心脏病发作，送医后不治身亡。案件曝光后，昌平警方试图借助电视新闻回应质疑并定义事实，但其媒介选择以及沟通策略，致使警方早在权威尸检结果公布之前，就已经失去了公众的信任；而雷洋妻子及其人大校友则熟练运用各类网络新媒体，将该事件定义为“中产阶层遭遇”，并因此主导了公众舆论。雷洋案舆情，不论对于社会治理还是突发事件舆论

作者简介：姜德锋，黑龙江大学新闻传播学院副教授。

引导，都具有多方面的启示价值。

一、昌平警方：电视自辩失去民意

5月9日和11日，昌平警方两次通过官方微博通报雷洋案情，并称昌平区人民检察院已经介入并开展侦查监督工作。但由于微博语焉不详、惜墨如金，公众仍然无法完全接受警方有关雷洋死因的解释。5月11日，昌平警方有关办案人员分别接受了中央电视台和北京电视台采访，面对记者详细介绍了当晚盘查控制雷洋的细节，并安排涉事足疗女出镜指证雷洋的嫖娼行为。

然而，正是警方这种借助电视媒体面向公众自证清白的做法，引发了公众的普遍反感和质疑，并使舆论天平进一步倒向了雷洋家属一方。

首先，警方在电视报道中没有能够出示有效的视频证据。办案人员称，当晚因系便装行动，执法记录仪没有随身携带，而事发现场又一概没有安装摄像头。

其次，警方受访时一味强调雷洋的嫖娼行为，试图以此转移对其死因的追问。警方不仅声称通过对避孕套的DNA检测，证实雷洋嫖娼行为成立，在北京电视台的新闻报道中，警方还安排足疗女现场出境，以证实雷洋当晚的行为。

最后，警方沿用的“电视认罪”等传播策略，也是引发公众反感的原因之一。足疗女在北京电视台承认为雷洋提供服务，虽是指证雷洋，同时也是一种电视认罪。而由央视开创的这种报道方式，近年来一直饱受非议。著名传播法学者魏永征教授多次对此提出强烈批评。2016年全国两会期间，政协委员、全国律协副会长朱征夫接受记者专访时也表示，媒体应慎重使用嫌疑人上电视认罪的方法。

昌平警方回应关切所进行的媒体信息发布，更接近于借助电视开展的公关活动，而由于前述突出问题的存在，导致传播效果适得其反。公众舆论进而指责警方滥用警权致使公民不幸死亡，并呼吁上一级检察机关介入调查，公布现场录像，公布尸检结果，让真相大白于天下。

此后的6月30日，第三方的尸检鉴定最终结果公布，雷洋死于“胃内容物吸入呼吸道致窒息死亡”。侦办此案的北京市检察院第四分院还认定，当晚办案的邢某某和周某等执法中存在不当行为，且案发后“有妨碍侦查的行为”，二人因涉嫌玩忽职守罪被依法逮捕。至此，不仅警方当时声称雷洋“心脏病突发死亡”的说法被推翻，更印证了案发初期公众对警方说辞的怀疑并非毫无根据。

雷洋案件发生后，警方试图通过媒体自证清白，有关人员甚至不惜冒“妨碍侦查”的风险，但舆论最终倒向了雷洋一边，并获得了尸检结论的支持。出现这样的舆情走势和传播效果，另一个重要原因是案发前后一段时间内社会环境中“结构性压力”的影响。传播学者郭庆光曾指出，任何一种涉及大众传播影响力的现象，我们都不能简单地把它归结为一种效果机制单纯起作用的结果。传播效果的产生，是和包括环境在内的各种必要条件结合在一起的。如果没有现实社会环境中的各种迹象的印证（即奥尔波特考察集合行为时所强调的“结构性压力”），单凭大众传播的报道，并不能引发诸如“议程设置”“第三人效果”及“沉默的螺旋”等现象。①

雷洋案发初期，在尸检结果、检方侦查结果都还没出来之际，公众之所以怀疑警方滥用公权力无端致人死亡，其“结构性压力”即对舆情产生影响的“现实社会环境”主要体现为，国内各地频繁报道出来的警察、协警滥用警权乃至滥用暴力等一系列恶性事件：就在雷洋案发的那几天，5月3日海口市发生的拆迁现场有关人员“殴打妇孺”的视频仍在网络和手机上大量流传，全副武装的执法人员飞舞的棍棒下妇女儿童凄惨的哭喊，让每个人都无比惊骇；而距雷洋案发后不到十天，5月16日兰州财经大学两名学生，因用手机摄录警察执法现场而遭遇巴掌和警棍伺候，有评论曾一针见血地批评：“打烂的是两名大学生的屁股，更是公安队伍的脸。”5月21日，深圳两名女生因未携带身份证而被警察带往警局，途中警察威胁将二人和艾滋病人、吸毒人员关在一起，当事方用手机录下了警察的言行并公布在网上，这一幕同样令人大跌眼镜，并引发了警方是否有权查验身份证的持续讨论。

凡此种种，在媒体曝光后都引发了“高度重视”，当事民警都受到了应有的“严厉处分”，但这类“奇葩”案件的负面影响和舆情冲击，却很难轻易用个案解决的“橡皮擦”抹掉。由于时间上的重合，这些涉警事件构成了雷洋案的现实语境，其负面影响无疑会加剧人们有关警方执法的“妖魔化想象”。所以尽管昌平警方言之凿凿，但民意却离他们渐行渐远。

---

① 郭庆光：《传播学教程》第2版，中国人民大学出版社，2011年，第226页。

二、中产声音：借新媒体主导舆论

雷洋案，最初披露时因为人大硕士、青年学者、新晋父亲、嫖娼被抓这些标签而引发社会广泛关注，而此后“中产阶层”这一身份标签的突出强调，则使雷洋及其家人的遭遇引发更多共鸣，也使围绕此事的舆情持续升级。

最早将雷洋案与中产阶级这一特定社会阶层联系起来的，是雷洋的人大1988级校友5月11日发布的一份公开声明，其中激愤地写道：“回放雷洋意外身亡的整个过程，不像意外，更像是一次以普通人、以城市中产阶级为对象，随机狩猎的恶行！”

这份声明连同人大其他各年级校友的多份声明都发表在互联网上，因为重新定义了雷洋案的现实含义，校友声明引发了广泛关注，造成了强大的舆论声势。应该注意的是，这些自我想象为中产阶级的雷洋的同学、校友和家人，在雷洋死亡事件中，主要是借助于网络新媒体来传播信息，发表看法和声明，这与昌平警方试图借助传统的电视媒体自辩，形成了明显的对比。比如，5月9日最早披露雷洋死亡事件的就是两篇网帖：《刚为人父的人大硕士，为何一小时内离奇死亡?》《愿以十万赞换回一公道》。然后就是中国人民大学各年级校友所发的声明，纷纷见诸网络和手机等社交媒体。此外，雷洋妻子与代理律师此后的表态、声明，大多是借助律师陈有西微博和“雷洋家属唯一微博”这些社交媒体平台实现的。而且，家属和律师还通过网络平台，对有关雷洋案件的一些不实传言，进行了及时、负责的辟谣，其中包括“雷洋系因常州毒地调查专家身份而遭追杀”“雷洋被控制时遭警方电击”等，从而消除了噪音，净化了舆论环境。

以雷洋案件极高的公众关注度和人大校友的资源条件，雷洋的家属、同学是完全有可能得到传统媒体资源，以表达自身的立场和诉求的。早在2004年，传播学者段京肃在分析中国的社会阶层分化及其媒介控制权和使用权分布时，就认为中间阶层“拥有媒介的使用条件与使用能力，具有主动的媒介接近意识，善于利用媒介满足自己需要”①。但雷洋事件中，传统媒体没有成为家属亲友的现实选择。这与2006年湖南“上访妈妈”唐慧的维权策略完全不同。后者的胜诉，正是唐慧在与强势警方博弈过程中，

① 段京肃：《社会的阶层分化与媒介的控制权和使用权》，《厦门大学学报》2004年第1期。

千方百计寻求传统媒体资源支持的结果。

重要的是，中产阶层这些与强势警方明显不同的媒体渠道选择，并非是偶然的现象。这在一定程度上印证了“大众传媒与社会阶层结构之间的同构关系”①，进而言之，是中产阶层与网络等新媒体之间存在着更强的对应关系。

美国著名新闻学者舒德森在论述19世纪30年代便士报这种新兴媒体的崛起原因时，曾经独辟蹊径地指出，便士报革命是当时社会阶层变化的结果，这种“新新闻”是与彼时新兴的中产阶级以及由此而形成的民主市场社会密切相关的，便士报正是中产阶级的符号化和强化。中产阶级的崛起解释了便士报的起因，而便士报也反映了中产阶级的存在和要求。② 以此推论，一种新型媒体新闻崛起的背后，正是一个社会阶层在后面的崛起。或者说，一个社会阶层的崛起，必然导致一种为其代言和表征的媒体随之而起。具体到当下，互联网在中国的发展特别是其展现的巨大舆论力量，与国内中产阶层的壮大及其媒介使用之间，一定程度上也存在因果对应或同构关系。

虽然互联网等新媒体是社会各个阶层共享的开放性传播平台，但中产阶层显然是其中数量较大、表达能力较好和号召力较强的群体。从人类传播发展的历史角度看，新的媒体技术往往会导致社会权力的重新分配，就当下而言，在互联网传播技术带来的重新赋权过程中，中产阶级是受益最多的人群。因为中产人士知识储备多，能够最先、最快地享受到技术进步带来的成果，正所谓“机会总是属于有准备的人”。更何况，中产阶级在其意识自觉和队伍壮大的过程中，始终伴随着特有的焦虑与紧张，而通过媒体发声，言说自身的利益和诉求，就成为一种必然的趋势。而相对于社会上传统媒体的高度体制化和严格把关，现实中新兴的社交媒体此时自然成为他们的不二之选。

在雷洋案的舆论发酵中，熟练运用新媒体资源的中产阶层逐步主导了舆论，堪称是一个意味深长的变化。在报纸、广播、电视等传统媒体大行其道的时代，如昌平公安等强势部门，通过其体制的优势，完全可以垄断事件的信息发布渠道，进而向社会定义雷洋事件的性质，而其他的个人和群体，即使存在不同的意见乃至委屈不平，也难以获得借助媒体向公众言

---

① 何晶：《媒介与阶层：一个传播学研究的经典进路》，《新闻与传播研究》2014年第1期。

② 迈克·舒德森著，陈昌凤等译：《发掘新闻——美国报业社会史》，北京大学出版社，2009年，第48页。

说的机会。形成于1996年的所谓呼格强奸案，不正是这样一起由公检法机关武断界定、当地报纸一味“正面报道”，而公民个人有冤无处申的悲剧吗？20年后的今天是互联网高度发达的时代，媒介资源更加丰富，使用也更加民主了。这样，社会各个阶层包括中产阶级就有可能凭借社交媒体通过理性发声和合法手段，充分表达自身的声音和诉求，乃至在舆论博弈中主导自身的事务。因此，雷洋事件的舆论主导权，才回到中产阶层以及与其相适应的新媒体手中。也正是在这个意义上，有人将雷洋事件称为“平民话语权崛起的标志性事件”。

当然，新媒体主导雷洋案的舆论走向，也必然要经历从社交媒体定义该事件到获得权威媒体认同这样一个过程，也就是从民间舆论场进入官方舆论场，并得到后者的回应与认同。雷洋事件的舆情发展，也恰恰经历了这样一个过程。

人大校友群体的社交媒体声明最先将雷洋事件定义为对中产阶层有预谋的猎杀，首次将雷洋遭遇与中产阶级的处境相联系，不仅激发了这一新兴阶层人士的极大共鸣，也强化了雷洋案舆论的社会深度。

其后不久，凤凰网推出一篇被大量转发的评论，不仅沿用了前述雷洋案件中产阶层悲剧的定义，而且极力肯定雷洋妻子的中产阶级理性：冷静面对媒体，直逼死亡原因，抛却道德谴责，恪守法制路径等。评论的最终主旨则是向公众和高层大声呼唤：“法治不可辜负一个中产妻子的克制。”

把雷洋案舆论与中产阶层的处境联系起来，从社交媒体延伸到门户网站，还只是一个开始，之后就是传统媒体的主动认同与接力传播。6月27日，《环球时报》发表社评《中产阶层的焦虑应该受到重视》，文章详尽分析了当下国内中产阶层焦虑的原因以及政府消解中产焦虑的努力方向。强调安全感是现代社会的核心关切之一，政府应该提高安全感在全部工作中的位置，呼吁将提高安全感纳入民生工程认真对待。评论最后专门提到雷洋案件：雷洋事件其实离大多数中产者很远……但它却触动了很多人，就是这件事让人看到安全的脆弱性。一条生命就这样消失了，不安全感的传递是真实的，人们难免感同身受。

6月2日，在雷洋案涉案民警被宣布进行立案侦查后，《人民日报》发表评论《法治，须从程序通往正义》，文章虽没有明确提及雷洋案与中产阶级处境的联系，却明确肯定了关注雷洋案的网友所倡导的“耐心等待、积极监督，不偏信、不盲从”态度，认为这是公众理性关切、信任法制、尊重程序的积极表现，并认为“这起引发强烈关注的个案所形成的法治共识值得全社会珍视”。

至此，有关雷洋案的网络舆论得到了官方媒体的回应与认同，中产阶层在舆情发展中的表现得到了党报的肯定，自媒体的“属性议程设置”主导了舆论，民间舆论场与官方舆论场声音趋向一致。雷洋悲剧，客观上促进了公众对法治的信仰，增进了全社会的法治共识。

三、个体维权：理性传播示范社会

雷洋非正常死亡事件正在沿着法制的轨道运行：独立第三方的尸检结果已经公布，涉案警务人员已经被批准逮捕。案件的进展，除了司法机关对公平正义的坚决捍卫，自然也包含着公众以及社会舆论的积极推动。雷洋妻子所宣示的“不在意是否嫖娼，只在乎执法是否存在问题”以及其要求北京市检察院进行立案侦查的坚决态度，不仅演变为舆论有关此事的广泛共识，也推动了事实朝着这个方向一步一步地发展。

雷洋案的进程表明，在类似的不幸事件中，当事人家属对事件的理性回应、对媒体的恰当运用，不仅影响着案件调查进程及自身权益，也对社会舆论和社会秩序有着至关重要的影响。或者说，这种时候个人的信息管理和媒体使用，不仅关涉当事人及家属的命运，也具有重大的社会效应。这从一年前的“5・2 庆安火车站枪击案”和发端于十年前的“唐慧上访案”中，可以清晰地梳理出来。

“庆安枪击案”发生于2015 年 5 月 2 日的黑龙江省庆安县，当地农民徐纯合因封堵火车站候车室入口而受到值班民警制止，但徐不服从民警管理，还抢夺警具疯狂袭击民警，危急之下民警李乐斌被迫开枪，徐纯合当场死亡。该事件被媒体报道后，也与雷洋案件一样，引发了舆论对警方执法行为的大量质疑，铁路公安部门及时回应关切，随即启动了调查程序。但与此同时，互联网上的舆论又将此事与徐纯合此前赴京上访行为联系起来，认为当地政府和警方是因阻止上访而不惜采取极端手段。至此，舆情变得更加复杂，关注和转发的网友越来越多。

而舆情的复杂化，一定程度上也与当事人的家属有关。当日与徐纯合同行的是他年迈的母亲和三个不懂事的孩子，都属于最弱势的人群。他们不仅无法理性表达家属诉求依法维权，更不能对网上的各种猜测做出有效的回应，就连祖孙三代五人出行的目的也说不清楚。一些别有用心的人为此还专门组织了声援团体，多次从国内各地涌到庆安当地向政府施压。

案发十天后，中央电视台报道了哈尔滨铁路局发布的调查结果，大量调查证明该案中民警开枪的原因正当合法。而徐偕家人出行的目的地是大连，与徐交往密切的朋友也在电视中证实，他们此次出行并非上访。至此，谣言不攻而破，舆论渐渐归于平息。

与徐纯合年迈老母的弱势相比，虽然同为农民，但湖南永州的唐慧却非常“强势”，而结果却更无益于社会。唐慧的长期上访，原因发端于十年前。2006 年唐慧 11 岁的女儿外出玩耍时被人强奸，随后又被强迫从事卖淫活动长达三个多月。案发后，唐慧要求判处七名被告人死刑，并为此多年上访，辗转永州、长沙和北京等地。此后又发生了唐慧诉永州市劳教委案和行政索赔案。

在一系列的维权和索赔案件中，唐慧一方面固执上访甚至以死相逼，迫使公检法机关满足她的意志；另一方面，通过借势炒作、捕风捉影和编造谎言等方式，博得媒体和网络大 V 们的同情。正是在唐慧及其背后的“舆论炒作团队”公关之下，媒体有关此案的报道出现了严重的“民粹主义”倾向，一味地“声讨强势群体，声摇弱势群体”①。

2013 年 7 月唐慧诉永州市劳教委行政赔偿案最终胜诉，引发舆论一片叫好。但喧嚣过后，人们开始反思，唐慧的胜利，是否代表法治的胜利。以深度报道著称的《南方周末》，在调查后发现唐慧女儿被逼卖淫案“存在核心证据不足、司法程序受到外部压力影响等情况，而被告人亲属与代理律师甚至相关司法机关，也认为判决结果因压力导致量刑过重”。②

唐慧以死相逼的诉求表达方式和不负责任的媒体利用方式，导致法律实践偏离了正常轨道。后来，最高人民法院没有核准唐慧女儿案中两名被告人的死刑判决。唐慧的行为还助长了非理性上访风气，因为效仿她，该案七名被告人家属抛弃法律，走上上访之路。

唐慧不择手段地借助媒体以达到自己的目的，但最终不仅伤害了媒体的公信力，也伤害了法律的尊严，因为民粹主义主导下的舆论审判破坏了法律的权威。唐慧的行为最终也伤害了社会，开了不好的先例。

相比于以上两起同样涉及警民矛盾的案件，雷洋案不仅一直走在法制的轨道上，而且促进了全社会的法治共识，使公众见证了法律的力量，强化了法制信仰。而这些进步，很大程度上，是雷洋妻子和人大校友以传播理性应对不幸遭遇的结果。

---

① 章翠翠：《从唐慧案女性形象的逆转看新闻报道的民粹化倾向》，《湖南人文科技学院学报》2014 年第 10 期。

② 柴会群等：《“永州幼女被迫卖淫案”再调查》、《什么造就了唐慧》，《南方周末》2013 年 8 月 1 日。

首先，雷洋妻子能够理智地面对央视等主流媒体，坚定地表达自己的立场观点，特别是“不在意是否嫖娼，只在乎是否存在执法不当”的主张，有力回击了昌平警方泼来的道德污水，直指事件要害。

其次，独立地运用社交媒体表达诉求、回应关切。“雷洋家属唯一微博”和代理律师的微博平台，成为他们理性发言、自主表达的工具。这与徐纯合家属的无力表达以及唐慧欺骗媒体以博同情，形成了鲜明的对比。两者之高下不言自明，关键是社会效应大相径庭。

最后，面对网络上的各种猜测、流言，雷洋家属还及时予以澄清，及时消除噪音，避免了不必要的纷扰，确保了舆论的健康发展，也促使事件始终沿着正确的方向前进。除了及时切割雷洋与常州毒地事件的关系，指明倒地被电击的网络图片并非雷洋本人外，雷洋家属甚至还公开拒绝了其他律师的关心声援，与其撇清了关系。这就避免了庆安枪击案舆论场中曾经出现的混乱状态。

雷洋案舆情是中产阶级主导的，而其中表现出的中产阶级传播理性更值得珍视。在面对自身的遭遇和不幸时，相对于社会底层呼天抢地的道德挞伐乃至极端维权行为，中产者能够在恪守法律的同时，有效管控信息，自主和理性地面对媒体，特别是熟练地运用新媒体表达诉求回应关切。这不仅为悲剧事件的处理设定了正确的路径，为舆论设定了关心、关注的方向，而且也避免了无序的争论和纷乱。中产阶级是维护社会稳定的积极力量，于此可见一斑。

四、雷洋案舆情的经验教训

（一）面对突发舆情事件时，政府部门与公众互动要慎重选择媒体，讲究传播策略

在突发事件或者热点舆情事件中，各级政府及管理者要本着全心全意为人民服务的执政理念，与社会公众真诚沟通，尊重事实，传播真相。在此基础上，也要注意媒体选择，讲究传播策略。而雷洋案中，昌平警方的信息发布和社会沟通，却带有更多的媒介公关色彩，而且是失当的媒体公关。

一方面，昌平警方没有像一年前黑龙江“5·2 庆安火车站枪击事件”的舆论引导那样，依靠央视展示案发当时的真实视频，以平息舆论对政府强行“劫访”和警方开枪必要性的质疑。此案中警方没有出示现场视频，

使其自证清白的努力变得苍白无力。另一方面，警方让足疗女出镜指证雷洋嫖娼，这无疑沿袭了饱受诟病的“电视认罪”方法，因此进一步激发了观众对警方以至于媒体的反感。

魏永征教授认为，北京电视台的足浴女“认罪”“揭发”节目，何尝不是模仿央视的结果。虽然这次雷洋案报道，央视并没有搞“电视认罪”，但是人们还是想当然地以为是它的节目，似乎“电视认罪”已经成为CCTV的“招牌菜”了。[①] 在雷洋案的舆情中，“电视认罪”再次引发人们的批评质疑，北京台被指沿袭央视老套，央视不仅被揭老底还要背黑锅，也在一定程度上加剧了公众对警方信息的不信任，由此暴露出警方媒体选择方面的失当。

一般而言，传播主体的可信度与传播效果之间是正相关的，如果媒体自身存在公信力瑕疵，其相应的传播效果也会受到牵连，政府在敏感信息发布和社会沟通中对此必须有所认识。

（二）在信息发布和与社会互动中，要关注中产阶层的社会心理和利益诉求

社会治理要善于抓住主要矛盾，然后对症下药，才能取得事半功倍之效。中产阶级是日益壮大的社会群体，是维持社会稳定的积极力量，因而也是需要大力扶持和培育的力量。所以在处理社会问题、制定各项政策时，都要充分重视中产阶层的心理需求和利益关切。正如前述《环球时报》的评论所说，不妨把缓解中产阶层的焦虑作为设计政策的主要出发点之一，或者将之当作评估具体政策效果的一把尺子。由于中产阶层是不断扩大、上升的群体，国家政策增加与他们意愿的契合度，这恐怕是政府工作优化的一个必然方向。

同时还要认识到，中产阶层又具有较强的舆论表达能力，尤其是新媒体表达能力，在各种社会事务处理及公开讨论中往往扮演着“舆论领袖”的作用。中产阶级的焦虑极易扩散，具有较强的带动效应，但是中产阶级的安定自足，也具有很强的辐射力和吸引力，又是维持社会稳定的积极因素。整体而言，中产阶级的目标诉求，与国家的社会治理目标存在着“最大公约数”。雷洋案件中，中产阶层依靠法治寻求真相，维护公平正义，这与国家“全面依法治国”战略是一致的，也是最终两个舆论场走向一致

---

① 魏永征：《为CCTV的雷洋案报道说几句公道话》，“新闻记者”微信公号shxwjz，2016年7月3日。

的关键原因。

（三）在社会问题解决和政策制定中，要吸引中产阶层的广泛参与

中产阶层是社会的稳定力量。但这种中坚作用，只有当中产阶级能够自主参与到社会公共事务中来，只有当中产阶级充分认识到自身的社会历史主体地位时，才能够充分地发挥出来。以媒体表达和使用为例，新媒体在道德上一般而言是中性的，善用则善，恶用则恶。中产阶级不论从数量上还是媒介素养方面，都在新媒体使用上占据优势，那么在新媒体治理和舆论环境优化中，就可以更多依赖中产阶层。如果中产阶级能够广泛地参与到社会事务治理中来，并得到充分的尊重和关怀，他们的新媒体使用就会体现出更多的社会责任感，网络信息环境也会由此多一些理性发言。反之，如果中产利益不受关注，中产被排除在决策之外，被放逐的中产就会滋生出更多不满和不安，而这些情绪在新媒体中的散布，就会产生更多的连锁效应，非常不利于更多网民的信息自律，更不利于社会上良好舆论环境的营造。

参考文献：

[1] 郭庆光．传播学教程（第2版）[M]．北京：中国人民大学出版社，2011.

[2] 段京肃．社会的阶层分化与媒介的控制权和使用权 [J]．厦门大学学报，2004（1）.

[3] 何晶．媒介与阶层：一个传播学研究的经典进路 [J]．新闻与传播研究，2014（1）.

[4] 迈克尔·舒德森．发掘新闻——美国报业社会史 [M]．陈昌凤，等，译．北京：北京大学出版社，2009.

[5] 查尔斯·斯特林．大众传媒革命 [M]．王家全，崔元磊，张祎，译．北京：中国人民大学出版社，2014.

[6] 文新集团新闻研究所．是粘合还是撕裂社会？[J]．新闻记者，2013（9）.

图像神话：表情包在微博新闻中的意义建构研究

——一种多模态话语分析的方法

连昕萌

摘　要：随着网络表情包的“走红”，表情包开始越来越多地出现在微博新闻的配图位置，形成一道别样的媒介景观。研究基于罗兰·巴尔特的符号学思想及神话理论，通过多模态话语分析的方法解剖一则使用表情包的微博新闻，结论发现：作为新的新闻配图形式，表情包从人际交流的私语空间进入大众传播的文化场域中，嵌入不同的新闻语境之下，其与其他模态的互动，使得媒体同时扮演报道者和评述者的角色，媒体观点的渗入变得更为自然，从而实现了自身的神话建构。

关键词：表情包；微博新闻；符号；神话；多模态分析

作为亚文化边缘话语的代表之一，表情包脱胎于传统的网络表情符号，滥觞于微博等社交平台，一直被认为是私语空间的交流工具，处“江湖”而远“庙堂”，难登主流话语平台。而近年来，表情包逐渐开始出现在微博新闻的配图位置，戏谑的表达方式结合严肃的新闻主题撞生出一种特殊的报道景观。

一、图像时代、主流话语和表情包

符号一直是社会的敏感区。“语言的改变，往往是文化传统发生变异的一个重要表征。”① 社会上出现的任何变革和任何思潮都会在符号中留下

作者简介：连昕萌，中国科学技术大学人文与社会科学学院硕士研究生。

① 冯天谕等：《中华文化史》，上海人民出版社1990年版，第849页。

痕迹，甚至一个特殊或典型的社会事件都会在社会符号里得到体现。符号是我们解读事件、理解社会的重要窗口。

阿莱斯说："无论我们喜欢与否，我们自身在当今都已经处于视觉成为社会现实主导形式的社会。"① 继图腾时代、文字时代之后，我们又遭遇了"图像时代"。20 世纪 80 年代以后，随着互联网的崛起和多媒体技术的发展，过去语言符号"一统江山"的局面逐渐开裂，以图像为代表的非语言符号逐渐争得了话语权，人们主要通过图像进行表意的趋势越发明晰。对于这种转向所带来的结果，丹尼尔·贝尔认为，"当代文化正在变成一种视觉文化，而不是一种印刷文化"②；海德格尔则预言"世界图像时代"将要到来，并强调"从本质上看来，世界图像并非意指一幅关于世界的图像，而是指世界被把握为图像了，世界在'人'面前成为了表征"③。图像已经取代文字成为人们理解事物的主要方式，正如传媒研究学者多丽丝·格雷伯所说："曾经我们一度推崇的借助文字符号传递的抽象意义，已开始让位于建立在图像传播基础上的现实与感受。"④ 这是以图像为代表的非语言符号发展的现实基础。

除此之外，在人际交流的过程中，非语言符号本身即为传达信息的重要途径。皮亚杰的科学研究成果表明，人所获得的知识，其中 60% 来自视觉，20% 来自听觉，15% 来自触觉，3% 来自嗅觉，2% 来自味觉。⑤ 艾伯顿梅热比也曾提出公式：沟通双方互相理解 = 语调、语速（38%）+表情、姿态（55%）+语言内容（7%）⑥。在网络互动空间里，表情符号以其自身的形象性和感知性，成为人们在输出文字时的调味品，起到辅助理解和活跃话语情境的作用。

与传统的字符表情、emoji 等表情不同，近年兴起的"表情包"在内容形式上多以影视片段、真实人物或热门事件的截图加注文字，通过"设计台词"以表达一种嘲讽或自嘲的语气和相对温和的态度。⑦ 表情包的产

---

① 杨萍：《图像时代下报纸视觉化的表现》，青年记者，2012 年，第 38 页。

② ［美］丹尼尔·贝尔：《资本主义文化矛盾》，赵一凡、蒲隆、任晓晋译，三联书店出版社 1989 年版，第 156 页。

③ 海德格尔：《世界图像时代》，孙国兴编：《海德格尔选集》，上海三联书店 1996 年版，第 899 页。

④ GRABER，A. Processing the news：how people tame the information tide. Journal of Ecology，2008，96（6）：1275-1288.

⑤ 参见阎立钦主编：《语文教育学引论》，北京高等教育出版社 1996 年版，第 219 页。

⑥ 佚名：梅拉比安的沟通模型［EB/OL］. http：//www. xphabit. com/article/4002. html.

⑦ 白亚峰：《复得的"表情"——网络表情的表征及其亚文化特性》，西北大学，2014 年。

生和使用基础源自语言符号的局限性。陈原在《社会语言学》中认为："现代社会生活的某种特殊情境不能使用或不满足于使用语言（有声语言或书写语言）作为交际工具，常常求助于能直接打动（刺激）人的感觉器官的各种各样的符号，以代替语言，以便更直接、更有效，并能更迅速地做出反应。"[①] 作为符号的传播，表情包的作用主要体现在视觉表征功能、视觉修辞功能、消遣愉悦功能三个方面。[②] 表情包可涵盖表情、姿态和语言内容的表达方式，更贴近人际沟通的需求。唐宏峰认为，表情包强大的生命力逻辑源自其与其他符号之间套层、滑脱和嫁接的可创造性和可再生性，如"金馆长"的表情可以搭配不同的文字以进行不同的意义表述。此外，表情包还被认为是群体认同的重要凭证，其核心使用宗旨是："网络表情，懂的人自然懂。"孙页、薛可认为，表情包是亚文化群体的交流工具，与弹幕、字幕组、网红等一起并属于网络亚文化范畴，呈现出草根、非主流、戏仿、恶搞的特点；也有学者如王莹莹认为表情包的使用者是一群"乌合之众"。总之，这些研究都是以一种边缘、区隔的态度来看待表情包现象，将其理解为一种群体内部的互动情状，这与主流媒体的观察立场不谋而合。

"帝吧出征，寸草不生。"2016 年 1 月，百度贴吧"李毅吧"出征 FB 打击"台独"事件使得表情包的威力第一次被主流话语所关注。其间，主流媒体如《环球时报》发文《从"帝吧出征"看 90 后的国家观》；《人民日报》登载《帝吧出征 FB　引挪威、瑞典紧急表态》；中华网《帝吧出征 FB：中国迎来自信一代》等报道及相关评论层出不穷。8 月，中国队游泳选手傅园慧表情包走红网络，网络和传统平台上的主流媒体也加入这一现象的解读狂欢中。这些案例显示出，在这一时期表情包是作为一种"新闻事件"进入主流话语视野中的，而并非一种正常的、规范的话语生态。10 月上旬，《人民日报》甚至还刊文《在社交平台使用中文表情包需要规范》。但在近几年的微博新闻中，表情包这一"亚文化表达"已然悄悄"入侵"至主流媒体的微博报道中，与严肃的官方立场和报道风格撞击出独特的化学反应，形成新的传媒业务生态和媒介景观。

亚文化群体的行为可视为一种消极、温和的抵抗，这种抵抗是仪式性的，少会转化为动摇主流文化统治地位的实际行动，而是具有协商性，协

① 陈原：《社会语言学》，学林出版社，1994 年，第 12 页。

② 余晓冬，黄亚音：《从"帝吧出征"看表情包在网络交流中的功能》，传媒观察，2016 年第 2 卷第 5 期。

商的结果就是主流文化对亚文化的收编。[①] 正如福柯所言，“话语”的归宿就是“对严格规范化的反抗”。在主流研究者的视野中，表情包作为一种亚文化产品充斥着对规范话语的反叛精神，因此被“他者化”，面临着与主流话语的协商，从而使得自身得以保存，与主流文化“和平共处”。赫伯迪格提出，亚文化被整合和收编进占统治地位的社会秩序中主要有两种方式，一是商品化收编，二是意识形态收编。[②] 在新闻文本的操作过程中，作者引入表情包作为文本的一部分，就说明其在一定程度上对这种话语形式进行认可，其背后实质是对表情包这种话语形式进行收编需要，属意识形态层面。那么，微博新闻的作者是如何将正式的新闻文本（正式的文字符号）与充满戏谑及恶搞色彩的表情包（非正式的图像符号）结合在一起，这种意识形态的收编逻辑又是怎样的？为了解决以上问题，研究将基于符号学的智慧之根，借用罗兰·巴尔特的“神话”理论对微博新闻收编表情包的过程加以分析，并借多模态分析方法对一则实例进行解读。

二、理论背景：新闻话语研究逻辑与巴尔特的“神话”

（一）从话语分析到图像新闻话语分析

自 Zellig Harris 于 1952 年在 *Language* 杂志上发表题为 *Discourse Analysis* 的论文至今，话语分析已走过了60余年的历程。话语研究的初期，研究者多将语言作为研究对象，以分析话语内部结构、规律、社会价值取向等为主要研究目标，既包括微观的语言特征分析，也涵盖宏观的篇章结构分析，但对其他语意表现形式，如图像、声音、颜色、动漫等的研究却不多。朱永生认为，在众多的话语分析家当中，M. A. K. Halliday 和 Van Dijk 拥有十分重要的地位：前者创立的系统功能语言学理论对话语分析所产生的巨大影响，把对语言社会符号性的研究重心转移到图像、声音、动作等多模态的交际手段的研究，实现了话语分析思路的“图像转向”[③]；Van Dijk 的贡献则集中于对话语分析理论的增补方面，其对话语分析的研究目

① 孙页，薛可：《网络群体传播中的亚文化研究——以表情包为例》，新闻研究导刊，2016 年第 13 期。

② 孙页，薛可：《网络群体传播中的亚文化研究——以表情包为例》，新闻研究导刊，2016 年第 13 期。

③ 朱永生：《话语分析五十年：回顾与展望》，外国语（上海外国语大学学报），2003 年第 3 期，第 43-50 页。

标、对象和方法的看法，对话语宏观结构和微观结构所做的论述，以及对话语与语境相互关系的探索等，对话语分析的发展产生了广泛而深刻的影响。同时，Van Dijk 所创立的新闻话语分析法也为话语分析开辟了一个新的研究空间，增加了对新闻文本的分析视角，但其分析路径依然是围绕语言符号进行。

目前，新闻语篇评价已经成为评价研究中的主领域之一，国内外学者对此进行了大量的探索。王振华论述了"硬新闻"中的态度，刘世铸、韩金龙探讨了新闻语篇的评价系统，Bednarek 系统分析了报纸媒介中的评价资源，王天华探讨了新闻语篇中的隐性评价意义。而在这些研究中，将新闻话语分析与图像分析结合的研究寥寥，仅有的研究多从视觉语法角度进行探索，侧重对图片本身的独立解读，如盛希贵、贺敬杰对政治新闻图片的分析，黄晓慧对台湾电视新闻的图像化叙事意识的分析等。然而，对有关图像的新闻话语分析还有另外一种解读方式——多模态话语分析法，如郑静东利用多模态话语分析法对一则普利策新闻获奖图片所进行的分析。相比于单纯从视觉语法角度分析的研究，多模态话语分析法更看重语言符号和非语言符号的互动，认为非语言符号无法独立分析理解意义，符号间的互动则是营造话语意义的根本方式。这一理念与系统功能学话语分析的原旨形成映衬，也是研究的基本立场，即通过语言符号和非语言符号之间的互动关系来解剖整个微博新闻的意义建构过程。

（二）"任意"的符号和叠加的"神话"

约翰·费思克 1990 年把大众传播研究分为两大派别，一派认为传播就是信息的传递，是一种行为，称为过程学派（process school）；另一派关注的是信息与文本如何与人们互动并产生意义，即文本的文化功能，主要研究方法是符号学，被称为符号学派（semiotic school），[①] 其研究对象即话语摆脱了原来语言学这一狭小的范围，被界定为符号化于语言中的意识形态，从而投进了社会语境的怀抱。

新闻报道的过程其实是一个通过符号的组合搭配、说故事的过程，而这种对符号的操作包含了身为作者的媒体主观性和意识形态特点。吉登斯认为，新闻报道的语言与日常生活的世界有着特殊联系，它既是一种理解，也是在引导一种理解，它重新建构了我们的日常世界[②]；李普曼的拟

① 陈阳：《符号学方法在大众传播中的应用》，国际新闻界，2000 年第 4 期，第 46-50 页。
② 转引塔塔奇曼著：《做新闻》，华夏出版社 2008 年版，第 113 页。

态环境理论同样认为传播媒介所呈现的新闻事实是经过选择和加工、重新加以结构化以后向人们提示的内容。在微博新闻的构成中，事件说明作为语言符号，新闻配图作为非语言符号，共同建构微博新闻的意义。因此，我们采取符号学派的思路，对带有表情包的微博新闻的意义建构过程进行梳理。

索绪尔凭借所创造的所指/能指的术语塑造起结构主义的语言观，成为话语分析研究绕不开的基础性概念。他认为，音响形象（能指）是一种能唤起与概念相连结的一串心理印迹的声音；概念（所指）是一种对客观事物的社会化心理认识，并且储存在每个人的大脑中。[①] 语言符号是两者的结合，即“符号=能指+所指”，一体两面，不可分割。索绪尔指出：“所指和能指的联系是任意的，而因为我们所说的符号是能指和所指相连结所产生的整体，语言符号也是任意的”。杨念文认为，索绪尔“符号的任意性”的意思是指，能指和所指的联系是任意的或无理据的，二者之间没有必然的联系。[②] 为此他举出例证，认为不同的语言里的能指和所指在相互结合时，都会分别体现出截然不同的特点，这便是语言符号任意性的根源。而如果想要使模糊的话语变得相对清晰，只有在特定的语言中才能确定能指和所指的意义。可见，符号的任意性问题需要具体语境才能解决。在微博新闻话语中，表情包作为意义潜力丰富的载体具有任意性特质，虽然文字报道即语言符号的能指和所指之间有相对固定的释义逻辑，但文字与表情包的结合依然是一种不确定的意义指向关系，正如巴尔特所言，“意义在互动中产生”，需要置于相应语境、通过观察两种符号间的互动关系才能确定报道的情感色彩和所呈现的意义。

符号的任意性既是符号的本质性描述，也是巴尔特“神话”概念成立的理论基石。神话是法国著名符号学家罗兰·巴尔特符号学理论的一个重要概念，是对传统不真实的、神或神化的古代英雄故事的意义建构逻辑的一种抽取。在神话理论中，巴尔特以索绪尔能指、所指的概念图式为基础进行深发，“再创造”出一层新的意义关系，即“第二层符号系统”（表1）。“第一层符号系统”所指的是“符号明显的含义”，第二层则是指“使用第一个符号作为它的能指，并在其上附加额外的意义”。正如巴尔特所言：“神话是一个神奇的系统，它从一个比它早存在的符号学链上被建

① 杨旭：《语言符号的任意性与相似性》，科技风，2009年第19期，第44-45页。

② 杨念文：《能指·所指·任意性——索绪尔语言符号任意性解读》，湖北第二师范学院学报，2007年第24卷第12期，第27-29页。

构：它是一个第二秩序的符号学系统。那是在第一个系统中的一个符号（也就是一个概念和一个意象相连的整体），在第二个系统中变成一个能指。”① 比如，“玫瑰”的第一层意义指的是蔷薇科的一种植物，第二层意义则落到人类的社会文化中，象征着爱情这一抽象情感。这其中，“爱情”就是“玫瑰”这个符号的神话。由此可见，神话逻辑的运作主要分为两步：在第一级系统上，通过符号的特定性和准确性为神话的产生奠定基础；在第二级系统上，符号与使用者的文化需要进行契合配对，依靠人们对一种概念的认可程度给予支持。这种契合决定了神话能够与外在真实相沟通，并且同时给予“真实”以我们的文化价值观，也正是概念自然化为神话的基本功能。符号的第一级意义结构是稳定的，是纯粹的语言学系统；第二级意义结构更植根于人们的日常生活实践和社会文化背景，不确定性更强。而只有次生系统的符号才可称为神话。

表1　神话的符号结构

<table>
<tr><td>1.能指</td><td>2.所指</td><td></td></tr>
<tr><td colspan="2">3.符号
①能指</td><td>②所指</td></tr>
<tr><td colspan="3">③符号</td></tr>
</table>

通过神话理论中有关意义的层级叠加性来观察表情包这一符号形式，可发现：表情包这一图像形式是各种新的“神话”话语的载体。巴尔特认为，每一事物都可以根据形式即言说的方式成为神话，每一个物体也都可以被赋予纯粹物质外的社会用途。神话既是形式的，又是历史的，即“神话学就其为形式科学而言，它是符号学的，但就它是历史科学的范围而言，它又是一种意识形态。它研究形式上的理念”②。以往的神话形象——如前文所说的“玫瑰”，或是巴尔特在《神话学》所举出的法国黑人士兵的例子，无不向我们暗示，神话所扎根的土壤是相对稳定的社会共识（第二级符号意义），而这种社会共识一般来说是有历史源头的。如我们对传统故事英雄的崇拜，使得灾难报道中的“英雄”、典型人物形象层出，可看作我们是在拿传统的“英雄”形象来投射今日的报道人物。可见，神话

① ［法］罗兰·巴尔特：《符号学原理——结构主义文学理论文选》，李幼蒸译，北京三联书店1988年11月第1版，第182页。

② ［法］罗兰·巴尔特：《符号学原理——结构主义文学理论文选》，李幼蒸译，北京三联书店1988年11月第1版，第190页。

一定程度上遵循着历史向度的逻辑，大多置于历史坐标系之下，是某一形象在纵向时间轴上的再现与重复。而表情包本身即是语境对话的产物，其神话形式的重点不在历史根源上，而是在当下的语境，是一种正在发生的、同时创造的神话。作为文字意义的补充形式，表情包的意义很难自给自足，虽然已经有第一级符号意义作为基础，表情包神话意义的确定却主要是从语境中获得。在巴尔特看来，神话总是和特定的意识形态相联，"神话是一种言谈"，也是一种传播体系、一种讯息、一种起意指作用的方式或形式。神话实际上是大众传媒经过符号控制而呈现的意识形态的"自然化"渗透，具有两种功能——表意和告知，以及使人理解并强迫人理解。[①] 这也正是表情包在微博新闻中所发挥的作用。

神话叙事的主要原则是"把历史变成自然"。历来话语研究中，有关意识形态的研究占到"半壁江山"，如福柯的系谱学解读，或如麦克卢汉笔下的"机器新娘"，皆聚焦于权力意义的生产，而神话理论下的话语研究关键不在于它要讲什么，而在于它怎么讲及语言符号中的意义是怎样被播撒。因而，在某种意义上神话可以被看作是一种修辞。它是以修辞学完成叙事，而最重要的修辞技巧就是"把历史变成自然"。媒体如何通过将表情包与文字报道内容结合，将意识形态和报道目的自然地隐藏进新闻话语中，是本文想要探究的根本问题。

三、方法论：多模态话语分析法

（一）方法介绍

在多媒体信息化时代，人们日益清晰地认识到语言仅仅是意义生成的手段之一，意义的成功构建和传达，并不是纯粹靠文字独立完成的，而是一系列要素的综合运用的结果。从严格意义上讲，"现实中的所有交流都是多模态的"。Lemke 认为，微博是网络话语的一种，具有多模态和视觉化特征，属"超模态语篇（hypermodality）"，而多模态和超文本的结合体，不仅在不同层次的文本间有链接，而且在文本、视觉元素和声音间也有链

① ［法］罗兰·巴尔特：《神话——大众文化诠释》，上海人民出版社 1999 年版，第 167-169 页。

接，这种多模态语篇的意义由多种符号资源共同建构。[①]

微博新闻是基于新媒体平台上的报道形式，多为传统媒体在微博上的业务延伸，带有传统媒体的官方性、严肃性，但同时也融合了微博平台娱乐性、互动性等天性特点。近年来，随着表情包的走红，微博新闻也开始尝试引入这种戏谑的非语言表达方式，多种符号交织共同建构新闻话语意义。作为新媒体环境下的新“神话”，表情包在报道的表意中承担着独特角色。伯德惠斯·戴尔曾估计，在两个人互动的场合中，有65%的“社会含义”是通过非语言的方式传送的[②]，可见对非语言符号的分析在解释交流者意图的过程中是不可缺少的。

正如前文所说，一直以来的话语分析更重视对语言符号的分析，而20世纪90年代出现的多模态话语分析让人们得以认识非语言符号的重要性。多模态话语是一种运用听觉、视觉、触觉等多种感觉，通过语言、图像、声音、动作等多种手段和符号资源进行交际的现象[③]，而模态之间通过互补关系或非互补关系，相互起到强化、补充、调节、协同的作用。不同模态的话语实际上都是为了体现讲话者的整体意义的。各模态皆有自己的意义潜势，模态之间进行互动，话语的意义便在这种互动中产生。因此我们引入多模态话语分析的方法来对带有表情包的微博新闻进行研究。

（二）框架设计

多模态话语分析是一种联动的、综合的视角，与人际交往时的直接感受相符。这也是框架设计所秉承的思路。多模态话语分析根生于符号学的土壤，吸收了媒介、对象、解释三位一体的推理路径，其理论主体则是借鉴了系统功能语言学理论，系统功能语言学理论本身不需要做任何改动就可以直接作为多模态话语分析的框架。功能语言学派的代表学者 Halliday 认为语篇有三种功能：概念功能、人际功能、篇章组织功能。[④] 以此为基础，学者纷纷对多模态话语分析的框架设计提出自己的划分标准：Lim 从表达、内容、语境三个层面对多模态语篇进行分析，在这个框架中，语言

---

① 常艺伟：《微博新闻报道的多模态话语分析——以〈人民日报〉新浪微博为例》，语言与文化研究，2014 年第 2 期，第 35-40 页。

② 边巍巍，周艳，梁娜：《护理研究》，上海外国语大学学报，2009 年第 23 卷第 31 期，第 2893-2894 页。

③ 朱永生：《多模态话语分析的理论基础与研究方法》，外语学刊，2007 年第 3 期，第 82-86 页。

④ 张德禄：《多模态话语分析综合理论框架探索》，中国外语，2009 年第 6 卷第 1 期，第 24-30 页。

和图像作为交际模态共享意识形态、语类、语域、话语意义四个层面①；张德禄则将多模态话语分析的综合框架分为五个层面：文化、语境、意义、形式和媒体，并进行研究。此外，图像在多模态话语分析中也占有重要位置。Lim 将图像的语法单位划分为作品（work）、情节（episode）、图式（figure）和成员（member）四级；Kress 和 Van Leeuwen（2006）则从 Halliday 的三种语篇功能角度出发，创立了一套“视觉语法”，即再现意义、互动意义和构图意义。

多模态话语分析的研究以应用型为主。由于分析所采用的框架的划分标准不同，因此其分析路径和方法并不一致。李妙晴通过比较《大红灯笼高高挂》的原著和电影在语场、语旨、语式三方面的区别来确定互文关系；常艺伟则只从语言符号资源和视觉图像资源两方面来解读一则微博报道；唐青叶引入中介话语分析的理论框架，探讨新闻中“贫穷”一词的表征。可见，多模态话语分析的主体类型之丰富，电影、文学、雕塑等皆可成为分析的对象。

经过对各框架的比对和试验，研究认为张德禄的多模态话语分析综合框架是较为完整、理想的分析框架；而“视觉语法”则从系统功能理论出发，从语篇的三大功能延伸而来，分析路径较为统一。基于此，本文以巴尔特的神话理论为依据，以张德禄的多模态话语分析综合框架和 Kress 与 Van Leeuwen 的“视觉语法”为脚本，从表情包这一非语言符号的研究需求出发，聚焦于五大层面的内容层面，基于一则具体案例展开对表情包和文字报道的意义互动过程的分析，探讨媒体是如何通过这种呈现方式嵌入意识形态、实践新闻神话的。

（三）表情包神话的案例阐释——以@人民网某一“性侵”微博新闻为例

@人民网是《人民日报》建设的以新闻为主的大型网上信息交互平台的微博账户，以“权威性、大众化、公信力”为宗旨，是传统媒体在微博上的业务延伸，作为研究对象来说具有代表性和研究价值。性侵害报道以社会影响巨大且易成为媒体最容易“二次伤害”的报道领域而广受关注。本文以“性侵”为关键词在@人民网微博页面下进行搜索，共搜得微博新闻 172 篇，其中最早开始使用表情包作为配图的微博出现在今年 3 月份，可见在主流官方新闻话语的应用中，表情包是一种新鲜尝试。本文选择@

---

① 梁溪：《多模态网络新闻标题的意义建构》，山西农业大学学报（社会科学版），2009 年第 6 卷第 1 期，第 24-30 页。

人民网9月21日所发布的一则配图带有表情包微博新闻进行分析（图1），选择原因有二：其一，微博新闻的文字内容来自《沈辽晚报》这一传统媒体，报道的真实性能得到一定保障，同时微博直接将表情包作为配图，便于分析；其二，该微博转发过500条，评论过1700条，影响和热度都较为可观。

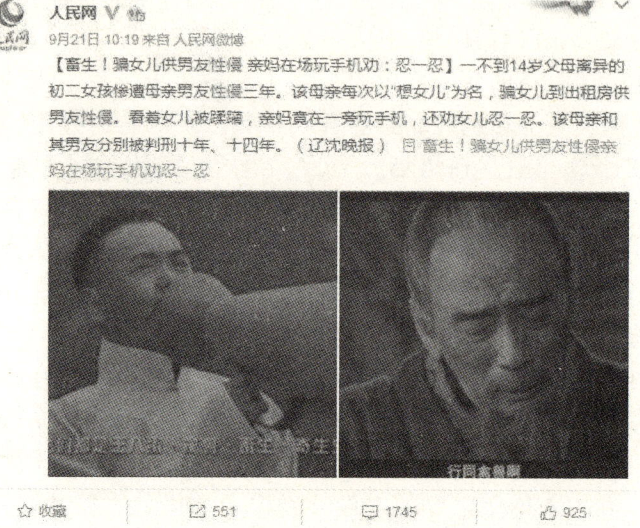

图1　使用表情包的“性侵”微博新闻

总体看来，微博呈典型的“文字+图片”形式：文字包括安置在黑色实心方括号内的主题句、主要内容描述、新闻全文内容的超链接；配有同等大小的两张图片，来自影视剧截图，皆为典型意义上文字图像兼备的表情包形式。该微博新闻主要涉及文字和图像两种符号系统，是一个较为简单的多模态话语分析案例。基于此，本文所设计的研究框架如图2所示。

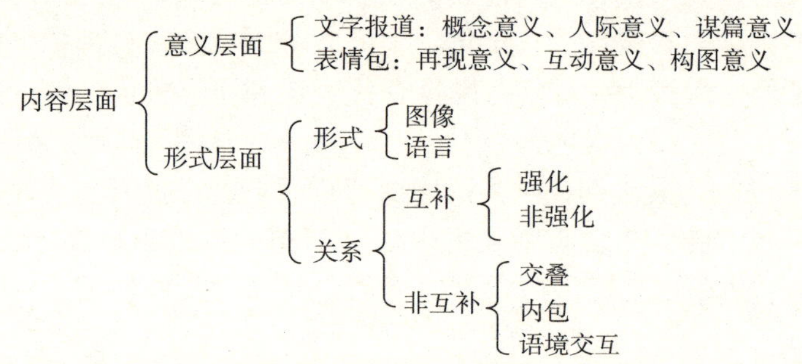

图2　多模态话语分析框架

为了更好地聚焦表情包“神话”的形成过程，研究主要从内容层面即话语意义和形式联系的角度入手进行分析。较之传统的文本话语分析，多模态话语分析必须关注两个问题：1）各种模态的符号特征，从而对不同模式的语义贡献进行清晰的描述；2）多模态话语各成分模态间的关系，研究“模态间性”（intersemiotic relations）并建立分析跨模态关系的框架。其中，每一种符号系统自成体系，实现表征、导向和组建三大功能，彼此无法替代；符号系统间又能相互作用，通过符号的“联合构造”产生模态的跨界意义，从而实现意义的“增值”。[①] 简言之，多模态话语分析在操作上要同时考虑部分和整体两个分析维度，也即话语意义和形式联系。

1. 话语意义

微博的主要模态是文字和图像，因此可从 Haliday 的语篇三大功能和 Kress 与 Van Leeuwen 的“视觉语法”入手对微博的内容进行分析。其中，文字所对应的功能是概念意义、人际意义、谋篇意义；图像对应的则是再现意义、互动意义、构图意义。其中后者是前者在图像层面的延伸，两种分析思路有着共同的理论基础。概念意义（再现意义）是指语言能够反映存在于主客观世界的过程和事物的反映；人际意义（互动意义）是指语言如何体现人与人之间的关系；谋篇意义（构图意义）是指通过话语联系与结构组织，如何整合、传递传播主体的意图。

文字报道的多模态话语功能。概念意义上，主题句“畜生！骗女儿供男友性侵　亲妈在场玩手机劝：忍一忍”用三个简单句分别反映了主观的媒体要求和客观的事实，提炼了报道的主体内容。前半句突出强调、短促而带有强烈感性色彩的“畜生！”除了吸引受众的关注，也表达了媒体的立场态度——对这一行为表示不齿。正文内容则主要陈述并交代了具体的事件由来及处理结果（判刑十年、十四年）；人际意义上，主题句提炼容易引起受众愤怒情绪的主要事件，并用感叹形式及“畜生”一词来定义施害方，以确定报道的基调。报道的作者——媒体在无形之中从报道者演变为评论者，隐入受众群中，呈现出与受众“同仇敌忾”的形象；谋篇意义上，标题采用的是先呼吁、后事实的表达路径，即先吸引受众注意、后解释事件原委的“述位+主位”结构。正文第一句概括事件内容，接着将事件展开叙述，是典型的“沙漏型”新闻报道写作结构。

表情包的多模态话语功能。报道的两张配图皆来自影视截图并配有文

① 李战子，陆丹云：《多模态符号学：理论基础、研究途径与发展前景》，外语研究，2012年第2期，第1–8页。

字，是典型的“表情包”。再现意义上，第一张所呈现的是一个男人手握喇叭大喊：“他们都是王八蛋、禽兽、畜生、寄生虫。”第二张是电视古装剧的老者做悲愤无奈状：“行同禽兽啊。”两个表情包图片皆是呈现个体对某件事、某些人行为的不满和愤懑，“禽兽”一词两度出现，呼应文字报道标题。互动意义上，第一张表情包的人物手持喇叭，意在宣告、呼吁，呈现的是一种主动发声的行为，受众是倾听者的角色；与第一张相比，第二张的情感程度较为温和，更像是主人公的“喃喃自语”，受众是“无意间”听到了这种感慨，受众在这里的形象更倾向于“偷窥者”或者“旁观者”。构图意义上，两张表情包皆以人物特写镜头为主，占据视觉空间的视点中心，与受众之间距离较近。白色字幕位于图片下方，起到对人物形象和状态说明的作用。

2. 形式联系

形式上，微博新闻主要使用了两种模态：文字（文字报道）和图像（表情包）进行意义建构，除了上文所提到的两者各自的作用以外，还有图文间互动、图像间互动所产生的综合影响，而这种影响也促成了表情包神话功能的形成。

在同一种模态中，不同类型的媒体可以形成联合关系，共同来体现意义。模态间互动的形式可分为互补及非互补两大类。如果一种模态的话语不能充分表达其意义，或者无法表达其全部意义，需要借助另一种来补充，我们就把这种模态之间的关系称为“互补关系”，而把其他的称为非互补关系。在互补关系中，我们还需要区分强化关系与非强化关系。所谓强化关系是说一种模态是主要的交际形式，而另一种或者多种形式是对它的强化。例如，如果语言是主要的交际形式，那么手势、身势等交际形式就只是起强化作用。反之，在主要以其他方式为交际形式时，如图画、舞蹈，语言可能只是辅助的、起强化作用的。

首先看图像间关系。两张表情包皆以人物言论为主要呈现对象，意指对某件事物的负面评价，皆强调“禽兽”，两幅图片表达方式相近，共同陈列使得呈现功能重合，并未对另一张图片的意义起到大的补充作用，可见是一种非互补的交叠关系，信息呈现出冗余的特点。其次，在图像互动的基础上，考察图文间互动情况。除了呈现应有的新闻内容之外，文字报道的主观倾向性较强，如黑框标题中的“畜生”、正文中“亲妈竟在一旁玩手机”等皆呈现出媒体立场，怒斥事件的施害方（“亲妈”“男友”）为“禽兽”。新闻报道的核心功能是呈现事实，文字内容是主要的交际形式。根据上文，表情包的功能在于强调“禽兽”这一评论性表述，目的是唤起受众的共鸣，仅仅是情绪性表达，本身并未涉及任何事实性内容，这也是由表情包形式的根本特质所决定的——追求形容的机制化、内容的空洞化、意义潜力的丰富化，只有结合文字报道内容，表情包的“禽兽”指代才有最终的落脚点。因此，在整个新闻意义建构过程中，表情包起到互补的强化作用，突出文字报道中“禽兽”这一形容性评论并形成对应关系。表情包的使用不仅使得文字报道的表意性更强，也渗入文字内容的意识形态，从而填充了自己，使得表情包在一级符号意义的基础上带上了社会共识的特点，实现了二级符号意义的再建构，在特定的语境下有了自己的实际性意义指向，完成了神话建构的过程。同时，这一建构过程亦是自然化的、“水到渠成”的。

四、讨论

表情包新闻神话的本质是新闻生产方式的又一次更新。而神话作为一种扭曲的符号，使意识形态的能指忘记了自身与世界之间的非本质的偶然的关系，反而错误地认为自身和所表征的东西之间存在着某种有机的必然的联系，它试图使语言和存在合二为一，使意义充满自然存在的感性实证，让神话的读者神奇地直接获得概念或所指，让人们相信它是“自然的”或“透明的”。作为新的新闻配图形式，表情包从人际交流的私语空间走出，迈入大众传播的文化场域中，将自身嵌入不同的新闻语境之下，使自身的意义语境化、自然化，从而服务并辅佐报道意义的输出及渗透。表情包不再只是“吐槽”的象征，在强化报道的媒体对事件观点评价的同时，也拉近了媒体与受众的距离，使他们站到了一起。媒体同时扮演着报道者和评述者的角色。文字报道锁定表情包在相应场景中的解释意义，受众在无形之中接受了媒体的观点和态度倾向，神话的作用也因此得以实现。

研究的局限性主要有二：其一，研究所举的微博新闻神话案例的文字内容已经带有主观性特征，表情包的情感倾向的强化和互补作用体现得不太明显；其二，神话的重要特征——保存的持久性、使用过程中的一致性特点的论证更要求研究以选取多个样本进行量化层面的分析为最佳分析，而在本研究中，限于篇幅的要求和操作难度没有进行深入讨论，是为研究的遗憾。

参考文献：

［1］［法］罗兰·巴尔特．符号学原理［M］．李幼蒸，译．北京：中国人民大学出版社，2008.

［2］［法］罗兰·巴尔特．神话——大众文化诠释［M］．上海：上海人民出版社，1999.

［3］李彬．传播与符号：罗兰·巴尔特思想述略［J］．国际新闻界，2000（3）：59-64.

［4］梅园．“神话”与“书写”：罗兰·巴特后结构主义思想探源［J］．解放军外国语学院学报，2005，28（4）：88-92.

［5］黄晞耘．罗兰·巴特思想的转捩点［J］．世界哲学，2004（1）．

［6］叶舒宪．神话——原型批评［M］．西安：陕西师范大学出版总社，2011.

［7］骆毅．解读新闻报道的神话性［J］．新闻爱好者月刊，2009（12）：18-19.

［8］刘晗，张梅兰．媒介仪式：历史情境中的神话书写——解放后至“文革”期间《人民日报》重大历史事件报道解读［J］．当代传播，2011（1）：61-62.

［9］何兆熊．话语分析综述［J］．上海外国语大学学报，1983（4）：7-12.

［10］朱永生．多模态话语分析的理论基础与研究方法［J］．外语学刊，2007（3）：82-86.

［11］张德禄，王璐．多模态话语模态的协同及在外语教学中的体现［J］．外语学刊，2010（2）：97-102.

［12］张德禄．多模态话语分析综合理论框架探索［J］．中国外语，2009，1（6）：24-30.

［13］李战子，陆丹云．多模态符号学：理论基础、研究途径与发展前景［J］．外语研究，2012（2）：1-8.

［14］徐思．《新闻联播》“神话”的建构与解构［D］．长春：吉林大学，2011.

［15］黄顺铭，陆勇．救赎神话 身体政治——对一幅普利策新闻奖照片的评析［J］．新闻爱好者，2005（7）：36-37.

“从庙堂到江湖”：新媒体语境下政治传播新探

——以“外交部天团”微博走红为例

李静贤

摘　要： 新媒体语境下，社会生活的方方面面都发生了深刻的变化，政治生活也不例外。经由网络社交化媒体的作用，政治传播的内涵、外延、传播方式等得到扩展。媒介与政治的互动不断提升，公民政治参与的方式也更加多样。个性化、多元化、娱乐化、符号化的政治传播成为趋势。本文以中菲南海仲裁案期间外交部发言人的走红为例，采用个案分析把握当今政治传播的背景环境，总结新时代下政治传播的特点，试图探析党和政府运用新媒体的话语转变策略和方法，并以批判视角对政治人物的网络传播和政治娱乐化现象进行反思。

关键词： 新媒体；政治传播；外交部天团；表情包

一、引言

2016 年 7 月，中菲南海问题形势严峻，得到国人的广泛关注。网络上出现了大量新闻和网民的讨论。在这一过程中，其中一个团体强势走红并吸引了大批粉丝和崇拜者，而这个被称作“中国第一天团”的组合是中国外交部。他们的外交辞令既有礼有节，又据理力争坚决维护国家主权，得到广大网民的支持与赞赏。一时间，几位发言人的形象被制成表情包流传于网络，微博上“外交部四宝”的话题被广泛引用并达到了 230 万的阅读量（图 1）。

作者简介： 李静贤，安徽大学新闻传播学院硕士研究生。

政治人物的公共形象是民主社会重要的符号语言，也是政治传播的重要内容。在南海问题这样一个关乎国家利益的政治事件中，民众的政治热情被激发出来，投射到外交部发言人以个体或团体为代表的政治人物身上；反过来，政治人物自身的走红和传播，能够使其代表的政治理念得到更多人的接受和认可。新媒体时代，政治人物符号化适应新生代文化的特点，这种政治传播方式也在互联网发达的传播环境中显示出强大的影响力。相较于传统媒体时代，它在传播结构、言语范式和修辞策略上都呈现出全新的面貌。

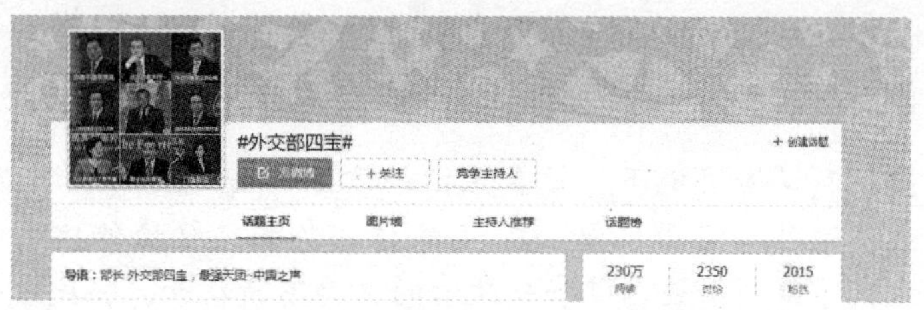

图1　微博上的“外交部四宝”话题

二、时移世易：政治传播进入新媒体时代

政治传播是政治信息的流动过程。因此，政治传播的内容可以笼统称为政治信息。其内容主要是“观念形态”和“潜在形态”的政治信息。①当今政治传播的内容通常是政治价值、政治理念、政治观点等意识形态领域，以达到民众对国家和民族更加认同的效果。

布赖恩·麦克奈尔说，媒体和政治组织、公民一样，都是政治行为者和参与主体。新媒体也不例外。随着中国社会进入新媒体主导的网络化时代，中国社会的方方面面无不透露出新媒体的印记。在媒体变革的语境下，传统的政治信息和传播范式已不能满足在互联网环境下成长起来的新生代社会群体，政治传播在日新月异的新媒体时代也进行着新的尝试。

传统媒体时代，国家掌握着话语的主导权，具有掌控信息的绝对权威，政治传播即等于政治信息的发布和政治理念的灌输。而新媒体时代，网络节点的交错使得信息流通性大大增强，官方不再是唯一的权威。公众

① 荆学民．关于政治传播内容的理论思考［J］．南京社会科学，2016（3）：110.

对政治信息的获取、解读也不再局限于亲眼所见。加之社会多元价值的并存和国民文化水平的提升，传统的灌输式教育已不能得到新一代民众的认可。

根据劝服理论，提供多方面信息，由民众自己发掘、判断事实比简单告知更容易让人信服。政治宣传也逐渐由强硬转变为软化，由宏大扩展到细微，由严肃发展为亲切。

（一）新媒体带来新的政治场域

互联网作为新兴的大众传播媒介，它的兴起为政治传播提供了新的交流平台和多元化的言说空间。[①] 传统的自上而下的政治模式被打破，新媒体为民众的政治参与提供了新的渠道。在技术支撑下，公众足不出户、动动手指就可以进行政治参与，通过网上爆料或发帖、评论等形式，民主监督权、言论自由权等权利在网络空间得到放大。被传统媒体的强势传播隐匿的受众身份在新时代得到凸显并消解着传统媒体的权威性，每个网民都可以进行信息的生产和传播。近年来，如“表叔”杨达才落马事件、网络舆论逼迫官员认错的“华南虎事件”、备受关注的“我爸是李刚事件”“郭美美事件”“青岛天价虾事件”等，以网民身份存在的公民都发挥了一定的推动作用。在网络这样一个开放的场域，政治生活变得越来越宽泛且日常化。

（二）新媒体带来新的政治参与主体

2008 年《中国互联网舆情分析报告》提出了“新意见阶层”这个概念，用以描述关注新闻时事、在网上表达意见的网民。近年来，这一新意见阶层凭借“所有人对所有人的传播”优势，对中国社会发展中的种种问题畅所欲言，能在极短时间内凝聚共识，发酵情感，诱发行动，影响社会，人们正在经历一个“‘大众 Mass’媒体到‘乱众 Mess’媒体转化的过程”。[②] 互联网降低了政治参与的门槛，提升了个体的政治效能，促进了网民参与社会抗争的积极性，由此也形塑出纷繁多元的参与主体。在包罗万象的网络时空，人人隐匿在计算机屏幕之后，知识分子、官员、农民等阶层壁垒一定程度上被打破，谁也不知道网络发言者虚拟身份背后的真实存

---

① 班允凤．论互联网时代政治传播的个性化与多元化［J］．淮海工学院学报，2008（6）：107.

② 胡泳．众声喧哗——网络时代的个人表达与公共讨论［M］．桂林：广西师范大学出版社，2008：121.

在图景。各种利益群体在网络上崛起并集结，显示出前所未有的影响力。近年来各地此起彼伏的“PX 事件”便是其中的一个缩影，作为市民的网络主体对于政府的项目和企业的工程不满意，于是在网络上进行抗议和集结，由此将事件的覆盖范围扩大，再延伸到线下的实际行动，“PX 事件”在网络上受到广泛关注和评论，对政府部门形成舆论压力。

三、走下神坛：政治传播的形象化转移

新媒体环境下，仅靠国家的宏大叙事不再能满足错综复杂的网络社会网民的个性化需求。形象政治越发成为政治活动的一个关键要素，国家形象、政府形象、领导人形象，从未像今天一样引起世界各国的广泛关注。从英国国王的穿衣搭配到习近平与彭丽媛夫妇二人的卡通形象，正式人物在重大的日常活动中被琐碎的细节形象化了。在 2016 年 7 月的南海问题中，网络广泛流传的“外交部天团”及由此出现的表情包就是政治被形象化的结果。具体的政治人物得到的网络认同，背后体现出网民的政治态度和政治热情。同时，政治人物的“吸粉”，也使得严肃的政治理念通过个体形象的“打包传播”，在无关痛痒的轻松语境下向更多人传递。

（一）个性化与多元化传播

中国传统的政治话语中，“人”总是作为国家形象的代表而出现，显得严肃而神秘。从国家主席到各级官员，民众透过媒介看到的更多的是他们作为政治符号的身影，而对他们的个人生活和品质不甚了解。传统的媒体也只是对他们的政治活动进行报道，塑造出伟大、超凡的媒介形象。在这样的传播语境下，形成了官方领导人居于“庙堂之高”的神圣感，与民间公众生活的现实场域产生脱离。

近年来，国家领导人有意识地将个人特质展现于媒体前，以更贴近普通人心理距离的方式拉进与群众的感情。2008 年 6 月 20 日，胡锦涛主席通过人民网，实现中国最高领导人首次同网民的在线交流。2009 年 2 月，温家宝总理在中国政府网同网民在线交流……利用网络这样一种共同参与和发声的“平民化”媒体进行真实可见的直接交流。中共十八大之后，中国官方媒体还“破天荒”地发布特稿专门介绍七个常委个人的故事，在严肃的政治画框下揭露出每个人不同的个性色彩。这说明政治传播越来越关注传播中的“个性化”转向。因为对于普通公众来说，对政治的认知，常

常不是对政府当局整体的认知，而是习惯于通过对政府领导人的认识来了解他所在的政治体系，形成对该政治集体的某种印象。①

在南海外交事件中，部长王毅被网民冠之以"天团队长""新晋国民男神"的名号。这几年，王毅在全国"两会"外长记者会上对各国记者犀利提问的回答都备受关注，最让人印象深刻的是，在中国加拿大外长年度会晤后的记者会上霸气的回复以及一记白眼的动作，网民将他的这一行为做成动图配以不同的文字在网络上频频转发。

洪磊，被网民称为"声音担当"。他的声音浑厚响亮，但说话不紧不慢，有条有理，许多小女生网友都称他为"温润的先生"。

华春莹，作为目前唯一的女发言人，被网民封为"门面担当"。她形象温婉，常面带笑容，说话也十分温柔。

陆慷，以其不留情面的大胆言辞得到网民的喜爱，在回答一些暗含他意的问题时，常常以直白的回答给对方当头一棒，被网民称为"耿直boy"。

外交部这四位发言人，同是作为国家代表对外发声，拥有共同的政治理念和政治目标，但每个人又有其鲜明的个性特色和辞令风格。网民在看到他们作为国家代表这一个层面的形象之外，同时也注意到了他们作为独立个体存在的形象，并据此进行表情包创作并赋予符号化称谓。这种个性化把他们作为普通人的一面体现出来，使得他们肩负的政治色彩更加温和、更加真实、更加深入人心。

（二）宣传到传播：身份转换与方式变革

从"宣传"到"传播"，不仅仅是话语的转换问题，而且具有"词语置换"的语境意义②，它从一个层面和角度折射出当代中国政治的变迁和时代进步。

"外交部四宝"首先是在微博上火起来的一个话题。7月15日，本地资讯类博主"佳木斯那些事"作为主持人创建了这一话题（图2），之后迅速吸引2000多名粉丝参与讨论，并得到230万次的阅读量。除此之外，网民纷纷在微博平台转发动图和表情包，作为互联网节点主体进行着二次传播。对于政府形象的建立来说，这是一次网民对其进行的"他塑"活动。

① 荆学民，苏颖．"中国第一夫人"的美丽力量［J］．人民论坛，2013（4）：37.

② 荆学民，苏颖．中国政治传播研究的学术路径与现实维度［J］．中国社会科学，2014（2）：89.

图2　“佳木斯那些事”创建的“外交部四宝”话题

随后，官方媒体“中国之声”于7月20日原创了一条名为“最近开始追一个天团，他们是……”的微信发布在自己的公众号平台上。7月21日，这条微信被“国字号媒体大佬”《人民日报》微信公众号转发，阅读量超100000次，进一步扩大了传播效应。至此，“外交部天团”从网民自发追捧到国家层面的媒体关照和第二次“自塑”形象，形成了持续的传播链条。

官方媒体对这一事件的跟进，是政府层面的态度传递，也是内在政治价值的一个传导。《中国之声》和《人民日报》的微信内容里，除了微博上流行的表情包、网民的评论，更主要的是对各位发言人的事迹进行介绍（表1）。

表1　各发言人的话语标题

人物	话语标题
王毅	不是我们的，一分不要；该是我们的，寸土必保 对于这种所谓的仲裁，中方恕不奉陪 现在大家都在谈论“军事化”，但是我想“军事化”这顶帽子扣不到中国头上，有更合适的国家可以戴 这场闹剧已经结束，是回到正确轨道的时候了

（续表）

人物	话语标题
洪磊	只能是幻想！ 好像他在所谓裁决出台前已知道裁决怎么写，这就奇怪了
华春莹	世上本无事，庸人自扰之 醉翁之意不在酒
陆慷	我有四个字送给澳大利亚方面——殷鉴不远 美方有什么资格在南海问题上对别人说三道四？

上述话语是每位发言人在面对一些外交问题时的精彩回应，一定程度上表现出了个人的言语特色。更重要的是，官方媒体在这里的引用和重申实际上是一种强调的作用。发言人的话语背后是国家话语形态的隐喻，通过网络人气高涨的外交代表向网民传递政治价值和政治理念。这种政治传播方式，化显性宣传为隐性传播，更关注受众，侧重间接，强调渗透。同时，这种形式弱化严肃的政治性，摒弃了官话、套话，加入网络流行元素使传播效果得到提升。

（三）见微知著：微小叙事取代宏达铺陈

2010 年，英国首相卡梅伦首次访华，英国驻华大使馆用微博进行了实时直播，预告性消息不再打官腔，一些卡梅伦抵华后吃汉堡赶场之类的花絮更令粉丝追捧。短短几天，英国驻华使馆的微博粉丝从 8000 多飙升至 3 万多。[①] 新媒体语境下的叙事呈现出碎片化的特点。随着现代社会时间的被切割，快餐文化盛行，读图时代来临。相比于宏大严肃的话题，人们更关注那些具体而微小的轻松议题。即使是严肃的话题，在后现代主义浪潮的影响下，网民们往往也进行意义的解构与重建。在习近平与夫人彭丽媛共同参与的多次政治活动中，细心的网友捕捉到，主席会帮夫人拎包，主席的领带与夫人的服装是情侣色系，二人在重大的外交场合也会进行细微的眼神交流。于是网友纷纷感叹："爱妻主席萌萌哒。"如此一来，严肃的政治活动与人物表征被细节化处理，再经过热心网友的想象与自我创作，习近平主席的个人形象在与夫人的家庭关系里变得更加丰富真实了。

外交部部长王毅的"王之蔑视"便是这样一个细节。在新闻发布会

① 褚丽琴．我国国家领导人新媒体媒介形象传播研究——以人民网历年"两会"温家宝总理记者招待会为例［D］．苏州：苏州大学，2012.

上，发言人的话语通常是核心所在，但其面部表情和肢体语言同样传达着信息。网民捕捉到王毅部长在中国加拿大外长年度会晤后的记者会上那帅气的一记白眼，透露出部长内心的情感态度。网民看到外交部发言人和普通人一样的情绪表现，会拉进心理距离，通过自身感情认同的投射，得到心理共鸣。

四、批判意识：政治传播网络化的隐忧

荆学民曾总结，在现代政治传播中，政治不仅仅是冷冰冰、硬邦邦的政策、外交或军事，也包括政治人物以及相关人物形象的塑造和传播。“外交部天团”在网络的走红也正体现出政治传播的个性化趋势。潘祥辉指出，去科层化的互联网重构了政治科层体系中的信息沟通，减少了传播的层级，去科层化的互联网也重构了政治体系内的权力关系，中央政府、地方政府与民意间的博弈格局发生一定变化。[①] 这种网络化传播一定程度上打破了传播壁垒，使政治信息的传播更加便利。同时，解构性、创造性的网络参与也使得网民能够对信息进行再加工和二次传播，扩大传播范围。这样也就会出现娱乐化传播和恶意传播的情况。

（一）乌合之众的无意识跟从

当政治传播呈现出网络化特征时，政治内容的政治化被削减了，网民在参与中更多是一种娱乐性的消遣。明显的个人主义书写倾向，使得个人表达可能不能有效地转化为社会公共表达，也不能在具体的情境中顺利实现身份的合理转移。[②] “外交部天团”在网络走红后，网民们投入这场狂欢，多数只是出于集体心理无意识的跟从，正如古斯塔夫·勒庞所说的，“有意识人格的消失，无意识人格的得势，思想和感情因暗示和相互传染作用而转向一个共同的方向，以及立刻把暗示的观念转化为行动的倾向，是组成群体的个人所表现出来的主要特点。他不再是他自己，他变成了一个不再受自己意志支配的玩偶”。表现在此次外交部发言人事件中，网民的参与更多是对相同内容的复制与转发，或单纯地用表情包进行娱乐，缺

① 潘祥辉．去科层化：互联网在中国政治传播中的功能再考察［J］．浙江社会科学，2011（1）：36.

② 谢进川．关于微博政治传播的几个问题分析［J］．中国青年研究，2012（9）：36.

乏自我思想观念的表达，难以看到背后政治思想在网民的态度价值层面的影响（图3）。

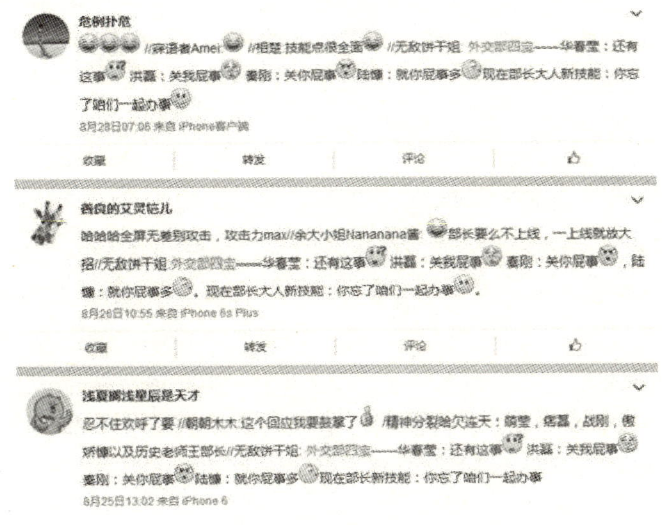

图3　网民参与的截图

（二）激发民粹化倾向产生

“当中国与外国发生外交冲突时，很多人倾向于把外国看成是有敌意和有威胁的。尤其在当下，外交冲突在媒体中似乎已成了中国民粹主义唯一的导火索。”① 根据吴江和兰颖调查的《中国公众的民粹化倾向调查报告》可以发现，调查中超过一半的民众认为“祖国受欺负时，觉得自己也受到了欺负”或“反抗外国侵略是中国人与生俱来的使命”。网络上经常出现的“是中国人就转”的言论便是民粹主义现象中强烈排斥心理的表现，这一点在中菲南海问题上也有所体现。南海仲裁案之后，菲律宾芒果干一下子成为网民们情绪发泄的实体对象，“抵制菲律宾芒果干”和“抵制美国肯德基”一样成了国人用来表达爱国热情的行动。网民们在宏观的政治外交事件下进行着自己可操控的参与，尤其是在网络上创作的各种段子：“#南海仲裁结果##菲律宾#一个靠佣人和香蕉、芒果干闻名世界的国家真不知道有什么好嘚瑟的，你要是想上天，中国爸爸分分钟送你和太阳

① 吴江，兰颖．中国公众的民粹化倾向调查报告［J］．人民论坛·学术前沿，2012（11）：88.

肩并肩［差劲］［差劲］［差劲］。”“海南的香蕉比菲律宾的好吃，广西的芒果干也是出了名的，所以菲律宾还有哪里能给我们稀罕的地方??”诸如此类的例子在网络上大量存在。该报告指出，当社会信任度较低时，爱国情绪更可能演变成民粹主义情绪。笔者认为，这种情绪在网络上更容易被晕染。因此，在发生冲突与矛盾时，我们应对网络舆论进行合理疏导，媒体要在民意顺应中保持客观的独立的立场，避免出现极端的民粹化现象。

（三）社会动荡因素增加

亨廷顿曾在《变革社会中的政治秩序》一书中提到过这样的一个公式：政治参与/制度化水平=政治动乱。[①] 当微博等新媒体赋予网民极大的权利将政治传播的参与程度提高时，如果关于政治传播的制度和规则水平没有发生相应的改变，就有可能意味着相对以前的情况来讲政治动乱的概率将增大。加之网络进入门槛较低、受众权利得到极大释放，受众容易产生强烈的自我存在感，言论的激烈碰撞时有发生。不同群体、不同地域、不同文化之间的冲突放置到网络环境得到扩散和放大，对国家共同体造成冲击和割裂。在一些突发事件中，各网络节点的网民不自觉地进行谣言的传播，使得真相被掩埋，容易造成集体的恐慌和社会混乱。

放置到国际环境中来看，网络环境的混杂使持不同政见者隐匿其中，伺机进行反政府言论的宣传。国家安全上升到了虚拟的网络空间，网络安全成为各国关注的重点。如近年来通过互联网爆发的“香港占中”“茉莉花运动”“埃及暴乱”等社会运动，都是不良分子在网络进行舆论动员，通过线上交流发动线下运动，对国家的安定团结也造成了严重的威胁。

五、结语

当今的社会资源中，网络影响力无疑也是其中重要的一项。不管是经济、文化还是政治，网络化表征越来越凸显。利用网络进行新形式的政治传播有利于扩大政治影响力，更有效地进行政治观念的传递，凝聚国家意识，增强国民凝聚力。但同时，网络文化天生带有娱乐和解构的特性，我们也要看到“网络小粉红”背后的娱乐化和激进化。同时，我们更要防止

---

① ［美］塞缪尔·亨廷顿．变化社会中的政治秩序［M］．王冠华，刘为，译．上海：上海世纪出版集团，2008：333.

网络成为不良分子破坏我国政治稳定性的工具。政治传播的网络化策略，应当怀有隐忧，进行批判性审视。媒体与政治的连生关系，在不同时代有不同表现形式，也面临着不同的威胁。在开放性接受新媒介的同时，也要在实践中总结现实经验，赋予政治传播安全的环境。

参考文献：

[1] 荆学民，邹迪. 2015 年中国政治传播研究盘点 [N]. 中国社会科学报，2016-01-06.

[2] 李成贤. "弱连接"发挥"强"作用——从"阿拉伯之春"看新媒体的政治传播能力 [J]. 新闻记者，2013 (3)：67-71.

[3] 彭楷涵，江明科. 简析新媒体环境下政治传播革新 [J]. 新闻传播，2011 (10)：135，137.

[4] 臧雷振. 变迁中的政治机会结构与政治参与——新媒体时代的国家治理回应 [D]. 北京：北京大学，2014.

[5] 王利. 网络媒体的政治传播价值分析 [J]. 理论研究，2010 (6)：39-40.

[6] 汤景泰. 网络社群的政治参与与集体行动——以 FB "表情包大战"为例 [J]. 新闻大学，2016 (3)：96-101.

[7] [法] 古斯塔夫·勒庞. 乌合之众 [M]. 冯克利，译. 北京：中央编译出版社，2005.

[8] 郎劲松，候月娟，唐冉. 新媒体语境下政治人物的公共形象塑造——解析十八大后领导人的媒介符号传播 [J]. 现代传播，2013 (5)：36-40.

[9] 宰政. 新媒体的政治传播功能分析 [J]. 传播与版权，2014 (2)：114.

超越冲突论：外媒报道的话语分析

——以奥运会霍顿和孙杨的冲突为例

彭志翔

摘　要：冷战后，二十多年的国际冲突似乎不断印证亨廷顿“文明冲突论”的现实性。一般而言，媒体对于国际热点事件的报道，依然是这种东西方冲突视角的延续。然而，通过对奥运会霍顿和孙杨冲突报道的梳理和分析，发现还是存在不少试图理解中国的西方媒体，它们对事件的呈现有助于西方社会了解一个真实的中国。在东西方文明冲突之外，存在某些为人类所共同遵守的伦理和共识。媒体作为社会公器要超越东西方二元对立思维，发挥整合社会的功能。

关键词：跨文化传播；文明冲突；西方媒体

一、研究背景

1993年美国《外交》季刊发表了亨廷顿的《文明的冲突》一文，他说道：“我认为新世界冲突的根源，将不再侧重意识形态或经济，而文化将是截然分隔人类和引起冲突的主要根源。”① 亨廷顿论点的本质是：冷战后，世界正进入一个新阶段，全球的主要冲突将在不同文明的国家和群体之间发生。亨廷顿提出，在第一次世界大战之前的数百年的时间中，世界的主导冲突是西方文明内部的民族国家冲突，而在20世纪，意识形态冲突成为主流。如今，一个多极的和多文明的环球政治的新世界体系在人类历史上第一次开始浮现，每一文明都有其成员国聚集在一个核心国家周围，

作者简介：彭志翔，安徽大学新闻传播学院硕士研究生。

① 汤一介．“全球伦理”与“文明冲突”［J］．北京行政学院学报，2003（1）．

起着独立的一极的作用。[①] 亨廷顿认为，中华文明和伊斯兰教文明将是西方文明的最危险挑战。

冷战后，尽管意识形态的差异逐渐被淡化，但是东西方的二元对立依然存在。其主要表现在东西方文明的“疏远、冷淡和高度敌对”[②]，尤其是随着中国的崛起，西方媒体对“3·14”西藏事件的歪曲、对2008年奥运火炬传递的妖魔化以及对“中国威胁论”的渲染，无不体现着这种对立。对外媒报道的研究也主要集中在分析西方报道的新闻框架以及其中隐藏的意识形态和文化冲突。在国际传播研究70年的历史中，其研究的目的是“国家如何使用媒介赢得世界战场”。[③] 当前的国际传播研究依然没有走出冲突论的影响。

在社交网络高度发达的今天，Facebook、Twitter实现了跨越国际的交往，但是我们依然可以发现存在着中国网民“出征Facebook”刷屏辱骂霍顿这样的行为。在微博、微信等阵地，国内媒体妖魔化外媒对这次冲突的报道，不断地突出外媒报道的偏见，营造了国外媒体借诋毁孙杨来反对中国的舆论氛围。社交媒体的发达并没有推动不同文明之间的交流，文明的冲突这一逐渐冷却的话题似乎又在不断得到印证。

因而，本文试图对外媒关于霍顿和孙杨冲突的报道的文本进行研究，分析其立场、倾向。揭示外媒的报道究竟是一边倒的冲突、偏见，还是存在着对矛盾的理解和对真相的探寻。

必须强调，本文无意否定媒介背后存在的复杂的政治、经济和意识形态力学关系，只是试图通过对本文的解析，寻求文本中西方媒体对冲突事件的理解和反思，从而超越文明冲突论中的中西方文明的二元对立。

二、事件回顾

8月7日，2016年里约奥运会游泳赛场400米自由泳金牌产生，中国运动员、上届奥运会冠军得主孙杨获得亚军，澳大利亚运动员霍顿以3分41秒55夺得金牌。霍顿在400米自由泳预赛后的采访中称孙杨是一个

---

① 王新生，石丹杰．超越文明的冲突——伊斯兰教辨析［J］．复旦大学学报（社会科学版），2001（6）．

② ［美］塞缪尔·亨廷顿．再论文明的冲突［J］．李俊清，编译．马克思主义与现实（双月刊），2003（1）．

③ Mody B. International Communication：Introduction. In W. B. Cudykunst & Mody，Handbook of International and Intercultural Communication（pp. 291-294）. 2002，Thousand Oaks，CA：Sage.

“drug cheats”（吃药的骗子），由此引发了霍顿和孙杨之间的矛盾。据英国《每日邮报》报道，霍顿称：“我只是在专心于我的事情，可是他偏要过来招惹我，然而我并没有理他，我不会尊重也没空儿和一个‘吃药的骗子’耽误时间。”在赢得了里约奥运会400米自由泳的比赛后，霍顿在采访中说：“我不知道这究竟算不算是一场真正的体育竞赛，尤其是比赛中有运动员曾经有禁药服用的历史。”

霍顿对孙杨的人身攻击在国内引发轩然大波，网民在社交平台表达自己的态度，声援孙杨。从8月7日到9月1日，在新浪微博检索关键字“霍顿”“孙杨”，相关微博数量就已经超越200万，8月9日事件发展推向高潮。不少网友研究了孙杨被称为“吃药的骗子”的始末，当得知孙杨服药事件只是一个误会，他只是服药来治疗心脏疾病且已经得到国际反兴奋剂组织认可之后，中国网民开始了对霍顿的报复行动，从8月8日开始，霍顿的Twitter、Instagram被愤怒的中国网民占领，多数评论指责他虽然赢了比赛但输了人品。很多英语留言谴责他不尊重对手，要求他向孙杨道歉。也有部分网友用中文辱骂霍顿，同时还有一部分人呼吁中国网友不要骂人，要讲道理，不能让外国人觉得中国人输不起。

与此同时，中国媒体开始了捍卫孙杨的集体发声，解释孙杨误服禁药始末，分析霍顿攻击孙杨的原因，挖掘澳大利亚游泳队的黑历史以及揭露外媒报道的不公正。在微博中，以《央视新闻》《人民日报》《环球时报》《人民网》为代表的媒体微博认证号，成为主要的舆论引导者，网民发言主要以转发媒体微博为主。（图1）

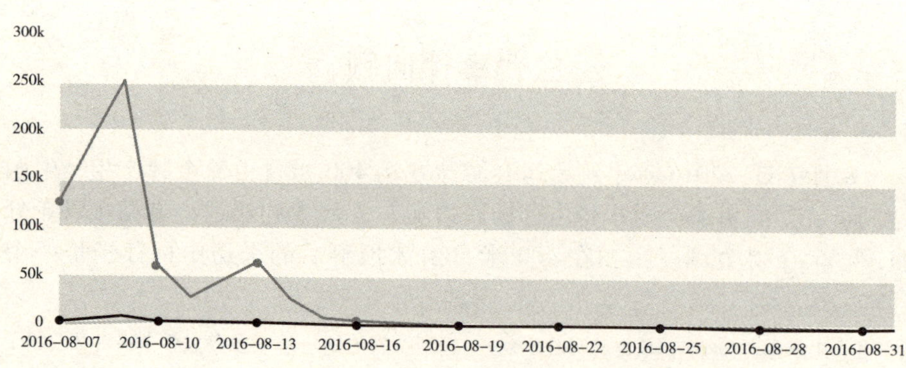

图1　事件发展趋势（来自新浪微舆情分析报告）

中国网民对霍顿社交账号的围攻，引起了西方社会的震惊。霍顿和孙杨的矛盾成为里约奥运会赛场外外媒关注的焦点。不管是涉事方澳大利亚，还是其他西方媒体，对孙杨服药历史、中国网民的行为都给予了较大篇幅的报道。其中不乏对孙杨的偏见和抹黑，对中国人的敌意。这正是中国媒体指责和诟病的主要方面，也是点燃中国网民情绪的主要原因。但是其中也有不少报道对事件有较为全面、客观的解读。

三、外媒报道的话语分析

媒介报道建构了一个不同于真实自然环境的媒介环境，报道是一种主观建构。这是新闻报道作为话语分析的逻辑起点。福柯认为世界并非简单的“存在”，而是通过话语的表述才能够存在。话语是由系统组织起来的、反映某一社会集团的意义和价值观的话语。[①] 话语连接着所有人，建构了一套复杂的符号和实践体系。[②] 本文是把新闻报道作为一种特定的话语实践活动来进行讨论，分析其社会性、机构性，从而揭示了掌握话语权的特定集团是如何通过新闻话语，或直接或间接地体现本集团的立场。

由于本文进行的是微观的语篇研究，希望通过分析特定的语篇，探讨媒体框架的选择及其主要倾向和立场，因此未选择大样本量的量化分析，而是从《时代周刊》《澳大利亚人报》以及新媒体平台 BuzzFeed News 上选择了有关此事的报道，共 3 篇。《澳大利亚人报》作为当事一方国家具有全国影响力的重要纸媒，观点、立场能够代表澳大利亚的社会主流意见；《时代周刊》是具有国际影响力的新闻周刊，且作为中立方；BuzzFeed News 作为美国最流行的新媒体平台，受众超过 8000 万，在青年人中有强大影响力。这是选择上述三家媒体报道作为分析文本的理由。

（一）BuzzFeed News 的报道分析

这就是为什么中国青年如此捍卫他们的奥运冠军孙杨[③]

“孙杨是中国人民的奥运冠军，他一直是我们的骄傲。”

自从澳大利亚游泳运动员 Horton 在奥运第一天称他是“骗子”，中国游泳选手孙杨一直是批评和争议的话题。

---

① Fucault, M. (1971) Order of Diseourse, Social Science Inofrnlation 102: 7-30.

② Ashcroft B, Griffiths Gareth, Tiffin H. Key Concepts in Post-Colonial Studies. Routledge: London and New York, 1999: 73.

③ 原文来源于：https：//www. buzzfeed. com/bradesposito/sun-yang-iii? utm_ term =. jsWAm D3WX#. fjK536N1W。文章翻译为笔者原创，括号内的英文由笔者因分析需要添加。

这指的是2014年孙杨没有通过兴奋剂检测。Horton的言论作为催化剂，在男子400米自由泳决赛前后引起了关于运动中药物使用的广泛讨论，所有的运动员都应该参加药检。

法国选手Camille Lacourt在星期二抨击孙杨说，200米自由泳冠军的“尿是紫色的”。他加入了越来越多不满的奥运选手名单，其中包括美国游泳运动员科迪米勒和21金得主菲尔普斯，他们质疑里约奥运会的兴奋剂检测程序。

“我认为在体育界这是令人伤心的，今天我们有检测呈阳性的人不仅一次而是两次，还是有机会参赛。”菲尔普斯说。

面对所有的一切，孙杨巨大的中国“粉丝团”（他拥有2400万微博粉丝）在社交媒体上辱骂Horton和Lacourt。

恶意破坏非常强烈，Horton被迫锁定了Instagram账户，删除评论，停止进一步的跟帖。

BuzzFeed新闻和中国游泳爱好者对话，问他们为什么孙杨对他们如此重要，为什么这么激烈地为他辩护。

“自2012年以来，他是一个巨大的象征在中国，”一个住在英格兰曼彻斯特的中国人，Simon Chen说，“他是我们的一个主要的希望，所以我们对外国媒体的说法很敏感。”

Chen说，孙杨被西方媒体过度批评了，就像阿根廷足球运动员梅西一样。孙杨2014年药检阳性，“也是因他的健康问题而服药”，Chen说。

Zhu Yue是成千上万的使用Twitter攻击Horton和Lacourt的人们中的一位。她说她“对Horton很气恼”，因为他缺乏尊重。

“孙杨是中国人民的奥运冠军，他一直是我们的骄傲。”

Zhu Yue像Chen一样，相信媒体对孙杨在里约奥运会上的报道是不公平的。她说，没有理由把重点放在对孙杨的阳性药物检测上：“如果这是借口，那么为什么孙杨只停赛三个月？”

“当我一再告诉人们真相的时候，很多人都对孙杨有偏见。他们不相信。我也没有办法证明孙杨不是一个作弊者，但中国人总是为孙杨而自豪，并且相信他。”

Supgirlll10.7（网名，笔者注）用Instagram刷爆Horton和Lacourt的账户。她保护孙杨不仅仅是因为奥运会。

“你不认为澳大利亚的媒体看不起我们吗？”她问道。“种族主义者，你们不喜欢亚洲人，我们都知道。”

Supgirlll10.7说，在中国没有人相信孙杨是一个嗑药的骗子，Horton

的骄傲自大表现出缺乏尊重。其中澳大利亚游泳队不会就 Horton 的言论道歉的声明，也激怒了她。

“澳大利亚官员不道歉，”她说，“他们不承认……这是一种侮辱。Horton 骗了所有人。孙杨是一个英雄，他为中国赢得荣耀，所以我们都信任他。”

孙杨和 Horton 将在周六 1500 米男子自由泳比赛中再次相遇。孙杨是当前世界纪录保持者。在这次事件中，他称自己为“1500 米之王”。

1. 词语的筛选与隐含意义

梵·迪克在媒介文本的微观结构分析中，是以段为单位抽取初级宏观命题为起点。黄敏以命题为出发点，进行命题之词汇层面的微观分析。[①]在 BuzzFeed News 对“霍顿辱骂孙杨事件”的报道中，通过词汇的选择来表达对该事件的态度，是一种主要的策略。

在这篇报道的引语中，使用了“一直”（always）这个词汇，暗示中国人对孙杨有一种盲目的信任，因而对孙杨的支持不是根据事实，而是出于一种情感上的行为。文章中使用了“恶意破坏”（trolling）、“辱骂”（abuse）等词汇来描述中国网民在霍顿社交媒体上的行为，强调了中国网民行为与暴徒无异，有刻意丑化中国网民之嫌，忽略了多数网民理性地要求霍顿道歉、提出意见的内容。

这篇报道前半部分，引用外国运动员的话，用了霍顿称孙杨为“骗子”（Cheat），法国运动员称孙杨的尿是“紫色”（purple）的，菲尔普斯对孙杨参赛表示令人“伤心”（sad）。作者通过选择呈现这些运动员的讲话和用词，营造了奥运会运动员对孙杨不友善的态度。

但是，依然可以看到，在文章的后半部分引述了记者采访当事另一方，中国网民的观点。呈现的词语诸如“偏见”（prejudice）、“种族主义”（racist）、“家伙”（guys）、“傲慢自大”（cockiness）等，这些“直接命题”都直观地表达了中国人对事件的愤慨，用以解释为何网民如此捍卫孙杨，在一定程度上有助于不同文明背景的外国人理解中国人的行为。

2. 文本的结构安排

词汇的选择与其所处的语境密不可分。新闻报道中，无论是生产者还是受众，都是建立在一定的框架上完成对新闻的制作和接受。这种建立在共同框架之上的理解，是通过文字中隐含的模糊意义来完成的。而通过文

① 黄敏．“新闻作为话语”——新闻报道话语分析的一个实例［J］．新闻大学，2004（1）：27.

本的结构安排来达到隐藏意义的目的，也是一种重要方式。因而梵·迪克对新闻文本进行了微观的命题实现之句法层面的分析。

在这篇 BuzzFeed News 的报道中，文章开头导语即引述中国网民的原话“孙杨是中国人民的冠军，他一直是我们的骄傲”，直观地表达了在霍顿和孙杨之间冲突中中国人民的立场。也是这句话，奠定了全文试图理解中国网民行为、解释东西方对于该事件巨大反差的原因。而后，通过列举西方运动员对孙杨的看法，认为孙杨是吃兴奋剂的“骗子”，不应该出现在奥运赛场，代表西方的主要立场。之后，通过描述中国网民对霍顿等社交媒体的围攻，表达了中国对此事的态度。这里有意无意地营造了东西方的冲突和对立。

随后，通过采访中国网民，直接引述中国网民的话，用以解释这场社交媒体破坏行动。其中包含了对孙杨因病误服禁药的解释以及造成这种东西方冲突的原因的解释。这种文本结构的安排，让读者充分理解双方的观点，西方运动员抵制孙杨源于其服用禁药的历史；而中国人民捍卫孙杨则源于兴奋剂是误服，且认为霍顿的言语带有侮辱性质。作为一篇解释说明的文章，读者会认为这场冲突是由于双方沟通不到位、各自理解不同而造成的。但是其中对于中国网民在社交网络上行为的丑化，依然会影响受众对中国人的看法。尤其是，西方媒体在长期的实践中，建立起来的话语系统对受众不断地进行灌输，使其形成对东方，特别是中国的一种负面的惯性认知。受众正是在长期冷战思维的影响下，形成了一种妖魔化中国的认知框架。所以，这篇报道尽管标题是理解中国的行为，但是最终带来了妖魔化中国的结果。

（二）《时代周刊》的报道分析

称中国游泳运动员孙杨是一个吃药的骗子真的公平吗？①

他曾经服用了一种不再被认为是兴奋剂的心脏药物。

这是口误吗？澳大利亚第七频道评论员 Amanda Abate 声称，奥运游泳金牌得主孙杨为“一个中国的骗子”而不是“明星”。

“我完全不是这个意思，看看别人们，这只是一个说话的亮点。”Abate 辩解道。

可以肯定的，当澳大利亚金牌得主霍顿反复抨击他是“嗑药的骗子”，

① 文章来源于：http://time.com/4446058/rio-2016-swimming-sun-yang-drug-cheat-china/?xid=tcoshare。文章翻译为笔者原创，括号内的英文由笔者因分析需要添加。

孙杨已经受到越来越多的批评。然后，法国游泳选手 Camille Lacourt 说，200 米自由泳冠军的“尿是紫色的”，其中提到了之前未通过的药物检测。“当我看到 200 米的领奖台上，我感到恶心。”Lacourt 说。

可以肯定，孙杨确实因一个被禁止的物质——曲美他嗪，在 2014 年被禁赛，但是只有三个月。它是用于治疗心脏疾病——心绞痛。当孙杨服用的时候，它刚在世界反兴奋剂机构的名单不到五个月，而今天它不再被兴奋剂机构视为兴奋剂。

孙杨的心脏病史也有据可查，曾迫使他从 2015 年的世锦赛 1500 米自由泳决赛中退赛。

由于这些原因，孙杨的团队一直坚定地捍卫他们的冠军。“我们意识到澳大利亚游泳运动员霍顿的尖锐批评和对孙杨的个人攻击。我们认为他不合适的话破坏了中澳的体育关系，并且损害了澳大利亚运动员的形象。”中国游泳协会的一份声明中写道：“这些评论缺乏礼仪，我们强烈要求霍顿道歉。”

中国游泳队领队许琦甚至质疑霍顿的教养。“我们认为他不合适的话极大地伤害了中国和澳大利亚的游泳者之间的感情，”他说，“这是缺乏礼貌和教养的证据。”

据报道，霍顿承认，用“嗑药的骗子”嘲讽对手是一种心理战术。

孙杨是中国第一个赢得奥运会金牌的游泳运动员，他在 24 岁就在祖国受到热烈的欢迎，在微博上，他有 2900 万追随者——超过澳大利亚的总人口。

一些追随者甚至恶意称呼霍顿像“蛇”，“丑陋”等一些其他的污言秽语频频出现。

“一个真正的勇士敢于面对恶意诽谤，”一个用户在微博上发布，“孙杨，你已经完美地向世界展示了中国的美德。散布谣言没有分散你的注意力，你是中国的骄傲，为世界树立了一个榜样。”

在 2012 年伦敦奥运会 400 米自由泳和 1500 米的自由泳上，孙杨赢得了两枚金牌，分别刷新了奥运和世界纪录。

他对争议也不陌生。2014 年，他无证驾驶撞到一辆公共汽车，并在监狱中度过一周。他的理由不完全是无懈可击：“因为我一直专注于训练和比赛，我对法律知识认识模糊，这导致了我的错误。”他说。

1. 词语的筛选与隐含意义

与 BuzzFeed News 的报道一样，《时代周刊》对该事件的报道，也是通过词汇的选择来建构报道者甚至媒介本身对于该事件的态度。文章标题中用了“真的”（really）一词，其中隐含了一个不证自明的逻辑前提，即作者认为，称呼孙杨为骗子是不公平的。之后，对澳大利亚评论员的说法，作者使用了反问句式“这是口误吗?”(A slip of the tongue?)对霍顿的言行,用了“反复抨击”(repeatedly slammed)。这些词汇突出了当事一方,澳大利亚言语的攻击性。相反,对于孙杨服用的药物不是兴奋剂,则用了“不到”(less than)、“不再”(no longer)、“有据可查”(well documented)等词汇来体现孙杨的无辜;对中国官方和民间的反应则用了“坚定地捍卫”(steadfast in defending)来表现中国人对此事的态度。

从该文章的词语筛选和组合,我们可以看出作者的态度是事件的扩大以及中国人的激烈反应源于以霍顿为代表的西方社会对孙杨不公平的攻击。因此,作为中立方的美国《时代周刊》关于霍顿讽刺孙杨一事的报道框架所呈现的基本意义层面可以归纳为:孙杨是误服禁药,霍顿对孙杨的攻击是不公平的。因而中国官方和网民的激烈反应是可以被理解的,中方在此事件中处于弱势地位,西方世界应当对中国给予更多理解。

2. 文本的结构安排

《时代周刊》的这篇报道,是一篇有较强倾向性的深度报道。从标题开始即表明了作者的观点态度,在引语中直接切中本次事件的关键点,对孙杨是否是误服禁药下了定论,奠定了全文理解中国立场的基调。之后,作者通过呈现以霍顿为代表的运动员对孙杨的攻击,暗示这些过分的批评是矛盾和冲突的根源。报道对孙杨之前的禁药争议做了深度解读,得出孙杨是因心脏疾病误服禁药,因而这也引出了之后中国官方和网民的激烈反应。并且作者引述了中国官方和中国网民的话,在作为一种解释的同时,也为世界了解中国的态度提供了契机。这样一种文本结构的安排,使读者产生一种印象——孙杨遭到西方世界的刻意抹黑,中国官方的抗议和网民的激烈反应,都是由霍顿等对孙杨不公平的语言攻击而造成。

(三)《澳大利亚人报》的报道分析

里约奥运会:为什么马克·霍顿的“骗子”说法,对于中国选手是不公平的[①]

如果顺着马克·霍顿的思路进行下去,体育界会看到,他同孙杨逐渐升级的恶意口角,将演变成一部水上哑剧:邪恶对正义;一个中国嗑药骗子对决教他公平竞争的澳大利亚小子。

---

① 文章来源:http://www.theaustralian.com.au/sport/rio-olympics/rio-olympics-why-mack-hortons-cheat-call-is-not-fair-on-chinese-rival/news-story/61dcdcd74b3d04c320b259abfbf14de4&memtype=anonymous。翻译为笔者原创,括号内英文由笔者因分析需要添加。

"我代表着比赛中所有那些干净的人，而孙杨则代表着比赛中所有那些吃药的人。"这个概念，对于像霍顿这样的竞技者来说就像猫闻到了腥味一样敏感，特别是在难熬的30圈（1500米自由泳）的最后冲刺阶段，他已精疲力尽的时候，这个念头在他的头脑里，恐怕挥之不去。

对于像孙杨这样的竞争对手，这也可能是非常不公平的。

在2014年青岛的全国游泳锦标赛，孙杨因服抗心绞痛药物曲美他嗪后，兴奋剂检测呈阳性，因而被禁赛三个月。曲美他嗪已在四个月前被世界反兴奋剂机构加入违禁物质名单。

在Horton看来，这意味着孙杨是永远的、不可挽回的骗子。

"我用的词是'药物作弊'，因为他药检呈阳性，"在拿到400自由泳金牌与孙杨接触后Horton告诉记者，"我只是有一个问题，他药检阳性，仍然参加比赛。"

事实是更复杂的。

孙杨停赛三个月，而不是服用禁药后，强制性的两年处罚。因为，他被发现没有故意服用禁药。

在一审中，他的案件由中国游泳联合会决定。通过审查起诉孙杨的证据，世界反兴奋剂机构选择不上诉。

它唯一的狡辩是中国的反兴奋剂机构报告孙杨的阳性检测的时间。

国家反兴奋剂机构应在20天内报告阳性药检。但是直到六个月后的2014年11月全国锦标赛，媒体第一次知道这个中国最著名的运动员未能通过药检，被剥夺了全国冠军。当时，孙杨已经过了他短暂的禁令。

孙杨声称，他服用禁药真的是出于医疗需要，而不是攫取不公平的优势。中国泳联和国际反兴奋剂机构接受了孙杨的解释。孙杨有心绞痛，会突然在胸口产生奇怪的感觉。此病可以导致冠心病和其他严重的心脏问题，如干扰血液流动。孙杨偶尔会感到胸口发紧。去年在世界泳联喀山锦标赛之前，他感觉尤其严重。

这位世界纪录保持者在最后一分钟放弃了他的拿手项目。他对记者说："我感到心脏不适，今天在泳池中热身时，我感到相当不舒服。我只能放弃比赛，我对此非常遗憾，这是我第一次在比赛中感到不适。"

孙杨告诉中国泳联，（因为曲美他嗪刚刚被定为禁药）他不知道服用曲美他嗪参加比赛是违法的——向他提供药物的医生已被吊销执照。

孙杨的问题是，运动员使用曲美他嗪作弊。波兰2014年的一项研究发现这种药物能改善心脏功能，帮助"运动员用来提高身体效率，尤其是在耐力运动"。

世界反兴奋剂组织依然禁止在赛内外使用曲美他嗪。仅仅一个月前，一个阳性的药检结束了俄罗斯四人双桨的里约奥运梦。罪魁祸首是Fedorovtsev一位雅典奥运会金牌得主，在卢塞恩奥运预选赛上收到一个阳性的药检结果。

就像之前的莎拉波娃，在米屈肼已经添加到国际反兴奋剂机构的条目之后，她蹩脚地解释了用药；在青岛的比赛中使用了兴奋剂以后，孙杨对曲美他嗪的解释，也非常勉强。即使他的身体疾病是真的，也不能因医疗用途减轻处罚。

Horton有权怀疑孙杨。这是中国游泳队服用兴奋剂历史的一个自然后果，世界反兴奋剂组织的争议在于委托国家体育联合会作为案件的法官审理自己的运动员，这本身就存在利益冲突。

Horton也应该理解孙杨的情况，充分承认他从来没有被发现犯有故意服用违禁药品。当然比赛中有很多的作弊者。然而，孙杨可能不是其中之一。

1. 词语的筛选与隐含意义

作为澳大利亚具有影响力的纸媒《澳大利亚人报》的报道，通过词汇的选择表达了该媒体对事件的态度和立场。文章标题直接使用“不公平”（not fair）一词，奠定了本文的基调——对霍顿言论的反思。对于这一事件则用了“恶意口角”（rancorous rivalry）这一有很强倾向性的词汇来定性，暗示了对霍顿的批评态度。对孙杨的遭遇则用了“非常不公平”（grossly unfair）；至于孙杨误服禁药的争议，文章用了“唯一模棱两可的”（only quibble）这一词汇，暗示孙杨能够被质疑的地方并不多。该报道最后也指出霍顿应该“理解”（understand）孙杨，并且“充分承认”（well enough to acknowledge）孙杨没有故意服用兴奋剂。通过这些词汇，该报实际上舒缓了澳大利亚日益高涨的与中国的对立情绪。

但是，同样能够发现文章使用的一些诸如“勉强说明”（failed to declare）、“即便”（even）等词汇，还是表明了媒体对孙杨误服禁药的质疑。

2. 文本的结构安排

《澳大利亚人报》的这篇深度报道，在标题上直接表明了态度。通过反语和比喻的方式对霍顿的言行进行了批评，帮助读者理解霍顿言论的出发点。而后，文章把较大篇幅花在通过列举事实，细致地分析孙杨误服禁药一案，提出了孙杨误服禁药尽管存在争议，但是作为事实无疑。文章表达了对孙杨的理解，将矛头指向了国际反兴奋剂组织不合理的政策——交给当事国审理兴奋剂事件。

最后，文章追溯了过往服用禁药运动员的遭遇，间接表达了服用禁药的运动员理应受到质疑和处罚。该报道多次使用“在霍顿看来”（In Horton's view）、“霍顿有权质疑”（Horton is entitled to be suspicious）等语句为霍顿辩护，试图让读者理解霍顿行为虽然过激，但有一定的合理性。虽然基于澳大利亚的立场，《澳大利亚人报》带有对霍顿的理解和辩护，但这篇报道在大方向上依然以事实为依据，证明了孙杨的无辜。作为该国的重要媒体，该报道对舆论有着一定的导向作用，实际上加深了澳大利亚人对中国的理解。

四、从对立到理解：对中国的另一种呈现

对来自 BuzzFeed News、《时代周刊》、《澳大利亚人报》的三篇新闻文本的话语分析，为理解国外媒体提供了一种新的视角，同时也为反思国内的舆论引导提供了契机。毫无疑问，媒介作为社会有机系统的一个子系统，必然为整个系统服务。媒体理所应当服务于国家政权，或直接、或间接地表明执政者的声音。因此，舆论引导也好，国际传播也罢，不过还是从工具理性出发，操纵媒介服务于“我们—他们”的二元对立。亨廷顿看到冷战结束后，社会主义和资本主义两种意识形态斗争的结束，但是归根到底，文明的冲突依然没有摆脱二元对立的世界观，即东西方文明的对立。

的确，就霍顿辱骂孙杨这一个案来说，西方运动员似乎站队一般地发表了质疑孙杨的言论。不管是法国运动员说的“pissed purple”，还是菲尔普斯说的“it's sad”都隐含了一个不证自明的逻辑前提，即孙杨是一个故意服用兴奋剂的运动员。与之相对，中国官方强烈要求霍顿道歉，中国网民攻击霍顿等运动员的社交媒体账号，似乎也是一种理所应当的回应。而这种回应的逻辑前提是：孙杨是一个误服禁药的病人。

正是在这样的对立下，中国媒体开始“揭黑”之旅，有官方媒体称澳大利亚为“海上监狱”，有媒体挖掘澳大利亚队服用兴奋剂的历史，还有媒体参与和引领了对霍顿个人的攻击。在社交媒体上甚至出现了“曲美他嗪”已被移除禁药名单的谣言。中国媒体在冲突报道中，先做价值判断、预设立场，后做事实描述，在报道中强化群体间的二元对立，使群体间的隔阂越来越大，建立在民族主义之上的感性诉求，左右了受众的理性判

断。在媒介塑造的东西方“我们—他们”的二元对立观念影响下，中国人带有强烈的身份排斥。社交网络上更是存在“信息茧房”，即对认知不一致的信息选择性接触，多数人信息遮蔽少数人信息。最终，这种机制带来群体极化的后果——中国网民攻击霍顿的社交媒体。

当霍顿的言论受到越来越多的西方运动员支持的时候，当事的双方已经从中澳两国演变为中国与西方世界。在中国的社交网络上，也不断更新着攻击孙杨的西方媒体名单。《每日邮报》《每日电讯》《队报》《华盛顿邮报》等，或直接或间接地攻击孙杨服用兴奋剂，甚至刻意丑化孙杨。澳大利亚的《悉尼早报》、《每日邮报》、第七电视台更是攻击孙杨的主力。就此而言，西方媒体似乎还是没有摆脱东方主义中所内含的偏见，这场奥运赛场上的运动员矛盾已经演化为东西方的文明冲突，恰好印证了亨廷顿的“文明的冲突”在今天这个社交媒体时代依然是如此的深刻。

然而，检索西方媒体对该事件的报道，笔者还是发现了不少客观分析双方分歧、试图理解中国立场的报道。上文抽取其中三篇所作的话语分析，能够看出，尽管文本背后还是有着意识形态的色彩，但西方媒体并不如国内媒体所渲染的那样，一味地攻击孙杨，抹黑中国。新闻文本中包含了对事件来龙去脉的分析，使用了直接引语，引述中国官方和网民的观点、态度。既有对霍顿采用过激语言的批评，也有为孙杨所做的辩解，同时包含对中国官方和网民态度的解析。应该说，依然有不少西方主流媒体站在理解中国的视角上去了解事件的真相，试图去解释中国如此维护孙杨的缘由。

从这样的出发点来看，西方媒体已经意识到，并在着力解决人与人之间、国家与国家之间、民族与民族之间沟通的难题。如单波所说：“当我们寻找解决这些难题和问题的可能性时，跨文化传播也就被我们创造出来了。”① 正是通过西方媒体的努力，外国读者有机会看到中国网民对事件的观点和态度，西方才有倾听中国声音、理解中国态度的可能。令人遗憾的是，就这一事件而言，显然是西方媒体帮助中国迈出了跨文化传播的第一步。

对霍顿辱骂孙杨一事，尽管西方媒体多是丑化孙杨、妖魔化中国网民，但是我们还是看到不少西方主流媒体以一种平和的视角，为读者呈现了一个接近真实的中国。这种呈现已经超越了自冷战以来东西方二元对立

① 单波．跨文化传播的基本理论命题［J］．华中师范大学学报（人文社会科学版），2011，（1）．

的世界观。这些报道带着对中国的理解出发，追寻事件的真相，倾听中国的声音，并且反思西方社会的言行。

至此，媒体不再只是在功能主义观念支配下，服务于统治阶级意识形态的工具，而是成为主体间性的中介。主体间性超越以往“我们—他们”的二元对立，转向“主体—客体—主体”的三极关系，而中介就是媒体。它把客体转换为主体，向多极主体开放。[①] 对霍顿辱骂孙杨事件的报道，选取的三家媒体就是充当了主体间性的中介，把西方和东方同时转换为主体，建立两者之间的对话，在一定程度上摒弃了对中国的偏见，为西方世界呈现了一个不同于以往二元对立观念之下的中国。

五、结语而非结论——超越文明的冲突

有意或无意，三家西方主流媒体对霍顿和孙杨之间冲突的报道已经超越了东西方的二元对立和意识形态分歧。媒体充当了中国和西方沟通的中介，站在中国的角度，为西方世界呈现中国声音、中国态度。不可否认，西方媒体有客观报道的新闻理念，但是这种客观性建立在对本国和外国双重标准之上。控制媒体机器的男男女女，并不是中立、无偏见的电脑，他们有自己的思想倾向和价值。[②] 芮必峰就指出，客观报道只能反映“事相”，这种“事实”实际上是一种“事实片段”，并不一定反映“真相”。[③] 显然，对于这次事件的外媒呈现，并不能用客观报道这一概念简而化之。应当说，部分西方主流媒体没有陷入妖魔化中国的老路[④]，走出了东西方文明冲突的窠臼。

（一）冲突之外的共识

如亨廷顿所言：“21 世纪是作为文化的世纪开始的，各种不同文化之间的差异、互动、冲突走上了中心舞台。”[⑤] 在亨廷顿看来，不同背景的文

---

① 单波．跨文化传播的基本理论命题［J］．华中师范大学学报（人文社会科学版），2011，（1）．

② 彭家发．新闻客观性原理［M］．台湾：三民书局，1994：3.

③ 芮必峰，姜红．新闻报道方式论［M］．合肥：安徽大学出版社，2007：71.

④ 李希光．妖魔化——美国主流媒体的主旋律［N］．中华读书报，1999，6（23）．

⑤ ［美］塞缪尔·亨廷顿．再论文明的冲突［J］．李俊清，编译．马克思主义与现实（双月刊），2003（1）．

明是不兼容的，中国的儒教文明与伊斯兰文明是西方文明未来的最大敌人。冷战后的二十多年来，中国新闻报道走的是“发展新闻学”的路径①，中国政府坚持与西方各国发展睦邻友好关系，中国媒体呈现的西方国家形象也更正面。西方发达国家比较自由、富裕应该是国内的一个共识，从这些年来的留学热、旅游热中能够感受出来。

与之相反，在西方中心主义的逻辑下，中国一直是被妖魔化的存在。这也就解释了，为何来到中国的外国人会如此的吃惊，惊叹中国的变化。不可否认，无论是中国媒体，还是西方媒体都站在各自政府立场上，有不同的倾向性。对于同一个事件有完全相反的媒介呈现也是意料之中。

但是冲突之外，依然存在着为东西方都共同承认的一些共识。1993 年 9 月在美国芝加哥世界宗教大会上发表的《走向全球伦理宣言》，希望能在不同文化中找到某些维护世界和平的伦理原则，找到“一种最低限度的基本共识”。② 其中，看到了不同文明中本来就存在着一些相似或相同的伦理观念，也就是说，存在为世界各国、不同文明所共同承认和遵守的伦理。

文化上的差异会造成不同民族的冲突，而人们共同本性又使不同文化区域的人们互相往来。无论是交往中，还是传播中，都存在着一些共同的客观原则。对于霍顿和孙杨的冲突，部分中国媒体和西方媒体没有建立在相互理解对话的基础上公正地看待这一事件，而是将其放在预定的框架中，走上了片面化理解的歧路，放大了双方的冲突。乐观的是，部分西方媒体还是坚持了跨文化传播中的“最低限度基本共识”，在霍顿辱骂孙杨事件中，选取的三家媒体基本上认同霍顿称孙杨为“吃药的骗子”是不公平的，批评了西方运动员的过激言论。显然，在这些媒体看来不管是对本国人，还是对外国人，人身攻击是不能被接受的错误行为。此事件中的另一个共识即媒体对于真相的追寻，作为社会公器，媒体的公信力来源于其客观、真实的报道。对孙杨之前是否为误服兴奋剂，三家媒体都给予了深度挖掘，得出了孙杨不是故意服用禁药的结论。

（二）整合社会——跨文化传播中的媒介功能

如拉斯韦尔在《社会传播的结构与功能》中所提出的“三功能说”，媒介是坚定的社会整合者。媒体的整合功能“通过对偏差行为的曝光，通过突出选择个人授予其社会地位，并可能通过对政府行为的检查来强化社

① 徐小鸽．新闻传播原理与研究［M］．桂林：广西师范大学出版社，1996.

② 汤一介．“全球伦理”与“文明冲突”［J］．北京行政学院学报，2003（1）．

会规范，帮助全社会达成共识。在实现联系的功能时，媒体可能阻止对社会稳定产生的威胁”。一个合格的媒体应该推动社会的整合，通过它的信息供给，可以协调人们之间的利益冲突、弱化社会矛盾，从而消弭社会分歧。

在今天这样一个文明之间存在摩擦的大环境下，像普利策所说，新闻媒体一定要做好“瞭望者”，去发现“阻碍社会这条大船顺利行驶的事物”。东西方的文明冲突必然阻碍其各自发展，媒介在其中不能做推波助澜者，而是要做负责任的整合者，推动东西方的对话和理解。只有回到建立在对话与合作中的理解，才能超越文化偏向和冲突，才有实现跨文化传播的可能。

然而，我们还是要清醒地认识到，媒介推动文明之间的对话和理解依然任重道远。由于东西方长久以来的意识形态和文明对立，西方媒体在过去的报道中建立起来的话语体系，对其受众进行长期的灌输，因而形成一种惯性认知。也就是说，受众在西方媒体长久以来建构的媒介环境中，形成了一种西方中心主义的受众框架，中国一直是被妖魔化的存在。因而，对关于中国事物的理解会带着固有的偏见。

我们应当清醒地认识到，寥寥数篇理解中国的报道并不能改变西方社会对中国的惯性认知。但是超越“文明冲突”的话语，却值得重视，东西方之间并非二元对立，依然有着相互理解，依然存在着某些“最低限度共识”。但愿，有全球眼光的媒体能够越来越多，通过客观、公正的报道，向西方社会呈现一个“真实的中国”，而非想象之后的“他者化中国”。[①]

霍尔认为：“文化差异是矛盾的，它既可以是积极的又可以是消极的。”[②]“文明冲突论”放大了不同文明之间的矛盾，忽视了文化间相互理解和对话的可能性，以一种消极的态度看待跨文化的交往。就奥运赛场霍顿和孙杨的冲突而言，尽管存在着中国和西方社会的对立情绪和行动，但也不能忽视部分西方主流媒体在其中充当了整合者的角色，试图理解中国，避免东西方的过度撕裂。如此看来，在跨文化传播中，媒介可以超越冲突论，推动不同文明间的和谐。

---

① 吴瑛．文化对外传播·理论与战略［M］．上海：上海交通大学出版社，2009：145.

② ［英］斯图尔特·霍尔．表征：文化表征与意指实践［M］．徐亮，陆新华，译．北京：商务印书馆，2013.

“云与钟”：叙事学视阈下的反转新闻研究

——基于对“上海女逃离江西”事件的考察

尹　凯

摘　要：当新闻叙事进入赛博空间，会出现什么样的新景观？或者更为确切地说，在一片繁杂的网络世界中，新闻叙事有何规律可循？借用科学哲学家波普尔关于“云与钟”的比喻，网络媒介并不如传统媒介那般纯粹，网络新闻文本也不像传统媒介新闻文本那般单一而稳定，表现出“云的话语”的样态。同时，网络新闻文本又是严格遵循某种内在规律的，具有某种可以把握的确定性。由此看来，“所有的云都是钟”，“云之话语”的表象之下，隐藏着“钟之逻辑”。这也为我们解读反转新闻提供了一把钥匙。

关键词：叙事者；叙事视角；反转新闻；原型沉淀

一、反转新闻的叙事者：“神奇故事”公式

（一）“神奇故事”到底是什么

普罗普《故事形态学》的写作初衷是为了在民间故事领域里对形式进行考察并确定其结构的规律性。在他看来，植物形态学将世界上成千上万种植物分门别类，故事形态学也将起到同样的作用：把丰富多彩的故事分门别类，使之呈现出“奇妙的一致性”。普罗普按照“神奇故事”本身记述的顺序列举出角色的 31 项功能。笔者在梳理了近两年的反转新闻后发

作者简介：尹凯，安徽大学新闻传播学院硕士研究生。

现：在每一起新闻反转剧背后，都有四方叙事主体，可以简单概括为"当事者""旁观者""助推者"以及"收编者"。

以"上海女逃离江西"事件为例，2016 年 2 月 6 日在篱笆网发表《有点想分手了……》帖子的发帖人是这起事件的"女主角"。2 月 10 日新浪微博网友@风的世界伊不懂以事件男主角的口气发表博文对此事进行了回应，更具戏剧化的变化在微博博主发声后的第二天，另一位同样声称是江西年夜饭事件男主角的网友在天涯社区又进行回应。以上三人可以归入事件的"当事者"。

推动事件进一步扩大的重要一环是名为@KDS 宽带社的博主，其于 2 月 7 日将论坛内容以截图形式上传至新浪微博，引起网友热议，微博评论量高达 18 万条。当日下午，@华西都市报@新浪江西@东方今报@重庆商报等诸多媒体微博转载消息，并随后登上腾讯、凤凰等各大国内新闻媒体。以上各种叙事主体可以看作事件的"助推者"。同时我们不该忽略隐藏在该事件背后的广大网民，从最初篱笆网帖子的 21 万多次浏览量，到新浪微博#见到第一顿饭后想分手#话题的 1.1 亿人次阅读量，存在着数以亿计的"旁观者"。每次给反转新闻下结论的一般是警方或各职能部门，他们可以被看作是网络反转新闻最终的"收编者"。

（二）格雷马斯矩阵

在普罗普的理论基础上，格雷马斯为了研究叙事作品的基本叙述结构提出了符号学矩阵的方法，模型如图 1：

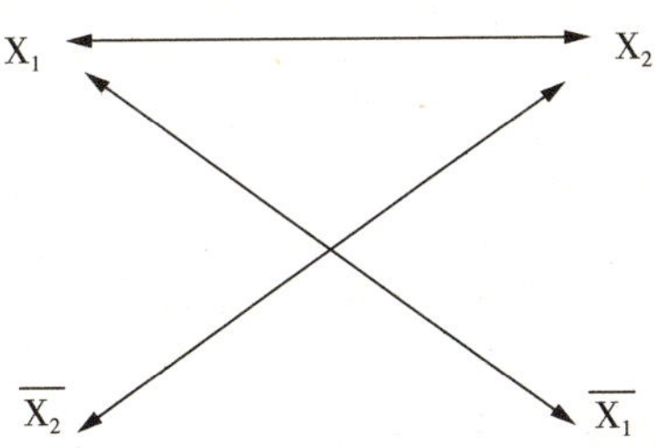

图 1 格雷马斯"符号矩阵"构图

在这个"符号矩阵"中，X_1与X_2相对立，两者是相互否定的。X_1与$\overline{X_1}$相矛盾，X_2与$\overline{X_2}$相矛盾，矛盾意味着差异，但并不相互否定。为了更清晰地表述四个要素之间的关系，可以将图 1 加以适当的转化，得到图 2。

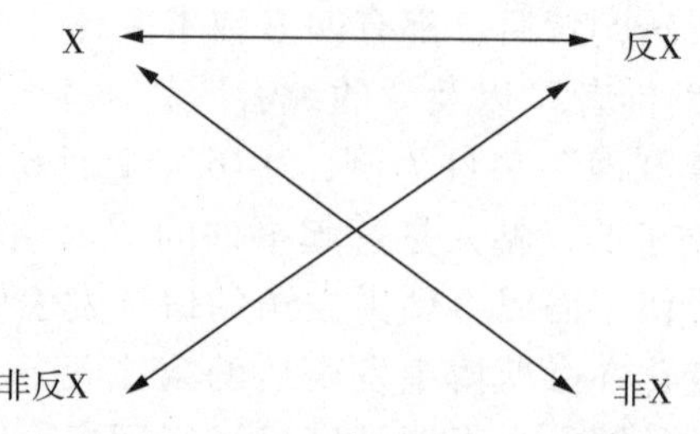

图2　格雷马斯“符号矩阵”构图转化

在反转新闻的四种叙事主体中，意识形态权力机关是最终的辟谣者，是给每一则闹剧盖棺定论的收场者，所以“当事者”与“收编者”是相互对立的。在“上海女逃离江西”事件中，虽然当时在网上引起热议，但多名网友仍然指出网帖内容存在疑点。例如，网帖中除上海、江西之外，再无任何具体的地点、单位与姓名等信息。同时，发帖人曾在跟帖中称“打电话可以定（火车票）吗”也引发质疑，网友认为：“在外企工作的HR，竟然不知道打12306能订火车票?”当然这些声音都被湮没在“凤凰男”“婚恋”“城乡差异”等信息洪流中。所以，如果把“当事者”看作“X”，笔者认为“旁观者”应该为“非X”。我们可以得出下列矩阵（图3）：

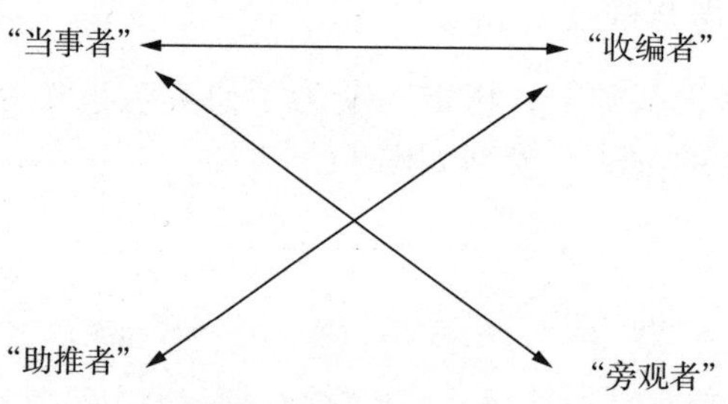

图3　反转新闻四种叙事主体形成的矩阵构图

（三）信息延宕与故事接龙

新闻之所以会发生反转，最主要的原因在于真相一直没有浮出水面。客观上事件调查需要时间，因此在实际信息的披露方面和对信息的需求方面存在着时间差，造成了信息的延宕。在传统媒体环境中，这种延宕并不会产生什么影响，一方面是因为媒体受到了体制的制约，另一方面，对于信息的揣测不会在更广泛的范围内被分享。但是在网络环境中，延宕的信息产生的断裂对于个体认识产生了巨大的影响，局部信息替代了整体信息在网络中传播，直接影响受众对事件的解读。

在"上海女逃离江西"反转新闻中，叙述者的身份一直处在变化之中，但直到网络监管部门发声，整个事件才尘埃落定。从最初2月6日篱笆网的发帖者，到新浪微博@KDS宽带社，到各大媒体官微，再到所谓的事件"男主角"，直到2月13日，《人民日报》和光明网这样的权威主流媒体发表评论，公众都认为对该新闻的热议应该告一段落了。但一周后江西网络部门的声明却让所有人大跌眼镜：发帖人并非上海人，是某省一位有夫之妇徐某某，春节前压根没来过江西；而其后发帖回应的"江西男友"，只是话题的碰瓷者，与发帖者素不相识。

传统媒体的新闻叙事者在叙述事件过程中，一直保持着较为稳定的身份，但是在网络反转新闻中，叙述者的身份不断地进行着轮换。从动态的角度来看，"当事者""旁观者""助推者"构成了故事接龙，参与讨论的每个群体都像是现场经历者一般高谈阔论。就算最终"收编者"给反转新闻下了定论，但真相到底是什么，也许我们只能无限逼近而永远无法触及。

二、反转新闻的叙事视角：谁的眼睛——上帝？人物？摄像机？

叙事学本是一门对"形式"情有独钟的学科，它将叙事作品分为"故事"和"话语"两个层次，其中"故事"研究的是叙事文的"内容的形式"，笔者在第一章中详细阐释的"神奇故事"就属于这个层面；"话语"研究的是叙事文的"表达的形式"，这是本部分要集中论述的话题。叙事话语所涉及的是怎么叙述（how）而不是叙述什么（what），关注的是叙述行为（narrating）而不是被叙述（narrated）。

有关视角的分类，众说纷纭，莫衷一是。不同的分类标准形成不同层面的视角类型：按叙事者所知信息是否大于文本人物所知分为全知视角和限知视角；按叙事者是否参与或目击情节分为外视角和内视角；按叙事者在文本中所出现的人称分为第一人称视角和第三人称视角。[①] 在众多的视角分类中，以热奈特和托多罗夫的分类模式影响力最大，见表1：

① 何纯．新闻叙事学［M］．长沙：岳麓书社，2006：46.

表1　托多罗夫和热奈特关于叙事视角的分类模式

	视角类别			
热奈特	零聚焦	内聚焦	外聚焦	观视点的变化
托多罗夫	叙述者>人物	叙述者=人物	叙述者<人物	变音

从表中可以看到，前三类视角都是单一视角，分别属于全知全能型、人物限知型和纯客观型，第四类则属于多元视角或复合视角，即在同一文本中为达到某种叙述效果，采用多种视角进行叙述。在反转新闻的叙述话语中，叙事视角的选择呈现出某些特定的规律。

（一）“万能的上帝”：全知视角

全知视角是指叙事者置身于事件之外，无所不知，能够对事件进行全面而细致的描述，甚至对人物的所思所想和内心活动都能了如指掌。在我国，大多数网络媒体没有明确的新闻采访权，网络新闻更多地体现为对新闻信息的创造性管理与结构性设计。大到事实框架的建构，小到标签的设置，再到与网民的互动，编辑总起着主线的作用。但是倘若叙述中掺杂过多主观评价和人物心理活动，将对反转新闻的扩散负起重要责任。

2月7日@KDS宽带社的编辑推送了标签为#kds网友爆料#的微博，内容为：“篱笆网女网友陪江西男友回农村过年，看到第一顿饭后悔了，决定和男友分手并立即回上海【点评】这事大家怎么看?”并配上论坛截图。博主仿佛既“知道所有新闻人物在新闻事件中的行为、想法，又能根据需要直接展示人物的思想、知觉和情感”，又能“站出来对新闻事件和新闻人物发表评论”[①]。文本中充斥着“挑逗性”的文字，比如“江西”“农村”“分手”“上海”，迅速引起媒体官微转发。

笔者认为，全知视角是不存在的。虽然在新闻发展的某一阶段，新闻的核心要素可以把握，但是对于现时的状态而言，新闻报道是无法掌握所有信息的。网络编辑自恃拥有“万能的上帝”叙事视角，成为反转新闻的重要推手。

（二）人物限知视角

这里所说的“人物”既可以指反转新闻的“当事者”，也可指“助推

① 曾庆香．新闻叙事学［M］．北京：中国广播电视出版社，2005：130.

者"或"旁观者"。虽然人物限知视角又可分为固定人物限知视角、不定人物限知视角和多重人物限知视角，但是在反转新闻叙事中，主要视角是不定人物限知。它是指被叙述的新闻由几个人物的意识所呈现，每一个人物观察到的只是新闻事实的某个侧面，他们的叙述共同建构了整个新闻事实。

毫无疑问，不定人物限知视角的叙事使得新闻报道更加全面、客观，为受众提供了不同角度的观察点和思维方式。但是，反转新闻往往就滋生于这所谓的"观点的自由市场"。在"上海女逃离江西"事件中，"男女主角"登台唱罢，媒体迅速上场。《南方都市报》评论《城市女和农村男故事背后的隐喻》；四川在线：别把吓跑上海女孩的这顿饭炒煳了；还有各方微博大V的观点：有支持女孩分手的，有谴责女孩缺乏教养的，有认为感情还是需要门当户对的，有感叹乡土中国与现代都市差异的，等等。但是这些评论观点都建立在新闻要素是空白的事件之上，没有人能肯定地说，这事情就是真实的。

弥尔顿相信："真理是肯定的，是可以表达出来的，并且只要让真理参加'自由而公正的斗争'，真理本身就具有战胜其他意见而存在下来的不可比拟的力量。"[①] 但是在真实的和正确的存留下来与虚假的和错误的被抑制的过程之中，网络上的观点绝对自由，舆论发生天翻地覆的变化，反转新闻大行其道。

（三）"零度写作"：纯客观视角

就像摄像机的眼睛，有固定的视点，可以摄入在场的各种情景，却看不到场外的情况，更不能深入人物的内心。"一种直陈式的写作，或者说是一种非语式的写作"[②]，罗兰·巴特的"零度写作"与这种视角有异曲同工之妙。所谓"直陈式的""非语式的"写作，即指客观的、不掺杂任何主观意识的叙述。

但是，"摄像机"是无法"自行"摄像的，其背后必然站着一个"摄影师"，在聚焦过程中必然存在着选择行为，而选择已然带有了一定的主观倾向性。最先公开对"上海女"表示质疑的微信公众号"前街一号"发表文章《上海女一顿饭甩了江西农村男？为何你又如此当真?》

① ［美］施拉姆．报刊的四种理论［M］．中国人民大学新闻系，译．北京：新华出版社，1980：51.

② ［法］罗兰·巴特．罗兰·巴特随笔集［M］．怀宇，译．天津：百花文艺出版社，1995：38.

直指新闻疑点：一个上海外企的HR，竟然连能不能打电话订火车票都不知道？楼主注册16分钟后就发出来这个帖子，像不像马甲？一个家庭那么富足的上海女，会选择在一个小网站去求助？她没有微信？没有微博？……虽然作者自认为站在纯客观的角度对该事件进行了分析，但是大部分公众并不认同他的纯客观视角。搜狐新闻推出的“女子因一顿饭逃离农村男友家，你相信吗?”民调显示，截至2月14日，4.7万名参与的网友有超过一半（53.65%）认为此事是真的。笔者认为，我们不能以“纯客观”为理由对他人进行说服，因为在他者看来，宁愿相信自己愿意相信的事实。

三、反转新闻的原型沉淀：你在说话OR话在说你?

（一）关于原型

人类并不是孤立地生活在世界上，相反，他们完全受特定社会媒介语言的支配。萨皮尔说：“现实世界在很大程度上是建立在团体的语言习惯之上的。不同的社会与所生活于其中的世界不是不同的世界，只是贴上不同标签的同一个世界。”① 和将语言看作反映现实的镜子不同，结构主义、后结构主义、现象学和解构主义对语言再现事物的能力充满了怀疑。你以为是你在说话，实际上是话在说你。即使是在网络话语纷繁复杂的表象下，语言却是异常的贫乏。

网络新闻所提供的是海量的信息，但是我们在海量的信息中记住了多少？至多是对该事件的模糊记忆，抽空了具体时间和具体空间的框架结构。当类似的事情再次发生时，总能唤起某些似曾相识的感觉。新闻话语中就存在着很多“旧”的东西，这就是沉淀在新闻中的原型。每个受到注意的新闻都是集体无意识的潜伏，原型则是集体无意识的外在表现。套用荣格原型理论的推论过程，集体无意识—原型—具体表象，媒介话语中的原型沉淀也有这样的过程（图4）：

① ［英］特伦斯·霍克斯．结构主义和符号学［M］．瞿铁鹏，译．上海：上海译文出版社，1997：23-24.

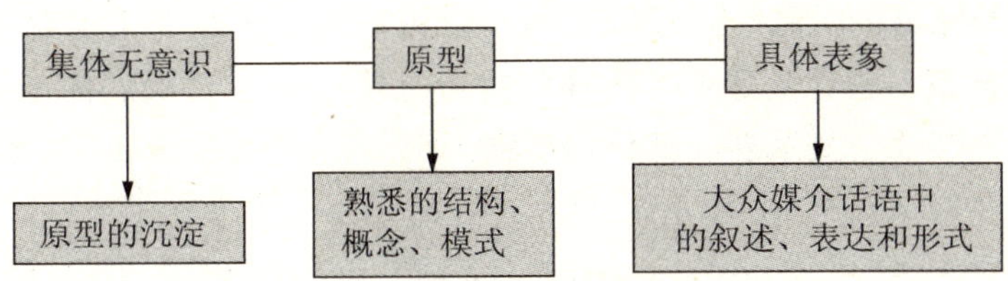

图 4　媒介话语原型沉淀模型

从图 4 我们可以清楚地认识两种模型之间的关系：原型（熟悉的结构、概念、模式）作为中介，成为联系集体无意识（原型的沉淀）与具体表象（大众媒介话语中的叙述、表达和形式）的桥梁。在对反转新闻的分析中，笔者也发现了多种原型的集合。毫无疑问，在反转新闻的传播过程中，越能唤起原型的记忆，就越容易得到传播。

（二）反转新闻话语的原型叙述模式

正如多年前《非诚勿扰》舞台上的那句“宁愿坐在宝马车里哭，也不坐在自行车上笑”引发的舆论效果一样，2016 年春节期间，由一张城市女孩拍摄的光线黑暗的农村晚餐照片引发的巨大关注，演变成多方唇枪舌剑、观点持续对峙的热门话题。虽然最后我们知道这是一起子虚乌有的事件，但是它跟过去多次发生的、触动到社会“痛点”的类似话题一样，已经发酵成为公共舆论事件。在网络上形成了城乡青年之间、不同社会阶层之间的对立骂战，“凤凰男”“孔雀女”“YP”等词更是被推上风口浪尖。

中国城市人口比重在新中国成立初期只有 10.6%，仅 0.58 亿人生活在城市，而第六次全国人口普查数据显示①，2010 年我国城市人口已经达到 6.65 亿，城市人口比重为 49.68%。随着中国城市化的推进，会有许多农村青年涌入城市，他们面临着重新构建自己的社会身份与城市生活的问题。同样，城市的原有居民——已经较早实现农村转入城市身份的人群，也不得不面临更多的分化与多元挑战。

在该事件的传播过程中，集体无意识的原型沉淀发挥了不小的作用。上海人对外地人的歧视成为大部分网民的共识，加上对弱势群体的天然同情，导致网络舆论偏向对上海女孩的谴责。城乡差距是所有人脑海中根深蒂固的思想，或许事件本身的真实与否已经不是那么重要，就像每年春节回家，城市和农村的差异素来都是这个特殊时段中国互联网最火爆的话

① 全国人口普查每隔十年进行一次，最新数据来自 2010 年第六次全国人口普查。

题。婚姻与家境的关系，阶层固化与社会流动的辩论，“孔雀女”与“凤凰男”的标签，时代的痛楚与个体的身份重建……各方观点你来我往，反映出当下中国社会复杂多元的价值图谱。

四、结语

本文将反转新闻作为研究对象，选取了2016年春节期间的“上海女因一顿饭逃离江西农村男友家”事件为案例，从叙事学的理论角度对其进行剖析，分别从反转新闻叙事者、叙事视角与原型沉淀三大板块分析了反转新闻的叙事元素，并将其简单地概括为三点：一是反转新闻叙事的“神奇故事”公式，并用格雷马斯符号学矩阵分析其叙事结构；二是反转新闻的叙事视角，分为全知视角、人物限知视角与纯客观视角；三是反转新闻的原型沉淀，可能事件的真实性已经没有那么重要，只要能唤起沉淀在其中的原型，就能引发舆论狂潮。

总而言之，我们的确可以用“云之话语，钟之逻辑”来形容反转新闻的叙事过程。一方面，在网络反转新闻中，叙述者的身份不断地进行着轮换，“当事者”“旁观者”“助推者”你方唱罢，我方登台，最后“收编者”拉下帷幕。叙事文本像天边的云彩一样，充满了不确定性和偶然性，表现出“云之话语”的样态。另一方面，四方叙事者内在地遵循着格雷马斯描绘的叙事结构，反转新闻的叙事视角仍然脱离不开新闻叙事的本质规律，每一起反转新闻背后都沉淀着能够戳痛社会的“原型”。如此看来，在“所有的云都是钟”“云之话语”的表象之下，隐藏着“钟之逻辑”。

参考文献：

[1] 陆扬，王毅．文化研究导论［M］．上海：复旦大学出版社，2006.

[2] 陈卫星．传播的观念［M］．北京：人民出版社，2004.

[3] 陈力丹．舆论学：舆论导向研究［M］．北京：中国广播电视出版社，1999.

[4] 段永朝．互联网：碎片化生存［M］．北京：中信出版社，2009.

[5] 胡亚敏．叙事学［M］．武汉：华中师范大学出版社，1994.

[6] 黄鸣奋．超文本诗学［M］．厦门：厦门大学出版社，2002.

[7] 罗钢．叙事学导论［M］．昆明：云南人民出版社，1994.

［8］李彬．符号透视：传播内容的本体诠释［M］．上海：复旦大学出版社，2003.

［9］［美］安德鲁·基恩．网民的狂欢：关于互联网弊端的反思［M］．丁德良，译．海口：南海出版社，2010.

［10］［美］保罗·莱文森．新新媒介［M］．何道宽，译．上海：复旦大学出版社，2011.

［11］［法］罗兰·巴特．符号学原理［M］．李幼蒸，译．北京：生活·读书·新知三联书店，1988.

［12］何纯．关于新闻叙事学研究的构想［J］．湘潭大学社会科学学报，2003（4）：112–115.

［13］华进．云之话语，钟之逻辑：叙事学视域下的网络新闻研究［D］．武汉：华中科技大学，2013.

［14］叶立．网络新闻的叙事研究［D］．福州：福建师范大学，2010.

［15］刘凤园．微博新闻的叙事学研究［D］．广州：广州大学，2013.

微媒体视阈下高校网络舆情的热点分析及应对策略研究

李燕临　侯彦恒

摘　要：随着互联网技术的不断更新与成熟，以“微博”“微信”和社交APP软件为主体的一大批新兴媒体迅速崛起，并被称作“微媒体”。他们在受到大学生广泛青睐的同时，也给高校网络舆情信息的生产和传播带来了诸多挑战，本文拟将高校网络舆情建设和“微媒体”有机结合起来，通过对高校网络舆情的热点进行分析，针对基于微媒体的传播功能提出相应的管理对策和建设策略，进而为教育决策部门和高校的教育管理者提供一定的决策依据和有力支持。

关键词：微媒体时代；高校网络舆情；热点分析；应对策略

一、基于图表数据的微媒体趋势

传播信息是传统媒体的内在使命，其意义在于创造某种有价值的影响力，然而在媒介竞争日益激烈的生态环境下，这种影响力本身往往带有鲜明的两面性，它既可以凝聚正能量，也有可能成为促成某种舆论场的推动力。由于当前媒介传播环境，传统媒体早已不再是当下意义上的传统媒体，反倒是以“微博”“微信”等一大批新兴媒体为主的微媒体正在逐渐成为传统媒体，同时也意味着现在的信息传播已经进入了一个被称作“微

基金项目：2016年甘肃省教育网络舆情中心研究项目“微媒体视阈下高校网络舆情的热点分析及应对策略研究”的研究成果。

作者简介：李燕临，西北师范大学传媒学院教授，硕导，西部戏剧与影视文化研究所所长，主要研究方向：广播电视艺术、新媒体应用；侯彦恒，西北师范大学传媒学院2015级广播电视方向硕士研究生。

媒体”的时代，各种便捷的微媒体媒介层出不穷，例如国内的 QQ、微信、微博、陌陌等，国外的有 Facebook、Twitter、Instagram 等媒介平台，这些媒介平台的出现大大地方便了信息的传播和舆论的生成，并表现出了前所未有的交互性和便捷性。截至 2016 年 6 月，我国网民规模达 7. 10 亿，上半年新增网民 2132 万人，增长率为 3. 1%（图 1）。截至 2016 年 6 月，我国手机网民规模达 6. 56 亿，较 2015 年底增加 3656 万人。网民中使用手机上网的比例由 2015 年底的 90. 1% 提升至 92. 5%，手机在上网设备中占据主导地位（图 2）。

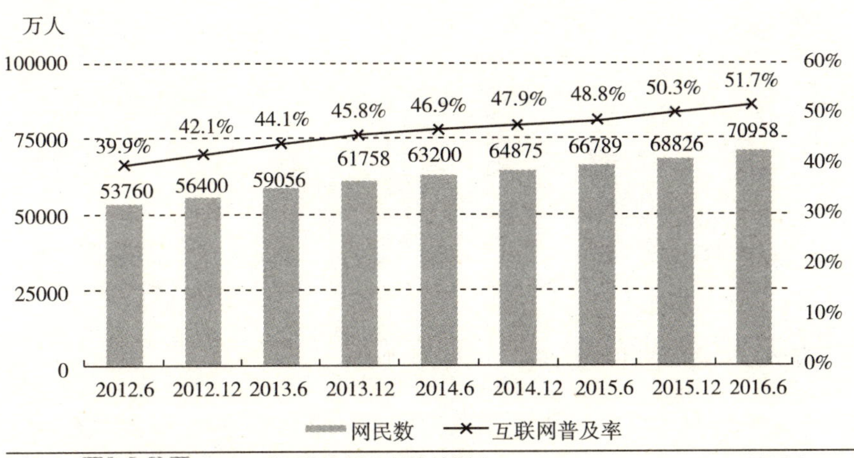

图 1　中国网民规模和互联网普及率

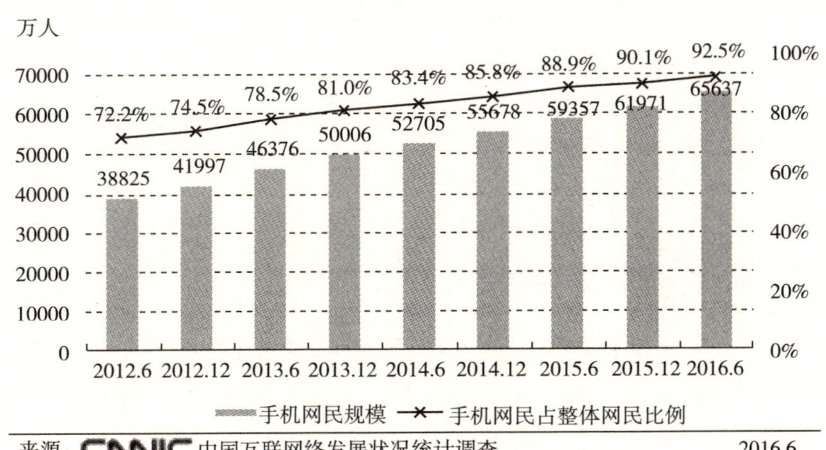

图 2　中国手机网民规模及其占网民比例

腾讯公司调查统计报告显示，自公司在2011年初推出智能终端即时通信免费应用程序“微信”起，到2012年3月底，微信用户就已经突破1亿人次，截至2013年1月15日，微信用户已达3亿人，到2016年3月，微信月活跃用户数突破7亿，较2015年同比上涨了29%。[1]这样的一个统计数据相比于传统媒体而言明显是一个不小的冲击。截至2016年6月，我国网民仍以10~39岁群体为主，占整体的74.7%，其中20~29岁年龄段的网民占比最高，达30.4%（图3）。截至2016年6月，微信朋友圈、QQ空间使用率分别为78.7%、67.4%（图4）。

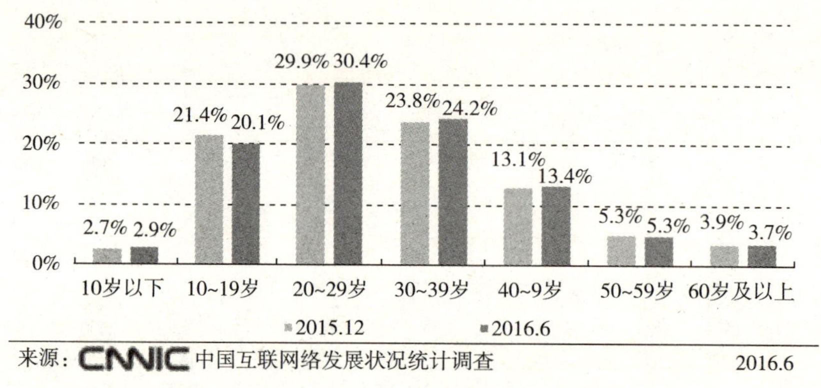

图3 中国网民年龄结构

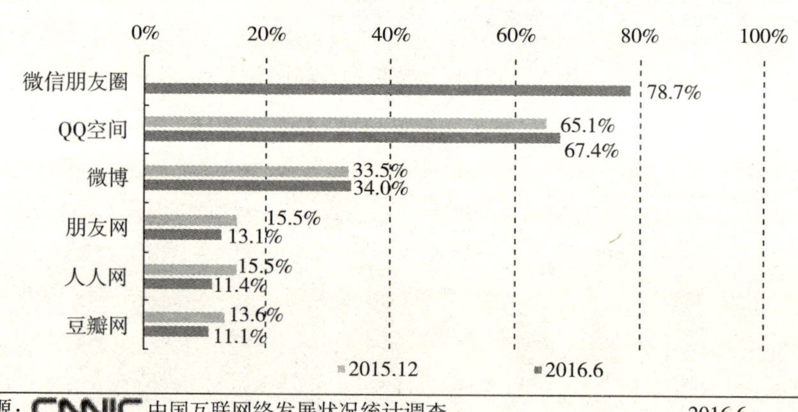

图4 2015.12—2016.6典型社交应用普及率

微媒体是以微信、微博等一大批新兴媒体为代表，用户基数大、传播速度快的媒体。当前我们在研究微媒体和传统媒体的区别时，就应该毫不犹豫地将“微”字当作研究重点，“微”是微媒体最主要的特征，这种特征主要有三个方面的表现：首先，微媒体所需的运行终端的微小性。随着网络技术的发展，手机和平板电脑的更新速度早已超出人们的想象，其在社会上的使用也变得越来越普遍，这些极具便携性的设备就为新媒体提供了绝佳的传播平台。其次，微媒体软件本身就具有十分微小的特征。技术的革新使得微媒体软件在我们的生活中早已变得如同家常便饭一般，我们几乎每天也都在使用这些软件，它们通常只占几兆的空间，大一点的软件也不过几十兆，用户只需下载注册就可以使用了。最后，使用微媒体传播发布的信息一般都具有短小易懂的特点。与此同时，微媒体的信息传播也具有微型化、便携性、去中心化和强交互性的特征，这些都使它迅速成为我国舆情信息的扩散地和重要的传播平台。

微媒体自从崛起之日起就凭借着强交互性、流动性、碎片化、多元化等传播特性，逐步受到愈来愈多大学生的青睐，但是在大学生使用“微媒体”的过程中，却频繁遭遇谣言恣意传播、国外意识形态侵蚀、网络青年亚文化冲击、网络暴力蔓延、个人隐私权遭遇侵犯等诸多挑战，致使关于社会突发事件舆情信息的生产和传播的门槛大大降低，这种情形在利于公众得以创造多元、自主新闻的同时，也逐渐成为引爆社会危机的平台。因此，当前如何把握好微媒体在教育舆情的传播中所起的作用，发挥其应有的价值，这一研究就显得格外重要。

二、“微媒体”环境下的高校网络教育舆情现状分析

在我们谈及高校网络教育舆情的时候，首先就不得不谈到一个词，那就是“舆情”。“舆情”一词并不像“广告”“传播”那样，它不是一件舶来品，而是带有浓厚的中国社会主义传统文化特色，就是在英文中也没有与网络舆情相对应的词组。但是，由于处在不同的历史文化阶段，至今，业内也并没有给“舆情”一词下过一个明确统一的概念，而是众说纷纭，说法不一。尽管如此，现在对这个词用得最多的通常是这样描述的：舆情是公众对公共事务持有的多种情绪、态度和意见的总和，舆情主体（公众）、舆情客体（公共事务）和舆情本体（情绪、态度和意见）是构成舆情的核心要素。[2]教育舆情是属于舆情的一个支流概念，我们把舆情的定义具体到教育领域，就可以理解为是以学生为核心群体的公众，对以教育问题为核心的公共事务持有的多种情绪、态度和意见的总和。[3]需要注意的是，这时的舆情主体又可以分为狭义和广义两个方面。狭义的教育舆情

主体主要是指学生群体；但是自十八大以来，我国大力倡导要提高全民的知识文化水平，于是国家开放大学、自学考试、远程教育和电大就逐步推广开来，旨在普及全民教育，因此，广义的教育舆情主体就是指社会公众群体，也就是本文所欲研究的教育舆情。

21 世纪以来，新闻学、传播学、政治学、管理学、心理学等诸多学科都把舆情作为研究热点，致使舆情逐渐成为一门多学科交叉的知识。但是目前我国针对教育舆情的研究开展得还比较迟，相对应的基本理论也比较缺乏，尚未形成健全的舆情理论体系。但是随着我国教育改革逐步进入“深水区”，教育舆情的地位也随着教育改革在整个教育活动中逐渐凸显，并日益为人们所关注。虽然我国对教育舆情的理论研究还比较缺乏，在 2004 年才有了第一篇有关教育舆情的论文，但是通过使用“中国知网”的高级检索功能发现，截至 2016 年 10 月，以“高校舆情”为主题的学术论文已经达到了 1924 篇。其中，学者们从新闻学、传播学、管理学和心理学等学科方面对舆情进行了深入的分析和研究，并取得了一定的科研成果。

十八大以后，我国的教育事业已经全面进入了一个深化改革时期，这时的教育舆情研究除了能给教育决策部门和高校的教育管理工作者提供一定的决策依据和有力支持外，也能够方便学生群体、师资队伍和社会大众及时了解我国的教育动态。但是我国的教育舆情研究毕竟起步较晚，目前还处在一个起步阶段，虽然有一些商业研究机构和高校研究所专门从事高校教育舆情研究，但是我国的教育舆情研究仍然存在着许多不足之处，比如：尚未形成健全的教育舆情理论体系、研究机构杂乱无章、研究方法不成熟、研究目的极其单一、教育舆情的研究规则不健全等。这些问题都急需专业的教育舆情科研机构作为支撑力量，形成高校教育舆情研究对象的多视角整合，进一步明确高校教育舆情研究的角色和定位，加强跨界合作，注重舆情的研判和预测，促进“定性描述”和“定量评价”的科学结合，进而发挥教育“智库”的有效作用。

一般来说，网络舆情信息多为复杂棘手的突发性事件，而微媒体的出现更是加剧了这些事件的传播速度和规模，其在舆情演变中更是起到了不可小觑的推波助澜的作用：对微媒体在舆情演化中具有促使舆情信息的爆炸性增值、使舆情信息的传输变得更有选择性、使舆情信息传播的速度更加迅捷、使信息传播的同质与差异化并存等重要的价值作用。我国学术界对此也有相关的科学研究，比如：《微媒体视阈下高校舆情现状窥探》（陶赋雯，东岳论丛，2014 年 12 期）、《论微媒体在突发事件中的舆论引导功能》（马爱杰，新闻战线，2015 年 11 期），这些专题项目研究都具有重要的理论价值和现实意义。

三、高校网络舆情案例简析及热点分析

近年来，我国教育领域发生舆情热点事件的数量呈现出不断上涨的趋势，并且在互联网技术不断革新和发展的时代环境下，网络早已成为人们收集信息和发表意见的主要平台，尤其是在微媒体日渐崛起的情况下，高校教育舆情信息的影响力更是得到了不断的扩大。通过统计分析显示，近年发生在高校的舆情事件大概分为这几种：大学生伤人事件、大学生自杀事件、师德师风事件、高校招生事件、学校管理事件和高校腐败事件。其中，自十八大以来仅高校腐败事件就已经有 50 多起。[4]这些负面事件的发生，我们可以看出它们不仅会严重影响涉事学校和在校大学生，而且还极有可能引起社会公众的负面情绪。因此，在高校网络舆情的监管下，对这些教育舆情负面事件的研究和分析就显得格外重要。在这里我们主要列举三起影响较大的高校网络舆情事件进行分析解读。

案例一：厦门大学博导吴春明诱奸女研究生事件。2014 年 6 月 23 日，一名女生网友发表了一篇微博，暗指厦门大学“教授诱奸女学生”一事，但是由于当时文中没有写出姓名，所以并未引起人们的关注。7 月 10 日，网上又出现了一篇微博并附床照声援这一事件。10 月 13 日，122 名厦大学生联名为吴春明“证清白”让事件彻底暴露，并引起了极大的社会舆论。10 月 14 日，厦大官方微博发文撤销吴春明教师资格，开除党籍。从整个事件的发生处理过程来看，厦门大学应对这一舆情事件的态度和处理方法是极其不当的。在事情首次曝出之后，厦大没有做出及时的回应，等到事件二次曝光才着手调查此事，到 3 个月以后才做出最后的处理。在整个事件的发展过程中，厦大未能做到及时处理，并且在事件的调查过程中全程保密，没有做出正面的回应，导致信息不公开，从而引发了强烈的社会质疑，这些不当的手段无疑是引起强烈舆论的根本原因。

案例二：武昌理工学院被曝设足疗部组织卖淫事件。2014 年 10 月 27 日，有学生举报称武昌理工学院校内酒店组织卖淫活动，随后，相关媒体立即进行报道，还报出了“持学生证可打折”一事。27 日上午 10 时，学院宣传处对澎湃新闻记者表示，该酒店与学院无关，而校长赵作斌也不是酒店总裁。后经调查证实，武昌理工学院和广信国际大酒店均属广信科教集团。广信科教集团董事长、总裁名为赵作斌，同时兼任武昌理工学院校

长一职。[5]此事一出立即引起了广泛的社会舆论，致使一件舆论事件迅速地演变成一件臭名昭著的教育舆情事件，究其原因主要是在事情发生后，涉事学校未能还原事情真相、逃避事件责任。此外，公众媒体的过度报道也在一定程度上助推了舆情事件的发展态势。

案例三：兰州交通大学博文学院开除患癌女教师事件。2014 年 6 月 1 日，兰州交通大学博文学院女教师刘伶利被确诊患有卵巢癌。后在向学校请假治疗期间，也就是 2015 年 1 月 19 日，刘伶利莫名被告知遭学校开除。2015 年 3 月 29 日，刘伶利向甘肃省榆中县劳动人事争议仲裁委员会提出仲裁请求，未果。2015 年 10 月 20 日，榆中县人民法院一审判决恢复双方劳动关系。之后，博文学院不服一审判决，向兰州市中级人民法院提出上诉，半年后，兰州中院二审判决维持原判。但是，博文学院二度不执行判决，2016 年 8 月 14 日，刘伶利带着遗憾离开了这个世界。此事一经媒体报道，就迅速成为社会舆论的焦点，博文学院针对此事的一系列做法和不执行法院判决的行为，在引起社会公愤的同时，也给在校学生和教师带来了极大的负面影响，迅速成为教育界的一大丑闻，并从根本上助长了舆情事件的发展态势。

四、高校网络舆情事件存在的问题思考

通过对上述网络舆情热点案例的描述和分析，在三个典型案例发生、发展的过程中，各大高校对舆情事件的反映和做法都不断地暴露出这样那样的问题。原本最多是发生在高校的热点事件，到最后为何一步步地发展成棘手的舆情事件，进而引起广泛的社会舆论？究其原因，主要是高校在舆情应对和处理的过程中存在着太多的缺失。

（一）舆情危机感和舆情判断力缺乏

舆情研判是指舆情监控主体在舆情监测动态的过程中，通过相关的舆情监测软件搜集和整理已经发生和正在发生的热点问题，并运用适当的手段和方式，对搜集到的信息进行甄别和判断，以预测舆情信息的发展态势，并做出相应的处理，以达到化解公共事态危机的目的。但是，从以往发生的教育舆情事件来看，各大高校普遍比较缺乏强烈的危机公关意识和研究、分析舆情事件的能力，在处理突发性事件的时候往往处于被动的状态。例如，厦门大学博导吴春明诱奸女研究生事件，在事件刚刚曝出的萌

芽时期，一名女网友发表微博暗指厦门大学“教授诱奸女学生”一事，作为涉事高校的厦门大学却没有任何反应，对此事背后隐藏的潜在危机和风险全然不知，直到事件再次曝出才着手调查回应此事，以至于错失了处理问题的最佳时机，最终造成了复杂强烈的社会舆论，严重地影响了学校的声誉。同样，武汉理工学院在面对媒体的过度报道时，也未能做出及时的甄别和判断，导致舆论事件的不断升级和扩大。

（二）舆情应对缺乏及时性和真实性

本文通过对以上三个案例的详细描述和分析，不难看出它们都存在着一个共同的问题，就是高校在面对突发性事件的时候往往反应太过迟钝，屡次错失处理问题的最佳时机，最终让热点事件一发不可收拾地变成了棘手、负面影响爆棚的网络舆情事件。例如，兰州交通大学博文学院开除患癌女教师事件，在当事人申请仲裁调解时，博文学院就应该把握住时机，用认真坦诚的态度跟当事人交涉，而不是等到当事人死亡后经媒体报道才去道歉赔款。从事件的发生到最后的处理结果，整个过程历时一年半，足以说明博文学院在应对此事的过程中，严重地缺乏及时性和有效性。再者，武昌理工学院在事件发生后，虽然做出了积极的回应，但是却没有遵循实事求是的原则还原事情的真相，极力撇清酒店和学院的关系，导致了后来事态急转直下。

（三）次生舆情感缺乏

教育领域内的次生舆情就如同自然灾害领域内的次生灾害，它通常是指在舆情灾害发生之后，由于涉事单位未能及时介入处理或者是媒体信息的过分集散，舆论在事件处理的过程中没有得到及时的平息，进而引起新的舆情爆发，形成次生舆情。例如，厦门大学博导诱奸女学生事件，在事件的萌芽时期，厦门大学并未做出任何的回应，直到7 月 10 日，网上又出现了一篇附床照的微博声援这一事件，再度发酵的事件已经引起了广泛的社会舆论，厦门大学才做出立即严查的反应，但是为时已晚，次生舆情早已爆发起来，最终产生了严重的社会后果。

（四）舆情应对缺乏互动性

一般而言，不管是突发性事件还是网络舆情事件，在它们发生之后都会形成广泛的社会讨论。但是，高校在应对和处理舆情事件的过程中往往都会选择逃避的做法，不会正面地和社会公众进行互动和交流，最终大都使事情朝着相反的方向越走越远，进而形成极具负面影响的舆情事件。通过上文的例子，我们可以看出，不管是厦门大学还是武昌理工学院，在初步介入事件的时候，都没有能够及时地和社会公众就社会舆论的焦点进行互动和沟通，只是在次生舆情爆发之后，才分别采取相应的措施进行补救，这种亡羊补牢的做法事实上才是真正助长了网络舆情的恶劣态势。

（五）舆情应对缺少“三公”

这里的“三公”是指高校在处理舆情信息的过程中往往缺乏公平、公开、公正，在处理信息的过程中大多采用封闭式的处理方法，一味地选择逃避。就武昌理工学院校内酒店组织卖淫一事而言，在酒店与学院的隶属关系问题上，学院不但没有还原事情的真相，还极力地发布造假言论，欺瞒公众，在舆情事件的处理过程中很明显地违背了公平、公开、公正的原则，最终导致舆情事件的升温。

五、微媒体时代高校网络舆情建设策略研究

以上主要分析了高校在网络舆情事件应对过程中存在的主要问题，这些问题也为高校网络舆情信息的研究提供了根本的依据。在当前媒介竞争日益激烈的情况下，“微媒体”设备以及“微媒体”技术正在以全新的方式影响着大学生群体。它在给大学生带来诸多便利的同时也产生了这样那样的问题，技术的进步使得网络舆情信息的把关性逐步减弱，最终成为引爆社会危机的平台。就整个高校的网络舆情信息而言，建立健全完善的预防和研究机制是保障高校管理系统平稳运行的根本方法。如果应对不当，就极易引发强烈的社会舆论，产生严重的后果。所以，本文认为在微媒体视阈下应对高校舆情信息的演化应该从以下几个方面着手。

（一）建立完善的舆情应对体系

在网络媒介不断革新和发展的今天，信息的全球化早已不再是只存在于纸面上的概念，而微媒体的日益崛起更是使得网络舆情危机的发生频率大大提高。随着网络信息的安全性不断降低，网络舆情也越来越不受控制。各大高校作为文化传播的集散地，很快就成为网络舆情危机爆发的巢穴，不仅给学生群体造成了严重的危害，就连相关的科研机构也受到了不同程度的影响。因此，为了维护和保证学校的信息安全，建立完善的舆情

应对应急体系就显得格外重要。

在面对突发性的网络舆情事件时，高校只有建立精准的应对应急体制，才能够在第一时间内收集相关的网络舆情信息，进而做出精确的研判和跟踪，以坦诚的态度和社会公众进行互动和交流，回应社会热点舆论，稳定社会情绪。就高校网络舆情事件而言，可建立起来的应急体系应该包括专门的舆情监测人员、舆情研判人员和专门的舆情引导人员。这样，在舆情信息的应对过程中，通过各部门的纵横交叉和相互连通、及时行动，才能够赢得舆情引导的主动权。前文谈到高校舆情危机感和舆情判断力缺乏的时候就曾指出过这个问题，在三起事件发生的过程中，正是由于涉事高校未能及时建立完善的舆情应对体系，所以才造成了严重的后果，大大地损害了学校和教育界的形象。

（二）建立高校舆情“新闻发言人”制度

“新闻发言人”一词多见于新闻发布会、高级政府部门和社会组织机构，在这里是一个引用的概念，本文所说的新闻发言人也被称作网络发言人。众所周知，在我国的新闻发布会上和主要政府部门基本上都设有新闻发言人代表主体说话，但在我国的各大高校中，却很少有设立新闻发言人制度的。在微媒体时代，舆情信息的传播不断呈现出爆炸性增值的态势，近年来发生在各大高校的不少重大舆情事件，有相当一部分都是因为涉事单位新闻发布的不当所造成的舆情失控，一定程度上反映出了高校舆情管理人员极差的媒介素养，这就迫切需要在高校建立网络发言人制度。网络发言人制度就是在新闻发言人制度的基础上做出进一步的延伸，代表高校在网络上及时发布舆情教育信息。另外，高校作为我国主流意识形态的高地，往往也代表着政府的形象，所以，从这一层面来说，也迫切要求高校网络发言人制度的建立。

（三）增强网络舆情的公开话语权

通过观察近几年来发生在高校的重大舆情事件，我们不难看出，在网络舆情信息的萌芽时期，绝大多数高校都是一味地选择逃避责任，而不是及时疏通信息，还原事情的真相，最终由于传授双方信息的不对称导致谣言四起，引发较大的社会热点舆论。在微媒体日渐普及的情况下，网络舆情的传播变得更加复杂和不可控制。因此，为了适应微媒体媒介的这一传播特性，就需要高校在增强网络舆情的公开话语权方面多下功夫。

增强公开话语权，首先，在舆情事件发生之后，高校可以改变涉事单位和社会公众、网民的传统沟通方式，逐渐抛弃传统的“我说你听”的单向传播模式，从而实现一种“我说你说，你问我答”的全新交互形式。其次，为适应微媒体技术的特点，各大高校可以建立一些官方平台，比如开通微博，建立微信公众号和一些重点门户网站，在发布准确消息的同时也可以增强社会大众的话语权，使得他们的观点和意见能够得到及时的投放，从而达到缓解舆论压力的目的。在厦门大学博导吴春明诱奸女研究生事件和武昌理工学院被曝设足疗部组织卖淫事件的案例中，我们可以发现，这两起事件最终能够发展成为全国性的热点舆情事件，原因就是在这两起事件发生的过程中，两大高校都未能及时疏通话语权，还原事情的真相，造成传授双方信息的不平衡，严重地影响了双方的互动和交流，最终导致了舆情信息的恶化。

（四）建立完善的高校舆情管理队伍

完善的高校舆情管理队伍是维护高校舆情信息安全的重要保障。高校作为我国主流意识形态的高地，正向和负向的网络舆情信息都极易对大学生产生很大的影响。因此，这时就需要高校建立起一支完善的舆情管理队伍，其可以邀请舆情管理方面的教授专家、学校领导、教师和学生干部作为队伍的主要成员，还需要有相关的技术人员作为支撑，这样就可实现对高校舆情信息的实时监控。

此外，在管理队伍的组成中，我们还要重视“意见领袖”的作用。“意见领袖”也被称为“舆论领袖”，这一概念在20世纪40年代由传播学者美籍奥地利人拉扎斯菲尔德首先提出，起源于拉扎斯菲尔德和伊莱休·卡茨的两级传播论。“意见领袖”是指在人际传播网络中经常为他人提供信息、意见、评论，并对他人施加影响的“活跃分子”，是大众传播效果形成过程的中介或过滤的环节。[6]信息在传播的过程中首先会经过“意见领袖”，最后传达给社会公众，形成信息传播的两级传播。“意见领袖”一般具有较强的人格魅力，往往能够产生一呼百应的影响力，所以，在舆情管理队伍建立的过程中，我们应当重视“意见领袖”的作用，这样在舆情信息传播的过程当中才能够产生较好的管理效果。

六、结语

在微媒体日渐革新和完善的网络生态环境下，突发性事件引发的舆情，尤其是教育舆情在演变的过程中越发变得不可调控和预测。特别是在近几年，高校网络舆情事件频频发生，并逐步演变为社会热点事件，给高校和教育界带来了极大的负面影响。在微媒体导致的复杂舆情演化局面中，信息的管理者要想实现有效的掌控，防止舆情信息的滋生和蔓延，就必须要厘清事件演化的真正机理，进而提出行之有效的对应措施和策略。所以，针对高校在舆情应对过程中采用的种种不当措施，本文尝试做了一些分析和探索，希望能为教育决策部门和高校的教育管理工作者提供一定的决策依据和有力支持。

参考文献：

［1］百度百科. 关于微信使用情况调查报告［EB/OL］. 2016-1-27, http：//wenku. baidu. com/link？ url = hLzexerwQ6YqQ1J _ YDOpmg2soZ _ 3uZ2fvsoryFu1DD3aaJR34UynivBAuLbmjj8hMUrtX9ed1PwBOvd7puxBTVS13jChZGZk6rLrsAZVvma.

［2］刘振琍，刘毅. 高校教育舆情研究论略：热点、问题与展望［J］. 理论与现代化，2014（2）：87-91.

［3］李昌祖，杨延圣. 教育舆情的概念解析［J］. 浙江工业大学学报（社会科学版），2014（9）：241-246.

［4］高校腐败频发 十八大以来高校腐败案件已达50多起［EB/OL］. 2015-4-27，http：//edu. people. com. cn/n/2015/0427/c1053-26909890. html.

［5］武昌高校酒店员工组织卖淫案［EB/OL］. 2014-10-27，http：//baike. baidu. com/link？ url=uyA_ JnCH_ FYDX1zX9st_ 3Tno00FuDAgtNuTI6JBY7tHIk39I10_ Xgr4aw2XT3RY-sTQwT17iDnGD79j53GKiDYSqfsNiskuW3SPSGs2gLEFR-czHI9eO1sHrXosje1ATjOGp9kaYsjJDiuRVFEo7dRagv_ 412MHHv0U3hFxMuu9wL-S0hxG9vXYefvZjsp1GeoOLOoM2FZmdhQGVpzt6ghVmaeUbANlM2-EpXRiFfTK.

［6］何健. 高校大学生网络舆情特征与管理对策研究［D］. 重庆：西南大学，2015.

行动中的看客

——大学生网民旁观群体对“人肉搜索”认知态度及行为状况研究

郭慧玲

摘　要：从2001年第一起“人肉搜索”事件发生至今已有十五年，自“人肉搜索”进入我们的视线以来，每一年，在互联网信息传播领域，其独特的组织形式给社会创造了一个又一个信息传播的奇观。已有众多学者分别从心理学、社会学、法学、传播学等角度对“人肉搜索”现象及其参与者心理进行研究，但本文另辟蹊径，从被大众忽略的“旁观者”——网络看客的角度入手，利用问卷及深度访谈探析大学生网民旁观群体对“人肉搜索”的认知态度及行为状况。研究发现，大学生看客对这一网络集体行为保持关注，公权力、道德以及社会救助事件是他们关注的重点，且对每一起“人肉”事件当事人的个人信息也充满兴趣；“人肉”事件对他们的影响也偶尔会不自觉地被带入自身的日常生活、学习与工作的某些方面；大学生网民亚群体之间对待“人肉搜索”的态度与行为也略有不同。

关键词：人肉搜索；看客；旁观者；认知态度；行为状况

一、研究缘起

“人肉搜索”是高度网络情境化的“集体行为”，即在“张力”情境中，网民群体自发地围绕某个事件或议题展开的“非体制化”网络集体行为。[①] 其具有自发性、互动性、高效性、共享性、公益性以及互助性的特

作者简介：郭慧玲，武汉大学新闻与传播学院硕士研究生。

① 郝永华，周芳．人肉搜索的第一个十年（2001—2012）：基于集体行为理论的实证研究［J］．现代传播，2013（300）：129.

征。从中国开始进入网络时代起，作为与网络时代相伴而生的产物——“人肉搜索”从诞生以来就备受关注且争议不断，其凭借强大的信息交流功能对社会产生了巨大影响，夺人眼球的“人肉”事件不时发生。在2001年第一起“陈自瑶事件”出现之后，“人肉搜索”似乎经历了几年雪藏般的沉寂，却在2006年“虐猫事件”和“铜须门事件”问世之后获得了空前的关注，并不断得到升级式发展。

然而与其在中国形成的热闹场景相比，国外类似事件却鲜有耳闻。他们认为“人肉搜索”就像是一个“全视景监狱”，具有严重的“监视”效果，使他们感觉自己被看守了，[①] 个人隐私权被严重侵犯。对他们而言，“人肉搜索”是广大网民所进行“点对点”监督的一种形式，广大群众在虚拟网络被赋予了巨大搜索权力，搜索结果可能对被搜索者产生越来越强的侵入性和不利性。不可否认，西方网络社会也许也会有类似于人肉搜索的事件，但由于西方社会的个人隐私意识较强烈，西方网民对个人资料隐私权方面的考虑比中国网民更慎重，因此即使有类似事件，也难以产生如中国的人肉搜索一样的网络热潮。[②]

很多中外学者都一致认为，中国的网络被视为是世界上最热闹、最嘈杂，也是最舆论化的网络文化。对于提倡自由与民主却对网络内容管控相当严格的中国地区而言，无牵涉政治敏感议题的“市井小民式”的网络议题反而能够获得自由多元的网络生存空间，让“人肉搜索”这种网民通力合作的集体搜寻行为蔚然成风。在国外鲜有耳闻的“人肉搜索”在中国却成为一种“中国特色”，它为何能够成为“中国特色”？这一高度中国化的产物到底是出于何种原因备受瞩目和青睐？民众到底是出于何种心理参与其中？它又导致了哪些特殊现象的产生？这些已然成为众多研究以及本研究想要解决的问题和探讨的方向。

在中国，充当这样一种独具中国色彩的网络集体行为的“市井小民”主力军的实则是网络看客，并非它的直接参与搜索人员。因为尽管“人肉搜索”涉及人数众多，但那些为数不多的所谓的“积极参与者”在事件真相大白之后便各自分散而去，缺乏采取进一步行动和努力的兴趣，对事件的发展也并未起到实质性与关键性作用。即使每一起“人肉”事件都吸引了大量的点击率，但绝大多数网民只是充当了旁观者与哄客的角色，是他

① Foucault. Discipline and punish：The birth of the prison［M］. New York：Vintage Books，1995：57.

② 侯政男，蔡宗哲．严格控制下的激情、监督与淡定：中国大陆网站人肉搜索行为之理论建构探讨［J］．中华传播学刊，2013（24）：88.

们支撑起了“人肉搜索”大半的“江山”。

作为一种极具代表性的网络集体行为，“人肉搜索”现象的研究已经涵盖了法学、心理学、社会学、传播学等多个领域，但这些研究多是从“人肉搜索”现象本身出发对其概念、特点、传播过程等方面进行探讨。因此本文希望从旁观人群——看客出发，研究大学生网络看客对“人肉搜索”事件的认知态度及行为状况，希望通过量化研究与质化研究相结合的方式了解大学生网民旁观群体是如何看待及对待这一行为的，并对大学生“人肉搜索”看客群的旁观心理作出研究，透析他们掩藏在集体狂欢行为之下的心理真相。

二、“行动中的看客”核心概念阐述

（一）传统观念中的“看客”

看客，通俗地来说就是旁观者，是指人们用旁观者的姿态面对周围的人和事，无论何种性质的事件都如同看戏一般，对当事人没有理解与同情的心理反应，把自己当作与事件毫无关联的局外人。人们不为矛盾的解决而四处奔走，却为矛盾的进一步激化而欢呼相告，看客们的邪恶快感、社会恐惧以及道德恐慌成为典型的社会旁观心理特征，他们没有成为造成事件发生的核心人物，却成了推动事件进一步发展的关键。

时至今日，这种现象不但没有消失，反有愈演愈烈的趋势。“随波逐流”的从众心理越来越在中国这个有着古老传统文化观念的国度“蓬勃生长”。“看客心理”是潜藏在人类意识层面的阴暗面，人们借以为自己百无聊赖的生活增添几分颜色：围观事故的发生，“窥视”公众人物的隐私，如看戏般看待人间悲欢离合甚至唯恐天下不乱。①

（二）“行动中”的看客

网络的高速发展给足不出户便可通晓天下大事的网友们带来了极大的便利，他们不再像以往那般成为“在场”者，不再像传统“看客”那般无法“发声”。当信息触手可得的时候，当高速对话的虚拟性带来无限快感的时候，他们就成了利用网络平台获得话语权的人。

① 李思文．浅析“看客心理”影响下的“冷血报道”［J］．新闻世界，2013（6）：317.

网络时代的看客比以往那些麻木不仁的街头看客们有了更多的行动，他们不直接参与网络事件及网络行为，却“用酷语、色语和秽语对公共事件或人物进行道德、美学评判”[①]。他们比传统的看客多了信息来源的渠道，多了对信息的全方位、多角度的解读，也多了发表观点看法以及信息交流的平台。网络的匿名性给他们带来了更多的便利，他们给类似于“人肉搜索”等网络行动所贡献的点击率是这些网络行动剧目快速发展下去的主要原因。网络看客们通过搜索、鉴赏甚至评论别人的痛苦，来使自身的痛苦得到一种宣泄、转移，以至于遗忘，甚至达到一种自我的“满足”。

在新媒体时代，网络看客对类似于“人肉搜索”的网络事件做出的例如评论、转发、信息搜集等行动使他们成为新一代的“看客”群，他们对话语权的控制、个人观点相对自由的传播和互通成为新媒体环境下“看客”的主要行动。

三、研究设计

（一）研究对象

截至2016年6月，我国网民仍以10～39岁群体为主，占整体的74.7%，其中20～29岁年龄段的网民占比最高，达30.4%。[②] 通过网民结构报告我们能够得知，学生群体尤其是处于20～29岁阶段的大学生群体占互联网网民中的绝大部分，他们是各种网络集体行为的主力军，对他们参与网络互动的心理及行为进行研究应该是最具有代表性的。因此，本文最终选择了大学生群体作为研究对象，分析“人肉搜索”中网络旁观群体的认知态度及行为状况。上海作为一线城市，人口构成复杂、来源地众多，大学生来自全国各地，且一线城市互联网业高度发达，学生网民众多，因而选择上海部分高校大学生作为调查对象。

其次，笔者根据上海高校优势学科种类具体情况，选择了复旦大学、同济大学、上海交通大学、上海财经大学、华东政法大学、上海理工大学

① 百度百科．看客［EB/OL］．http：//baike. baidu. com/subview/1046219/13607221. htm.

② 中国互联网络信息中心（CNNIC）．中国互联网络发展状况统计报告［R］．北京：中国互联网络信息中心，2016.

以及上海大学的在校学生作为主要研究对象，同时也不排除其他一些上海高校生的参与。选择以上七所高校的主要原因在于，复旦大学向来以文科强项著称，同济大学、上海交通大学是著名的全国性的理工科类高等院校，上海财经大学与华东政法大学分别为财经类院校与政法类院校的先导，而上海理工大学与上海大学分别是地方扶持的理工类与综合类重点院校，这七所高校学生的认知及态度就上海地区来说较具有代表性。

（二）研究问题

本研究的研究动机中已经对本文欲研究问题做了初步梳理，为了更好地提出问题假设，笔者再对问题进行了细化，具体的研究问题如下：

RQ1：大学生网民旁观群体是否认同“人肉搜索”这一行为？如何看待这一行为？

RQ2：大学生网民旁观群体出于何种动机来旁观“人肉”事件？

RQ3：大学生网民旁观群体会选择旁观哪些“人肉”事件？这些事件具有怎样的特点？

RQ4：大学生网民旁观群体最想了解一起“人肉”事件的哪些信息？

RQ5：大学生网民旁观群体在旁观线上“人肉”行为后，线下或继续在线上是否会做出一些行为举动？对他们有何影响？

RQ6：大学生网民亚群体之间对人肉搜索的认知以及反应是否有差别？差别体现在何处？

（三）研究假设

1. 研究假设之理论基础

本文着重分析作为“人肉搜索”主要旁观群体的大学生网民对“人肉搜索”事件的看法以及可能会作出的行为状况，所涉及的理论主要有三：社会动机理论、马斯洛需求层次理论以及集体无意识与大众狂欢理论。社会动机理论是解释社会群体集体行为的重要理论之一，对于普遍具有社会性质的行为举止动机作出合理的解释。马斯洛的需求层次理论又为人类产生某种行为的心理及生理需求提供了应答，而对于“人肉搜索”中大学生看客的关注行为是一种在满足了低层次需求之外的最高层次的需求，具有“自我实现”的性质，同时也是产生旁观心理的动机之一。而把集体无意识与大众狂欢理论放在一起则是为群体产生“旁观”行为提供了依据，这两个理论能很好地把看似明显带有群体主观心理的行为解释成“无意识”，也能够帮助解释大学生网民群体旁观“人肉搜索”的原因。

（1）社会动机理论

“人肉搜索”中大学生网民旁观群体的关注行为虽然只是个人行为，但是具有明显的社会性，是一种社会行为。“人肉搜索”中大学生旁观群体的行为是出于社会动机，本研究从以下两个条件来判定：其一是某一行动中个人赋予行动以意义；第二是行动者的行动指向他人。旁观“人肉搜索”事件的群体对该事件的关注是有巨大意义的，他们的关注推动了事件的进一步发展，而他们关注这些事件又是为了了解事件背后的真相，希望知晓当事人的真实情况，因此他们的这一行为是出自于个人的社会动机，是一种社会行为。社会动机类型主要涵盖七种，分别是：

好奇动机：当个体遇到新奇的事物，常常表现出注意、摆弄、探索等行为，促成这些行为的内在力量，通常称为好奇动机。

情感动机：个体去从事一项行为只是为了满足个体自身多方面的情感。

社会赞誉动机：人类有许多行为的动机是为了取悦于人，让别人称赞，这一类动机叫社会赞誉动机。

成就动机：个体去从事、完成自以为很重要或是很有价值的工作，并想达到完善地步的一种内在推动力量。

亲和动机：与人结群、交往，希望有人陪伴的内在推动力量。

侵犯动机：绝大多数学者都认为侵犯是一种习得的、达到个人目的的方式，是愤怒和挫折的表现。但挫折不一定导致侵犯。侵犯行为可因惩罚而受抑制，因放纵而增加。

利他动机：推动个体从事毫无利己考虑的行为的内在推动力量。一般认为有三个特征：一是完全自愿，二是纯粹以有利于他人为目标，三是不带有任何酬偿的期望。

笔者在上文中已说明“人肉搜索”中的大学生旁观者的关注行为出于社会动机，因此可以用社会动机理论来对他们的行为进行解释。心理学认为，一个动机可以引发多种行为，反之亦然，一种行为也可以由多种动机引起。本研究借鉴社会动机类型对大学生网民群体旁观“人肉搜索”的动机进行分类：好奇动机、情感动机、社会赞誉动机、成就动机、亲和动机、侵犯动机以及利他动机。比如“人肉搜索”中的旁观者关注“人肉搜索”是为了追求事情的真相这种好奇动机，而因事件中的当事人产生怜悯或愤恨的情感而引发的相关关注行为的情感动机。

（2）马斯洛需求层次理论

马斯洛需求层次理论是行为科学的理论之一，由美国心理学家亚伯拉罕·马斯洛于1943年在《人类激励理论》中所提出。书中将人类需求像阶梯一样从低到高按层次分为五种，分别是：生理需求、安全需求、社交需求、尊重需求和自我实现需求。

自我实现需求是马斯洛需求五层次中最高一级的需求，这一需求简单来说，就是指实现个人理想、抱负，发挥个人的能力到最大程度，达到自我实现境界的人，完成与自己的能力相称的一切事情的需要。自我实现的需要是在努力实现自己的潜力，使自己越来越成为自己所期望的人物。大学生网民旁观群体关注“人肉搜索”事件体现了马斯洛需求层次理念中最高的自我实现需求，对这一群体来说，关注“人肉搜索”似乎成了实现个人“潜力”的途径，伴随着越来越多非常规事件的出现，人们对“人肉”事件的关注程度也就越来越高，当事人个人信息的曝光率充分提高，事件真相也得到充分挖掘，这一行为也激发了“人肉”事件真正参与者的热情，看客们产生了一种自我实现的心理满足，尤其是在出现令网友们愤怒的人或事时，他们产生了宣扬正义与善良、抨击不公与伪劣的追求，或许他们没有像事件直接参与者一般公布当事人的相关信息，但是其旁观及评价等行为依然促进了事件的发展，其心理诉求仍然得到了满足。

（3）集体无意识与大众狂欢理论

集体无意识理论是由瑞典分析心理学家荣格提出的，该理论认为集体无意识的内容是原始的，包括本能和原型。

法国心理学家勒庞在《乌合之众》中将这种集体无意识行为归结为理性缺乏、推理能力低下、稍有深思熟虑而混混沌沌的思想状态。[①] 聚集成群的人们，感情和思想会转到同一个方向，自觉的个性消失了，形成一种集体心理，其心理特点是冲动、易变和急躁，易受暗示，易于轻信，情绪夸张而单纯，也会出现偏执、专横、保守的倾向。[②] 有些“人肉搜索”中的大学生旁观群体无意识地选择这种懵懂混乱的行为方式，个体会受集体意识的影响而产生从众效应，做出所谓“随大流”的举动，而此种随波逐流的举动无疑助长了网络舆论“一边倒”的情况——集群极易受到情感因素的刺激而作出偏激的行为，从而沦落为勒庞笔下的“乌合之众”、集体无意识的“群氓”。

而当我们在谈到集体无意识理论之时，又常常会把它与大众狂欢联系在一起。“狂欢”一词最早出现在20世纪伟大的文艺学家巴赫金的理论著作

① 古斯塔夫·勒庞．乌合之众［M］．冯克利，译．北京：中央编译出版社，2004：78.
② 古斯塔夫·勒庞．乌合之众［M］．冯克利，译．北京：中央编译出版社，2004：78.

中，他的“狂欢”理论的前提是两种世界、两种生活的划分。第一世界是官方的、严肃的、等级森严的秩序世界，第二世界则是狂欢广场式生活，是在官方世界的彼岸建立起的完全“颠倒的世界”，这是平民大众的世界。而一切非平民阶层要想在第二世界生活，只有放弃在第一世界的一切权力、身份、地位，才能够为第二世界所容纳。① 而新媒体时代之下的“大众狂欢”亦是这两种世界的再现，“人肉搜索”的看客们为一件比较关注的事齐声叫好，或一起取乐调侃，有时却又丧失立场的举动，使其陷入集体无意识状态。第二世界的势力与浪潮比第一世界高得多，第一世界的群体则会陷入集体狂欢化的情境，纷纷涌向第二世界。此种混沌局面之下产生的“集体无意识”是研究旁观者群体的重要理论，这也和大众的从众心理息息相关。

2. 研究假设的提出

在前一节的研究理论基础中本文已经对研究方向和理论做了简单分析，且通过对5名访谈对象进行的深度访谈，对本文研究问题做了大致了解，他们表示经常关注“人肉搜索”事件，但从内心想法上来说并不完全认同该种行为的发生。

本文还对被访对象关注“人肉搜索”的原因即动机进行了汇总整理，“人肉搜索”大学生旁观群体提及的参与原因主要包括：探寻真相、满足兴趣与乐趣、促进交流、充满成就感、就是喜欢“人肉搜索”、带来自由感、用来打发时间、多数人关注所以我也关注等。调查结果如下：

对以上调研到的关注原因部分进行提炼，将其归纳为关注“人肉事件”的社会动机，参照本研究的理论基础即研究变量将其分类，具体对照如下（表1）：

表1　“人肉搜索”大学生看客关注原因与影响动机对照表

关注原因	影响动机	关注原因	影响动机
探寻真相	好奇动机	就是喜欢“人肉搜索”	情感动机
满足兴趣与乐趣	情感动机	带来自由感	自我实现动机
促进交流	成就动机	用来打发时间	集体无意识动机
充满成就感	成就动机	多数人关注所以我也关注	集体无意识动机

① 秦勇．巴赫·金与冯梦龙的笑文化［EB/OL］．http：//gb. cri. cn/3601/2005/01/12/882@420572. htm.

通过对5名被访者关注“人肉搜索”事件的原因、关注类型、关注“人肉”事件的具体信息和线下行为的深入探究与总结，对本文的六个研究问题分别提出如下假设：

针对RQ1：

H1：大学生网民旁观群体对“人肉搜索”保持不完全认同的态度。

针对RQ2：

H2：好奇动机对大学生网民旁观群体的“关注”行为有正向影响。

H3：情感动机对大学生网民旁观群体的“关注”行为有正向影响。

H4：成就动机对大学生网民旁观群体的“关注”行为有正向影响。

H5：利他动机对大学生网民旁观群体的“关注”行为有正向影响。

H6：自我实现动机对大学生网民旁观群体的“关注”行为有正向影响。

H7：集体无意识动机对大学生网民旁观群体的“关注”行为有正向影响。

针对RQ3：

H8：大学生网民旁观者更偏向于选择关注高政治性色彩“人肉”事件。

针对RQ4：

H9：除“人肉”事件基本情况以外，大学生看客对“人肉”事件中当事人的个人信息有高度知晓欲。

针对RQ5：

H10：大学生网民旁观群体会被网络主流思想影响、牵着鼻子走并会把“人肉”事件不自觉地带到自己的工作和生活中。

针对RQ6：

H11：大学生网民亚旁观群体之间对人肉搜索的认知及反应有差别。

（四）研究方法

鉴于本文的研究主体是上海部分高校大学生网民，故本研究采用的主要研究方法是问卷调查法与深度访谈法，本文对上海部分高校生展开问卷调查，通过对其进行多角度的问题调查来剖析网民对“人肉搜索”的认知态度与具体行为状况，探寻众多旁观者们如何看待和对待“人肉搜索”的“共性”。本研究通过“问卷星”对问卷进行在线处理，并通过笔者的个人人际网络关系针对想要调研的七所高校的学生进行为期一个星期（2015年4月7日—13日）的在线投放（不排除上海其他高校的学生填写），共投放380份问卷，除去填写无效问卷，最终共得到349份有效问卷，其中笔者主要想调研的七所高校学生填写266份，上海其他高校学生填写83份，问卷回收率高达91.8%。

除此以外，本文还对网龄超过7年且经常活跃于论坛、关注“人肉”事件的七所高校中的五名大学生展开深度访谈，深入挖掘他们的想法，找寻旁观群体看待“人肉搜索”事件的“个性”。文中访谈者分别用M1、M2、M3、M4、M5代替。M1来自上海大学，女生，22岁，大四，所学专业为影视工程学。M2来自复旦大学，男生，24岁，研一，非法学法硕。M3来自华东政法大学，女生，20岁，大二，学习法学。M4来自同济大学，男生，21岁，大三，专业为车辆工程学。M5来自上海理工大学，19岁，男生，大一，经济系。

（五）问卷设计与类目建立

大学生网民群体对“人肉搜索”认知态度及行为状况调查问卷中共包含四个部分：

第一部分为问卷说明，主要表明笔者做该调查的目的及对问卷填写进行必要解释。

第二部分了解被调研对象的个人信息及个人的网络使用情况。

第三部分为“人肉搜索”调研浅层问题部分，主要关于本研究的一些大众化问题。

第四部分为本问卷的关键部分，主要测量旁观群体旁观“人肉搜索”的动机。

根据前述之研究问题，本研究特别关注的变量为“个人信息”“认知态度”“行为状况”。因此根据本研究所研究的问题，将研究类目分为以下两大块：

1. 个人信息变量

这一类目主要包括的个人信息特征变量有性别、所属高校、目前受教育程度、专业、接触网络时间段、常用上网工具、每天上网时长、上网主要目的、网络带来的影响以及信息主要获取渠道等十个部分。

2. 认知态度与行为状况变量

此部分主要针对笔者欲研究的前五个问题，参考相关文献，依次对态度变量、社会动机变量、事件特点变量、事件信息变量以及行为举动变量进行相关定义，本文出于以上研究目的自制李克特五级量表（量表问题范围为以上五个变量，量表具体内容见附录），对相关问题展开讨论。量表表述针对问题情况如下：

（1）表述1—5：针对RQ1

（2）表述6—23：针对RQ2

（3）表述24—28：针对RQ5

（六）数据分析方法

研究者在整个样本中随机抽取了75份问卷，研究者以自身独立编码者（independent coder）予以检验，Krippendorf Alpha值显示信度值（inter-coder reliability）的均值为85%，达到了绝大多数内容分析的要求。本研究的数据分析采用SPSS for Windows 19.0进行。

四、对各研究问题回答

RQ1：大学生看客是否认同"人肉搜索"行为？如何看待这一行为？

通过调研数据的描述统计我们可以发现，绝大部分大学生网民旁观群体虽然会关注"人肉"事件（302人，86.54%），但是对此种网络集体行为表示不予认同的只有153人，占43.84%。这结果看似矛盾，却反映了当代大学生网民群体的社会化心理，人们关注"人肉搜索"事件，"一是为了被群体接纳和免遭拒绝，二是为了获得重要信息，这两个原因被命名为'规范影响'和'信息影响'"[①]，人们总是主动地选择自己所偏爱和需要的信息。[②] 而绝大部分看客不认同此种行为则是在关注同一事件的社会化心理下带来的个性化差异，"关注"只是一种必不可少的行为，而"态度"则是这一行为的自我实现需求得到满足之后所做出的思想意识上的反馈。因此，虽然众多大学生网民群体都充当了"人肉搜索"事件的看客，但是对这样一种行为依然保持着自身的否认态度，也许越是能引起内心强烈反对的事件，越能够激发人们的关注度、提升人们的参与感（表2）。

① 戴维·麦尔斯．社会心理学［M］．张智勇，等，译．北京：人民邮电出版社，2006：153.

② 陈力丹．传播学纲要［M］．北京：中国人民大学出版社，2007：177.

表2　大学生网民看客对“人肉搜索”的看法态度表

选项	非常不同意	不同意	一般	同意	非常同意	均值	标准差
Q1	14（4.01%）	18（5.16%）	81（23.21%）	180（51.58%）	56（16.05%）	3.70	0.936
Q2	18（5.16%）	55（15.76%）	147（42.12%）	100（28.65%）	29（8.31%）	3.19	0.974
Q3	12（3.44%）	54（15.47%）	123（35.24%）	124（35.53%）	36（10.32%）	3.34	0.974
Q4	12（3.44%）	55（15.76%）	96（27.51%）	136（38.97%）	50（14.33%）	3.45	1.029
Q5	36（10.32%）	165（47.28%）	100（28.65%）	38（10.89%）	10（2.87%）	2.49	0.921

而对于大学生网民旁观群体们对“人肉搜索”的看法态度，本文通过结合表2的数据进行说明（Q1：“人肉搜索”行为侵犯个人隐私、犯法；Q2：“人肉搜索”这样的行为很无聊；Q3：“人肉搜索”这样的行为太夸张；Q4：“人肉搜索”不利于社会和谐安定，容易引发网民的偏激行为；Q5：有关“人肉搜索”的事件自有相关部门会处理，不需要我们瞎操心）。对于表中的五项描述我们能够直观地看出网民的态度差异：首先，绝大部分大学生看客都认为“人肉搜索”行为侵犯了个人隐私、违反了社会法律。其次，超过三分之一的群体认为“人肉搜索”行为无意义、十分无聊，而近一半的群体认为此种网络集体行为不存在无聊与否，也许对他们来说某些程度上还是有一定意义的，还并未到达完全不承认此种行为的程度。心理学中有称为“脱敏效应”的概念，重复一个激发情绪的刺激，例如一个猥亵的词语，如果我们一遍又一遍地听到这个词语，那么我们的情绪性反应就会消失，通常是一点也不困扰我们。① 因此，在看过多起“人肉搜索”事件之后，人们的反应更可能是无聊、疲倦或麻木。对于“人肉搜索”行为是否太夸张的表述，表示同意的人数略超过表示感觉一般的人数，这说明对绝大部分普通看客群体来说，这样的网络集体行为还是超出了自身内心的心底防线，超出了自身对于正常网络行为的理解。再次，对于“人肉搜索”不利于社会和谐安定、容易引发网民的偏激行为这一观点，占绝对数量的大学生还是表示认可的，“随着人肉搜索的快速发展，网络舆情开始影响社会事件走向，人肉搜索影响范围越来越广，威力越来越大；二是人肉搜索开始涉及人的私生活，个人隐私的问题日益突出，一

① 徐基中．论人肉搜索的道德假象及娱乐化［J］．太原师范学院学报（社会科学版），2014：7.

些极端的语言对当事人的伤害日益严重"①，无论是从笔者调研到的整体数据还是以往的学者研究，网民对于"人肉搜索"会产生不良影响的观点始终没有改变。此部分的最后一项数据是最能够反映大学生网民的"看客"心理的，对于"有关'人肉搜索'的事件自有相关部门会处理，不需要我们瞎操心"这一表述，近三分之二的调查对象表示不同意此种观点，这一数据能够充分说明是互联网世界之下庞大的"只看不动手"的网民群体支撑起了整个"人肉搜索"系统的运营，就如调研的访谈对象所提到的那样："'人肉搜索'就像是毒药，我也像是拒绝着毒药一样拒绝'人肉搜索'这种行为，虽然不认同它，但它就是有巨大的诱惑力吸引我去关注它，一旦卷入其中，我就无法真正保持冷静，也无法拥有超然的态度。"（访谈 M2）

通过最终调研所得数据发现，大学生网民旁观群体对"人肉搜索"行为是集体不认可的，但即便如此，在他们看来，这种"夸张、略无聊且违反法律、不利于社会安定"的行为是值得被关注的。他们一方面否定"人肉搜索"行为，一方面又充分享受着这一行为所带来的旁观快感。

RQ2：大学生网民旁观群体出于何种动机来旁观"人肉"事件？

研究此问题，本文通过计算量表各维度的内部一致性 Cronbach's α 系数对量表中的有关旁观动机的项目进行信度分析，相关变量及主元素之间采用因子分析进行降维，两变量的相关性检验采用单变量方差分析，不同动机对"人肉搜索"行为的影响程度大小采用多元逻辑回归分析，以 $P<0.05$ 为有差异，即有影响。

1. 信度分析

笔者根据表 3 中的动机相关描述，依据社会动机理论中的相关动机类型以及研究假设，把相关动机描述分成以下六个动机大类，并使用数据分析功能对其进行信度分析，数据显示量表问题的信度总值为 0.927，整个量表的信度良好。从单个研究动机及表述来看，在对各表述进行删除操作后继续对量表的整体信度进行测量，发现信度皆围绕 0.927 小幅度波动，故动机量表的整体信度都很好。所有动机研究表述皆可用于相关性分析。

① 安宁，赵梦昊．青年网络政治参与中"人肉搜索"研究——对"微笑局长"事件中"人肉搜索"的观测［J］．山东青年政治学院学报，2014（06）：35.

表3 大学生看客动机量表题目信度分析表

动机类型	表述	项已删除的 Cronbach's α 值	表述	项已删除的 Cronbach's α 值
好奇动机	Q7	0.925	Q9	0.926
	Q8	0.925	Q10	0.923
情感动机	Q11	0.920	Q22	0.921
	Q12	0.920		
成就动机	Q6	0.925	Q16	0.921
	Q15	0.921	Q18	0.920
	Q19	0.919		
利他动机	Q13	0.926	Q14	0.930
自我实现动机	Q17	0.920	Q23	0.924
集体无意识动机	Q20	0.920	Q21	0.921
总 Cronbach's α	0.927			

2. 因子分析

鉴于量表中表述种类较为丰富，对于动机相关性研究十分不便，故笔者对按动机类型分类的表述进行了因子分析即降维处理。

本文对数据进行第一次探索性因子分析，最终得出分量表的 KMO 值为 0.919，同时分析后所得的 Bartlett's 球形检验的卡方值为 3879.471（df 自由度为 153），$P < 0.001$ 达到显著，说明对以上数据适合进行因子分析。

随后再采用主成分分析法进行因子抽取，对各题目进行极大方差正交旋转，得到了分量六因子模型，旋转后可解释总变异方差贡献率为 75.649%，与本文假设动机类型数量保持一致，具体分析结果见表4。表4 中最后一项 Q10（我非常渴望通过“人肉搜索”了解事情真相）因子载荷最大值为 0.471，小于标准对比载荷值 0.5，且与其在其他因子上的载荷较接近，应予以删除，此时剩余描述 17 个。

在 Q10 描述被剔除后的因子结构有可能发生改变，因此为了获取最真实的相关性数据，须再次进行因子分析以检验其结构效度，在剔除 Q10 之后分量表的 KMO 值为 0.914，同时分析后所得的 Bartlett's 球形检验的卡方值为 3662.654（df 自由度为 136），$P < 0.001$ 达到显著，说明依然适合进行因子分析。同时再次旋转后的可解释总变异方差贡献率为 76.903%，剩余的 17 个描述可以很好地归因到六个因子当中，故描述不需要再进行删除。

表4　“人肉搜索”大学生看客动机因子分析表（旋转后）

旋转成分矩阵[a]						
	成分					
	1	2	3	4	5	6
Q15	0. 582					
Q16	0. 666					
Q17	0. 800					
Q18	0. 852					
Q19	0. 815					
Q20	0. 710					
Q21		0. 750				
Q22		0. 763				
Q23		0. 737				
Q7			0. 794			
Q11			0. 629			
Q12			0. 584			
Q8				0. 788		
Q9				0. 760		
Q13					0. 737	
Q14					0. 867	
Q6						0. 686
Q10	0. 275	−0. 036	0. 395	0. 471	0. 317	0. 295
提取方法：主成分分析法 旋转法：具有 Kaiser 标准化的正交旋转法						
a. 旋转在 7 次迭代后收敛						

但进行因子分析后，具体描述所对应的动机类型与笔者之前的动机分类发生了改变，故在科学研究基础上，依据数据统计结果，本文最终确定好奇动机、情感动机、成就动机、利他动机、自我实现动机以及集体无意识动机作为研究大学生网民旁观群体关注“人肉搜索”事件的动机因素，这六个动机因素对应的描述分别为：好奇动机（Q8、Q9）、情感动机（Q7、Q11、Q12）、成就动机（Q15、Q16、Q17、Q18、Q19、Q20）、利他动机（Q13、Q14）、自我实现动机（Q6）以及集体无意识动机（Q21、

Q22、Q23）。

3. 相关分析

经过因子分析，最终确定了动机量表中六大动机因素，首先对这六大动机因素与看客对“人肉搜索”事件的关注程度进行单因变量多因素方差分析。数据齐性检验结果显示，成就动机、集体无意识动机、情感动机、好奇动机、利他动机与自我实现动机的显著性皆大于0.05，以上六项方差分析的结果值得信赖（表5）。

表5 “人肉搜索”大学生看客关注行为与动机方差分析表

		成就动机	集体无意识动机	情感动机	好奇动机	利他动机	自我实现动机
是否关注过相关事件	F值	1.885	3.781	3.642	3.971	3.541	10.487
	显著性	0.153	0.024	0.027	0.020	0.030	0.000
在P<0.05水平上显著相关							

方差分析显示（表5）：人肉搜索大学生网民旁观群体关注“人肉搜索”的行为与除成就动机以外的集体无意识、情感动机、好奇动机、利他动机以及自我实现动机均呈显著正相关关系，这些动机对看客关注“人肉搜索”行为有显著影响，成就动机在大学生网民关注“人肉搜索”行为中的动机意图不明显。

研究得出的旁观行为动机结果与笔者的假设具有高度一致性。不可否认，大学生网民正是在以上五种动机之下才会做出关注“人肉搜索”事件的行为。集体无意识动机代表的是看客的从众心理，他们并不知道自己出于何种原因关注“人肉”事件，只不过是在大众的影响之下做出了类似的行为举动。情感动机代表的是个体为了满足自身多方面的情感和欲望，而在本研究中的体现主要就是关注“人肉搜索”行为能够令旁观者们感到内心愉悦与畅快，充分满足了个人情感需求。好奇动机容易理解，主要也就是为了满足个体对一起事件的知晓欲。而大学生网民利他动机也是他们关注“人肉搜索”的一大原因，网民的同情心在事件关注行为中得到充分体现，“同情首先是人的一种道德本性或道德天性……这些本性使他关心别人的命运，把别人的幸福看成自己的事情，虽然他除了看到别人幸福而感到高兴外一无所得，这种本性就是怜悯或同情”[①]。还有部分旁观者是以自

① 亚当·斯密．道德情操论［M］．北京：商务印书馆，1997：136.

我实现的需求作为关注“人肉”事件的原因，他们认为这样一起事件对自身来说具有非常大的意义，对于自我社会价值和个人价值的实现都有重大帮助。然而成就动机却并未成为大学生网络看客关注行为的主要因素，网民并没有寄希望于通过“人肉搜索”来获取人际交流欲与扩大人际关系网以及个人成就感，这似乎也更加预示着大学生网民选择关注“人肉搜索”只是无意识之下的不自觉行为，个人成就在这样一种集体行为中被缩小，个体的成就与满足远没有集体成果获取来得重要，且一旦集体智慧取得巨大突破，集体所带来的荣誉感和强大的光环也会把个人荣耀吞没。

为了解清楚何种动机对网民的影响最大，本文还以是否关注“人肉搜索”事件为因变量，以集体无意识、情感动机、好奇动机、利他动机以及自我实现动机为自变量进行多元逻辑回归分析。结果显示（表6），自我实现动机与看客的关注行为也未呈显著相关性，与成就动机类似，未对个体行为造成影响。而通过 B 的系数指数可见，集体无意识动机对旁观群体关注“人肉搜索”行为的影响最大，其次是好奇动机，利他动机对网民群体的影响最小。集体无意识动机影响下产生的是“群氓心理”，人们失去多位个体时所具有的理性批判能力，其后果往往就是，要么跟随“意见领袖”的意见进入多数人的洪流，要么不知所向沦为网络看客。他们失去理性的批评能力，进而衍生成一种畸形的广场式的网络狂欢。① 匿名状态之下人们对事件的群体无意识成为驱使旁观者关注“人肉搜索”事件的最大动力。

表6　“人肉搜索”看客关注行为与动机回归分析表

		集体无意识动机	情感动机	好奇动机	利他动机	自我实现动机
是否关注过相关事件	Exp（B）	0.845 *	0.736 *	0.797 *	0.792 *	0.680
	N	349	349	349	349	349

*. 在 $P<0.05$ 水平上显著相关

a. 参考类别是：从未关注

通过以上研究发现，本文关于关注动机的假设基本成立，除成就动机以及自我实现动机以外，集体无意识、情感动机、好奇动机、利他动机对大学生网民旁观群体皆有正向影响，且集体无意识动机成为这些旁观动机当中影响最大的一个，因出于无意识之下对事件的旁观心理成为大学生网

① 冯丽．无形与正义之手：论作为一种网络维权行为的“人肉搜索”——“人肉搜索”的多种面相、困境及出路探析［J］．经济师，2014（04）：14.

民群体关注“人肉”事件，做出类似“越轨”行为的主动因。

RQ3：大学生网民旁观群体会选择旁观哪些“人肉”事件？这些事件具有怎样的特点？

通过表7可以发现，揭露权力滥用、贪污腐败的公权力事件是大学生网民看客最关注的“人肉搜索”事件，其次是道德事件和社会救助事件。首先就“公权力”本身来说，它是人类共同体为生产、分配和供给公共物品和公共服务，促进、维护和实现社会公平正义，而对共同体成员进行组织、指挥、管理，对共同体事务进行决策、立法和执行的权力。① 而“人肉搜索”当中的公权力事件则主要是指在公权力施行人员、管理人员即我们常说的政府、机关、事业单位工作人员身上发生的“人肉”事件，这类事件最大的特点就是与“权力拥有者”息息相关，似乎每个普通百姓都想要了解与“管我们的人”有关的个人信息。“平时一旦有一些贪污腐败分子（官员，笔者注）的消息放出来，我就会非常兴奋，就会立刻点进去（网页、论坛，笔者注）看，就是特别想要知道他们到底做了多少对不起他们的身份、对不起我们的坏事。而且每当看到这些消息就会忍不住多看两眼，觉得他们太可恨了！”（访谈M1）而网民的选择似乎也与我们的政治制度相关，蒂利和塔罗曾经对类似于“人肉搜索”的行动剧目与政治制度的关系进行分析。他们认为：“强能力而不民主的政权体制以秘密反对派和短暂的对抗为其特色，弱能力而不民主的政权则成为世界上大多数内战的承受者，弱能力的民主政权集中了超乎其应承受的军事政变以及各种发生在诸语言、宗教或种族群体之间的斗争。”② 处于弱势地位的中国网民选择了“人肉搜索”作为对占主导地位的强势主体造成影响的行为方式。然而随着中国地区网络的快速发展，并能够被广大受众使用，网络的规章与监督也成为中央政府重视的问题，有关政治议题和其他宗教、种族等敏感话题的网站也常被迅速封闭，人民不被鼓励在网上发表政治言论，网络从业者出于对政府可能采取制裁措施的畏惧，也会主动密切监控网络上的政治言论。③ 出于此背景，网民的弱势群体特征愈发凸显，他们更加希望能够变得强大，因此代表公权力的“人肉搜索”事件才能够对大学生网民产生巨大的吸引力。

---

① 百度百科．公权力［EB/OL］．http：//baike. baidu. com/view/228972. htm.

② 查尔斯·蒂利，西德尼·塔罗．抗争政治［M］．李义中，译．北京：译林出版社，2010：57.

③ 侯政男，蔡宗哲．严格控制下的激情、监督与淡定：中国大陆网站人肉搜索行为之理论建构探讨［J］．中华传播学刊，2013（24）：74.

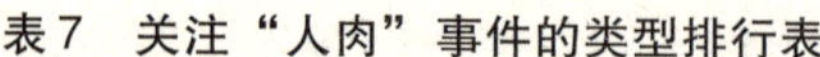
表7　关注“人肉”事件的类型排行表

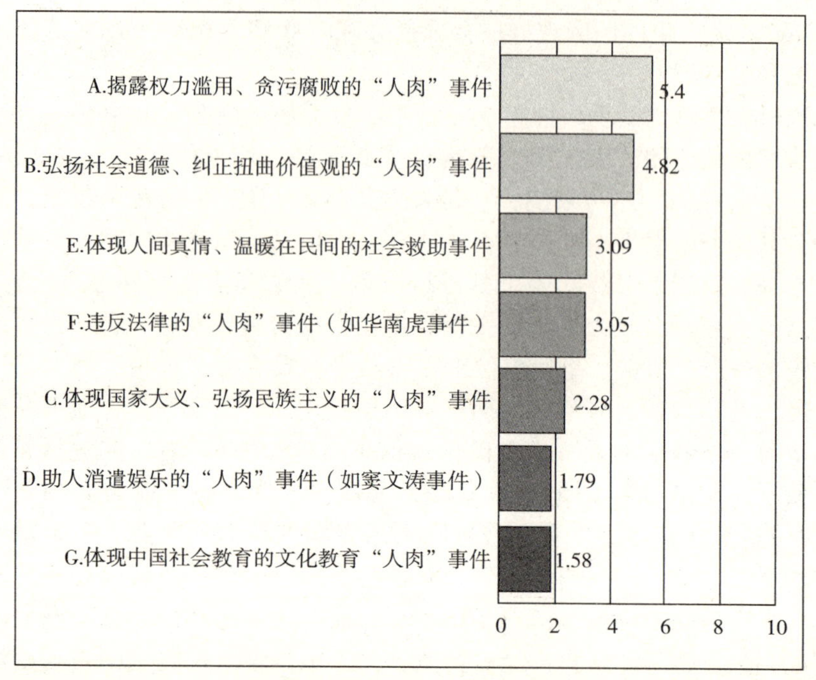

而道德事件与社会救助事件都有一个共同的特点，那就是充分体现了作为“人肉搜索”主体的“我们”的主观意识以及主动行为，普通人、大众在这两种“人肉”事件中被无限放大，即使是平民百姓也能够通过行为上的改变以及意识上的出格或出彩获得万众瞩目，成为世人关注的焦点。人们使用网络，利用“人肉搜索”，不仅得到了使用高科技获取信息的快感，更在心中形成了获得关注的满足，自我的社会价值得到了充分体现。“人肉搜索有很多的优点。例如，如果有人走丢了，特别是小孩子。大家可以通过人肉搜索的方式，帮助家长和警方将孩子找回来。除此之外，也可以通过人肉搜索向公安机关提供关于犯罪嫌疑人、证人等的信息，帮助警方尽快破案。”（访谈 M4）“‘人肉搜索’之所以能够实现，其前提是人们享受用道德话语建构事件的过程，参与其中会使参与者得到‘维护正义’和‘道德审判’的快感。事件披露依托于网络媒介，传播过程不断得到网民的认同和参与，因此，无论是参与搜索的网民，还是社会公众，对‘人肉搜索’事件的认知、判断也是在用话语生产新的意义。”①

① 李岩，李东晓．道德话语的生产性力量及中国式“人肉搜索”的勃兴［J］．浙江大学学报（人文社会科学版）预印本，2009（05）：174.

毋庸置疑，公权力事件是大学生看客的首选，“人肉搜索”似乎帮助人们把难以被看穿、像被隔了一层黑纱的拥有公权力的群体放在了无数聚光灯之下而被透析得一清二楚。而“网络旁观”这种虚拟参与式的快感又使大学生看客对“道德审判”以及“维护正义”的“人肉”事件保持高度热情。这三种事件类型俨然已成为看客获取个人最大满足的“标配大餐”和“视觉盛宴”。

RQ4：大学生网民旁观群体最想了解一起“人肉”事件的哪些信息？

本文对问卷中网民对于“人肉”事件信息了解欲望点的统计分析发现（表8），大学生旁观者最关注“人肉”事件的梗概以及事件起因。这对普通民众来说是最基础的需要，如果没有对事件的整体把握，那其他任何信息对非事件直接参与者来说都难起作用，因为“碎片化”的信息填充是不能给人们以任何完整的心灵体验的。除事件梗概及起因之外，当事人是否现身说话、当事人的真实身份、当事人的代表性言行亦是旁观者们想要了解的信息，且数据显示这三类信息的选择度几乎一致（近20%）。而这三类事件信息都有一个共同特点——它们都与当事人的私人信息高度关联。人类探寻自身与外界事物不同的最大动因非好奇心莫属，它也是人类文明产生的重要推动力，但往往也成为矛盾和纠纷的肇事者。一旦好奇心朝向对他人隐私的探究，就成了“窥私”心理。要是这种心理从个体发展成群体，则容易导致集体窥私行为的出现。[①]“基本上只要有人肉搜索的事件出现，如果我会有兴趣去关注的话，他们（指‘人肉搜索’事件当事人，笔者注）的个人信息我是最想要知道的，比如说他是做什么的啊，家庭情况啊，他们到底是做了一些什么事还是说了什么话才被‘人肉’的啊，等等。”（访谈M3）“人肉搜索”不仅为网民的集体行为提供了技术保障，还成为“乌合之众”迅速群聚而起的条件，由于“群体永远漫游在无意识的领地，会随时听令于一切，表现出对理性的影响无动于衷的生物所特有的激情，他们失去了一切批评能力，除了极端轻信外再无别的可能”[②]。由一个个拥有“群氓”心理的个体聚集而成的群体极易在集体无意识的形态之下产生强烈的“窥私”欲望。

对事件的完整知晓度为旁观者了解一起“人肉”事件的基石，在这一基石之上，群体对个人信息的集体“窥私”被发挥得淋漓尽致，好奇心永

① 冯丽．无形与正义之手：论作为一种网络维权行为的“人肉搜索”——“人肉搜索”的多种面相、困境及出路探析［J］．经济师，2014（04）：14.

② 古斯塔夫·勒庞．乌合之众［M］．冯克利，译．北京：中央编译出版社，2004：89.

远是挖掘事件真相的最大动力。

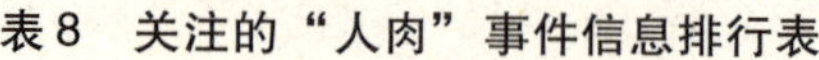

表8 关注的“人肉”事件信息排行表

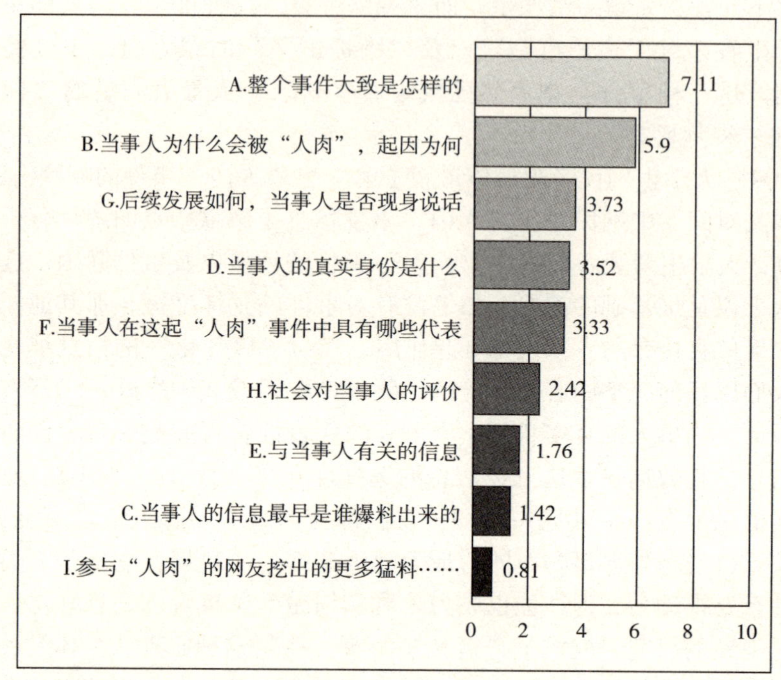

RQ5：大学生网民旁观群体在旁观线上“人肉”行为后，线下或者线上是否会做出一些行为举动？对他们有何影响？

表9展现的是大学生网民们对“人肉搜索”对自身影响问题的最终统计数据，通过对数据分析能够看出，看客对调研表述中的五大事后行为的表述基本上保持中立态度，但持否定观点的人略占多数。

表9 大学生网民看客对“人肉搜索”的关注后行为表

选项	非常不同意	不同意	一般	同意	非常同意	均值	标准差
Q6	30（8.6%）	81（23.21%）	152（43.55%）	83（23.78%）	3（0.86%）	2.85	0.910
Q7	31（8.88%）	97（27.79%）	140（40.11%）	78（22.35%）	3（0.86%）	2.79	0.921
Q8	36（10.32%）	126（36.1%）	128（36.68%）	57（16.33%）	2（0.57%）	2.61	0.899
Q9	33（9.46%）	67（19.2%）	138（39.54%）	102（29.23%）	9（2.58%）	2.96	0.983
Q10	49（14.04%）	77（22.06%）	153（43.84%）	69（19.77%）	1（0.29%）	2.70	0.951

然而通过对每一项表述与旁观者是否关注过“人肉搜索”事件所进行

的单因变量多因素方差分析发现，看客对五种关注态度和行为的看法还是不一致的。从表 10 中发现，关于关注“人肉搜索”的事后四种行为与网民对“人肉搜索”的关注度有相关性的，分别是 Q6：在了解完一起“人肉”事件之后我会产生和大多数网友一样的对整个事件的看法；Q7：在了解完一起“人肉”事件之后我会产生和大多数网友一样的对当事人的态度；Q9：在了解完一起“人肉”事件之后我会去搜索有关该起“人肉”事件的其他新闻；Q10：在了解了一起“人肉”事件后我会把它运用到我平时的学术作品、学术研究以及艺术创作当中，即表明越关注“人肉搜索”。

表 10　大学生看客的关注行为与关注后行为方差分析表

单变量方差分析						
		Q6	Q7	Q8	Q9	Q10
是否关注过“人肉搜索”事件	F 值	2.766	3.568	1.031	4.368	3.191
	显著性	0.027	0.007	0.391	0.002	0.014
	N	348	348	348	348	348
在 P<0.05 水平上显著相关						

网民对以上四种态度和行为越表示支持，关注欲望越强烈的看客越容易在群体极化中产生与集体相似的观点和态度，并做出与大部分群体类似的举动。“如果我对一起‘人肉’事件非常非常感兴趣的话，在玩手机或者用电脑看到有关于这起事件的相关新闻报道，我就会不由自主地点进去。”（访谈 M3）“我认为我对大部分‘人肉’事件的看法应该是与大部分网友保持一致的！”（访谈 M4）。这可以被看成是群体从众心理。

人作为一种社会动物，总是力图从周围环境中寻求支持，避免陷入孤立状态，这是人的社会天性。为了防止因孤立而受到社会惩罚，个人在表明自己的观点之际，首先要对周围的意见进行观察，当发现自己属于“多数”或“优势”意见时，便倾向于积极大胆地表明自己的观点；当发现自己属于“少数”或“劣势”意见时，就会屈于环境压力而转向“沉默”或附和。[①]“一旦人们被聚集在一起，并融为一个群体，他们就失去了各自的鉴别力。当一个人独处时，他服从对真理的尊重，知道什么是理智和道

① 郭庆光. 传播学教程［M］. 北京：中国人民大学出版社，1999：219.

德，而当他作为群体的一员时，其所作所为就完全背道而驰了。”[①] 大众的集体行为是具有相似倾向的人的聚集，来自群体的刺激仅仅会影响个体固有倾向的强度。[②]

因此，研究发现，“人肉搜索”事件对大学生网民旁观群体会产生影响，且对事件关注程度越高、关注欲望越强烈，事件对人影响则会越深厚，群体对事件产生的态度及行为表现越趋同，群体意识体现在个体身上的影响愈深刻。

RQ6：大学生网民亚群体之间对人肉搜索的认知以及反应是否有差别？差别体现在何处？

对该问题的回答需要用到大学生群体内部的具体状况与多种认知态度和行为状况的相关性分析。对旁观动因的研究因数据量巨大且分析工作复杂，故本文只对大学生群体内部之间对“人肉搜索”的简单认知态度进行探析，具体说来是是否参与、是否关注、是否认同“人肉搜索”行为三项。

通过对调查对象个人信息方面的统计发现，个人信息调研部分的问题6、9、10的选择分布较为极端，故在此项研究中不把这三项纳入研究范畴，做剔除处理。如表11显示，通过变量性质的不同，依次进行显著性分析发现，信息维度的不同与对“人肉搜索”的三种态度无明显显著性差异及相关性（表11），即在关于是否参与、是否关注、是否认同的认知上，性别、学校、专业、接触网络时间点、上网时长的不同并未造成认知上的巨大差异。但数据中的受教育程度与是否关注过“人肉搜索”事件以及选择以交友聊天为上网目的与是否直接参与过“人肉搜索”皆有显著相关性，教育程度越高则越关注“人肉搜索”事件，以交友聊天为目的的网民越容易直接参与到“人肉搜索”行为当中。

大学生群体内部之间教育程度高低是群体知识沟差异的体现，随着时代的变迁，知识沟依然存在，且呈现扩大化趋势。对拥有更高教育背景以及更多学术经历的大学生网民群体来说，他们掌握更优质的信息资源和社会资源，见识也更为广阔，更倾向于也更易于发表自身看法，往往拥有充分的话语引导力。

---

① 塞奇·莫斯科维奇．群氓的时代［M］．徐列民，等，译．南京：江苏人民出版社，2006：133.

② 郝永华，周芳．人肉搜索的第一个十年（2001—2012）：基于集体行为理论的实证研究［J］．现代传播，2013（300）：129.

表 11　大学生亚旁观群体与对“人肉搜索”态度显著性分析表

表现 / 显著性 / 群体特征	是否亲自参与过“人肉搜索”事件	是否关注过“人肉搜索”相关事件	总体上是否认同“人肉搜索”行为
性别	0. 669	0. 307	0. 992
所在学校	0. 542	0. 051	0. 147
教育程度	0. 056	0. 002	0. 433
专业	0. 915	0. 839	0. 067
接触网络时间段	0. 670	0. 718	0. 424
上网时长	0. 238	0. 757	0. 948
上网目的：浏览新闻	0. 429	0. 219	0. 722
上网目的：交友聊天	0. 048	0. 873	0. 634
上网目的：办公学习	0. 403	0. 784	0. 748
上网目的：娱乐游戏	0. 060	0. 273	0. 568
上网目的：网上购物	0. 375	0. 817	0. 588
在 P<0. 05 水平上显著相关			

而就喜爱使用互联网进行交友聊天的网民来说，出于交流以及自我实现的目的，想要在聊天中有话题、成功地结交朋友就必须比其他人掌握更加充足、即时性的信息，而想要最大限度地了解一起事件，直接参与其中无疑是最佳的选择，“当事人”永远比“旁观者”拥有更加权威的话语权。“我觉得如果我真的想要了解一起‘人肉’事件的真相的话，那就只有自己去找（答案）了。”（访谈 M1）

同样是大学生看客，他们之间在教育程度以及上网主要目的上所体现的不同的群体内部特征直接导致了他们对“人肉搜索”的认知态度以及行为表现的不同，大学生网民群体内部对人肉搜索的认知及反应是略有差别的。

五、结语

本文试图通过对大学生网民旁观群体即网络看客对“人肉搜索”行为的认知态度和行为状况进行问卷调研并对相关人群进行深度访谈，了解“人肉搜索”这一集体行为在大学生网民群体心目中的整体认知状况以及相关行为反应。

研究分别从六个角度对主体展开调研和讨论，并对这六个研究问题提出了相关假设。研究发现，第一，大学生看客极少真正直接参与到“人肉搜索”中去，而且他们总体上对“人肉搜索”行为是表示不认同的，在他们心中，这种行为不仅夸张、略无聊，而且还违反法律。

第二，大学生网民是出于集体无意识动机、情感动机、好奇动机、利他动机等社会动机与心理，才对“人肉搜索”行为保持关注热情和关注度。集体无意识动机是他们旁观“人肉搜索”这一网络集体行为的主因。

第三，旁观公权力事件是大学生看客关注“人肉搜索”的首选，此外，“道德审判”以及“维护正义”的快感又使得他们对事关社会道德与社会救助的“人肉”事件也保持高关注度。

第四，了解一起“人肉”事件的基本信息和起因是大学生看客对这起“人肉”事件发起关注行为的前提条件，在这一前提条件之下对事件产生旁观兴趣之后会出于“窥私”心理对事件相关当事人的个人信息保持高知晓欲望。

第五，大学生旁观群体们在关注一起“人肉”事件之后会受到事件的影响，亦会产生和绝大部分网民一样的对当事人的看法，对待“人肉”事件的态度也近乎相似，并会搜集更多有关该起“人肉”事件的新闻与信息，他们对事件的关注程度与该起事件对其的影响度是成正比的。

第六，大学生网民群体内部之间的态度也不尽相同，教育程度高的大学生网民会更加关注“人肉”事件，以交友聊天为主要上网目的的大学生网民会更加直接地参与到“人肉”事件的搜索行为当中。

以上对大学生网民旁观群体对“人肉搜索”认知态度以及行为状况的研究与笔者之前提出的假设基本吻合，印证了笔者在研究之前对“人肉搜索”看客的想法和观点。对“人肉搜索”事件中的旁观群体心理及行为进行研究，有助于在正确分析群众心理机制的背景之下发挥“人肉搜索”对旁观群体的正确引导和积极作用。

本研究主要以量化研究法作为探讨大学生网民旁观群体“人肉搜索”态度

及行为的方式方法，一并发掘现实理念中的特殊现象呈现。研究主要不足体现在样本的选取数量和选择范围上，样本量较小以及选取范围的地域限制不足以完全代表整体的想法，其次问卷中调研问题的设计也略有缺陷，未来研究建议可扩大研究范围继续调查或采以质化研究方式延续探讨“人肉搜索”相关群众集体行为现象之解析，为后续相关研究可持续发展增添新方向。

附录：大学生网民旁观群体对“人肉搜索”认知态度与行为状况调查问卷

亲爱的同学：

您好！首先感谢您参与此次问卷调查，填写问卷可能会占用您几分钟的时间，您的回答将有助于我的研究顺利进行，对于您的支持和帮助，我表示深深的感谢！

本问卷旨在对“人肉搜索”在大学生群体中的认知态度以及大学生对“人肉搜索”具体的行为状况进行调研，除特别注明外，以下所有题目均为单选，请在相应选项上打“√”或在横线上填写。调研结果仅用于本人的学位论文研究。问卷采取匿名的方式进行，请根据您的实际情况和真实感受填写。

再次感谢您的支持与帮助，谢谢。

一、您的基本信息部分

1. 您的性别：________

A. 男　B. 女

2. 您所在的学校：________

A. 上海大学　B. 复旦大学　C. 同济大学　D. 上海交通大学　E. 上海财经大学　F. 华东政法大学　G. 上海理工大学　H. 其他

3. 您目前受教育的程度：________

A. 大一　B. 大二　C. 大三　D. 大四　E. 研究生　F. 博士生

4. 您的专业：________

A. 文史类　B. 理工类　C. 艺体类　D. 其他

5. 您接触网络的时间段是：________

A. 小学　B. 初中　C. 高中　D. 大学

6. 您通常上网的工具是：________

A. 台式电脑　B. 手提电脑　C. 手机　D. 其他

7. 您每天的上网时长是：________

A. 1 个小时以内　B. 1 ~ 3 个小时　C. 3 ~ 5 个小时　D. 5 个小时以上

8. 您上网的主要目的是（多选题，可选1~3项）：________

A. 浏览新闻　B. 交友聊天　C. 办公学习　D. 娱乐游戏　E. 网上购物　F. 其他

9. 您认为网络对您的影响是：________

A. 给生活带来了方便和乐趣　B. 在生活中可有可无

C. 产生了很大的影响，已经成为日常生活的一部分　D. 其他

10. 您主要的信息获取渠道是：________

A. 电视　B. 报纸　C. 广播　D. 网络

二、大学生群体对“人肉搜索”认知态度及行为状况的调查部分

1. 您是否亲自参与过“人肉搜索”：________

A. 是　B. 否

2. 如果您没有亲自参与过“人肉搜索”，那么您是否关注过相关事件：________

A. 经常关注　B. 偶尔关注　C. 从未关注

3. 您总体上认同“人肉搜索”行为吗：________

A. 非常认同　B. 认同　C. 一般　D. 不认同　E. 非常不认同

4. 您会关注哪些类型的“人肉搜索”事件，请按您的关注度选择四项并按关注程度由高到低进行排序：________

① 揭露权力滥用、贪污腐败的“人肉”事件（如“表哥杨达才事件”）

② 弘扬社会道德、纠正扭曲价值观的“人肉”事件（如“郭美美事件”）

③ 体现国家大义、弘扬民族主义的“人肉”事件（如“流氓外教案”）

④ 助人消遣娱乐的“人肉”事件（如“窦文涛激吻女郎事件”）

⑤ 体现人间真情、温暖在民间的社会救助“人肉”事件（如“犀利哥事件”）

⑥ 违反法律的“人肉”事件（如“华南虎事件”）

⑦ 体现中国社会教育的文化教育“人肉”事件（如“五道杠少年事件”）

5. 当您关注一起“人肉”事件时最想知道什么，请按您的关注度选择四项并按关注程度由高到低进行排序：________

① 整个事件大致是怎样的

② 当事人为什么会被“人肉”，起因为何
③ 当事人的信息最早是谁爆料出来的
④ 当事人的真实身份是谁
⑤ 与当事人有关的人的信息
⑥ 当事人在这起人肉事件中具有哪些代表性言行
⑦ 后续发展如何，当事人是否有现身说话或做出何种反应
⑧ 社会对他（她）的评价
⑨ 参与“人肉”的网友挖出的更多猛料，比如当事人的历史行为

【下面有一些句子表述，你在多大程度上赞同这些表述？备选答案中有 5 个等级，从第 1 级“非常不同意”到第 5 级“非常同意”，请在最符合自己情况的等级上划“√”。】

	非常不同意 1	不同意 2	一般 3	同意 4	非常同意 5
1. “人肉搜索”行为侵犯个人隐私、犯法					
2. “人肉搜索”这样的行为很无聊					
3. “人肉搜索”这样的行为太夸张					
4. “人肉搜索”不利于社会和谐安定，容易引发网民的偏见					
5. 有关“人肉搜索”的事件自有相关部门会处理，不需要我们瞎操心					
6. 对自己来说，关注“人肉搜索”有巨大的积极意义					
7. 我就是想要了解别人的隐私					
8. “人肉”事件中网民搜集到的资料十分具有可信度					
9. 我非常渴望通过“人肉搜索”了解事情真相					
10. “人肉搜索”能够帮助了解事情真相，加速事件解决					
11. 关注“人肉”事件我会觉得很开心					
12. 通过“人肉”事件了解到事情真相之后感觉内心舒畅、很满足					

（续表）

	非常不同意1	不同意2	一般3	同意4	非常同意5
13. “人肉搜索”有助于社会惩恶扬善，好人能够通过“人肉搜索”行为得到应有的帮助					
14. 我希望“人肉”事件中的坏人得到应有的惩罚与批评					
15. “人肉搜索”能够满足我的个人兴趣及求知欲					
16. 通过了解某“人肉”事件可以与他人进行顺利交流					
17. 在关注“人肉”事件期间我经常与他人谈论“人肉”事件					
18. 通过他人谈论“人肉”事件我能够交到志同道合的朋友					
19. 与他人交谈“人肉”事件能够给我带来满足感与成就感					
20. “人肉”事件给我带来的讨论他人的自由感					
21. 关注“人肉”事件能够帮助我打发时间，使我的生活更加充实					
22. 关注“人肉”事件能够放松我的心情，达到娱乐效果					
23. 身边人都关注“人肉”事件且“人肉”事件十分热门，所以我不看不行					
24. 在了解完一起“人肉”事件之后我会产生和大多数网友一样的对整个事件的看法					
25. 在了解完一起“人肉”事件之后我会产生和大多数网友一样的对当事人的态度					
26. 在了解完一起“人肉”事件之后我会默许其他网友对当事人的做法					
27. 在了解完一起“人肉”事件之后我会去搜索有关该起人肉事件的其他新闻					
28. 在了解了一起“人肉”事件后我会把它运用到我平时的学术作品、学术研究以及艺术创作当中					

附录　安徽大学舆情与区域形象研究中心简介

安徽大学舆情与区域形象研究中心成立于2010年12月，是安徽大学“211工程”三期重点建设项目。中心以安徽大学新闻传播学院为龙头，以“深耕安徽、辐射全国、舆情研判、形象建构”为基本定位，协同政、产、学、研优势资源，面向安徽经济社会发展的重大需求，紧扣社会转型期的新现象、新问题与新矛盾，着重在舆情监测与研判、民意调查与分析、区域形象建构三个研究方向开展研究，为政府公共政策的制订提供决策咨询，为区域形象的建构提供舆情研判，为地区软实力的提升提供智力支持。

中心拥有国内领先的网络舆情监测软件系统和安徽省内最大的电话调查实验室，设备总资金300余万元。

中心可以对国内特别是安徽省的舆情进行常态监测，定期发布监测调查报告或年度调查报告。同时，针对国家大政方针、政府的重大决策、重大公共事件等进行专项调查，现已形成一批具有代表性和影响力的研究成果。

“十二五”期间，中心承担国家社科基金项目4项（重点项目1项）、省部级项目3项、横向课题8项，召开全国性学术研讨会3次，完成省政府有关单位委托研究课题2项，发布各类研究报告50余份。

中心现已成为安徽省教育厅人文社科重点研究基地、安徽大学协同创新中心，每年举办“舆情与社会发展论坛”“安徽舆情热点事件年度研讨会”等多种形式的学术活动，定期出版《舆情与社会发展论坛论文集》《安徽舆情与社会发展年度报告》，编辑提交舆情与区域形象等方面的研究报告或决策参考。

学术资源

安徽大学新闻传播学院雄厚的科研力量为中心的发展提供了丰富的学术资源，新闻传播学院下辖的国家级实验教学示范中心与本中心优势互补，已成为安徽大学教学科研的两大重要平台。同时，中心积极与复旦大学传播与国家治理研究中心、中国人民大学新闻与社会发展研究中心、中山大学大数据传播实验室、人民网舆情监测室、新华社安徽分社等国内知名机构开展学术交流与合作。

人才资源

安徽大学舆情与区域形象研究中心现有专兼职研究人员 19 人，其中教授 4 人，具有博士学位 10 人，“教育部新世纪优秀人才支持计划” 2 人。聘请复旦大学传播与国家治理研究中心主任李良荣教授，教育部“新闻传播与媒介化社会研究基地”主任、复旦大学新闻学院童兵教授，北京师范大学新闻传播学院执行院长、中国人民大学新闻与社会发展研究中心主任喻国明教授，美国威斯康星-麦迪逊大学传播艺术系潘忠党教授，中山大学传播与设计学院院长、大数据传播实验室主任张志安教授，人民网副总编辑、舆情监测室秘书长祝华新先生等为中心特聘研究员，这些专家学者的加入扩大了中心的学术影响力。

技术资源

中心下设网络舆情监测实验室和访谈调查实验室。网络舆情监测采用国内领先的“互联网舆情监测系统”，该系统应用到信息采集、智能检索、自然语言理解、数据管理等关键技术，可以有效辅助开展互联网舆情监测分析工作，对海量网络信息进行全方位的掌握，对监测对象舆情发展进行分析研判。民意访问调查采用 CATI 系统（计算机辅助电话调查系统）、CAPI（计算机辅助面对面调查系统），可以迅速直接地进行民意调查，及时掌握社会民情动态。

（扫描二维码关注安徽大学舆情与区域形象研究中心微信公众号）

编后记

2016年11月12日，由安徽大学新闻传播学院主办，安徽大学舆情与区域形象研究中心、安徽大学舆情与区域发展协同创新中心承办的“舆情与社会发展论坛（2016）”成功举行，70余位学界专家、业界嘉宾与青年学者齐聚安徽大学。

本届论坛的主题为“传播革命的挑战与机遇：新改革时代下的国家（区域）治理”，收到了来自复旦大学、中国人民大学、北京师范大学、中山大学、中国传媒大学、武汉大学、南京师范大学、苏州大学等全国30余所高校、科研机构的专家学者与青年学子的88篇投稿论文，经过严格的匿名评审，共有30篇论文入围论坛宣讲，现遴选其中的部分论文结集成册，公开出版。

在论坛的开幕式上，复旦大学传播与国家治理研究中心主任李良荣教授、北京师范大学新闻传播学院执行院长喻国明教授、中山大学传播与设计学院院长张志安教授、澎湃新闻常务副总编辑李嵘先生先后发表了主旨演讲。

李良荣教授以“新常态下的舆情和舆情研究”为题，高屋建瓴地总结出新常态下网络舆情的基本特质与发展态势，他认为当今的网络舆情是各种力量相互对峙、挤压的“博弈场”——“有政府的一元意志和网民多元化需求的冲突，有政府的意志和资本追求的博弈，有各个资本之间的残酷厮杀，有政府和各种社会力量的对决。”

喻国明教授在《舆情治理的复杂性原理》中分享了他的最新研究成果。他认为目前互联网造成的最大的革命性改变是把社会行为主体从过去的单位“降解”到个人，个人成为社会行为、社会权利的基本主体。这种改变也对舆情治理提出了新的要求——“如今社会性传播已经兼具大众传播、群体传播特别是人际传播的复合属性，因此不能仅靠摆事实、讲道理来说服人，而要以关系传播和情感传播为主要传播手段。我们过去所忽略的非逻辑、非理性的成分在今天的社会说服中扮演着越来越重要的角色。立场、态度、情绪等要素比事实、理性在社会说服方面更为重要。”

张志安教授则立足学术研究的维度，聚焦“新媒体与舆论研究的问题意识”：“新媒体既是舆论生成和表达的平台，也影响着舆论氛围和内容。”因此，“新媒体和舆论研究应保持历史性视角，将规范研究与经验研究相结合，保持对公共舆论形成过程的宏观洞察，避免走向数字倾向主义”。

李嵘副总编辑以“澎湃新闻：新媒体浪潮下的闪展腾挪及媒体人的应对”为题，全面总结了澎湃新闻的运作模式和操作方式。在此基础上，他进一步指出，传统媒体的转型必须要与网络的融合发展紧密勾连，因此，“只有正确认识并坚守传统媒体的核心优势，运用新的互联网思维，利用好社交网络平台，通过形式更多样、内容更广泛的信息与生活服务，构建属于我们自己的生态圈，才能成功打造出媒体互联网产品”。

结合前三届论坛的成功经验，本次论坛设立了三场“理论研讨”和一场“业界论坛”。“理论研讨”包括论文宣讲、嘉宾点评、现场讨论三个环节，旨在探讨2016年舆情研究的新发现和新走向。不仅入选的论文质量上乘，而且学术互动也是层见叠出，精彩纷呈。

安徽大学姜红教授的《“可见性”赋权——舆论是如何“可见”的》着力探察舆论研究的新路径，运用“可见性”赋权对“舆论”的三个要素——主体、客体和本体进行重新审度，分析社会化媒体出现后“舆论”的内涵和意义正在发生的演变，从而对“舆论如何是可能的”这个命题作出新的探索和回答。

南京师范大学邹军教授的《从个人管理到全球共治：互联网治理的历史变迁与未来趋势》指出全球互联网治理在经历了个人管理到以互联网名称与数字地址分配机构为核心的“网络化治理”后，正在迈向“赋权社群”主导的、基于“多利益攸关方”模式的全球共治。

河海大学张杰教授的《新媒体慈善行为的情感动力机制研究——基于情感社会学的视角》运用情感社会学的同情理论，发展出新媒体慈善行为的情感动力模型：“移情—信任—同情—慈善行为。”

中国人民大学李彪副教授的《社群传播时代网络流行语的传播机理研究——基于2011—2015年的网络流行语分析》采取定量研究的方法对网

络流行语的流行热度影响因子进行研究，探讨网络流行语得以生成及传播的内在机理以及影响网络流行语流行热度的因素。

…………

这些论文从研究视野到研究方法，均可圈可点，值得细细品读。

本次“业界论坛”以“转型中的区域发展与舆论引导”为主题，邀请了政府官员、媒体精英、舆情业者，通过对2016年安徽舆情与社会热点事件的梳理与分析，切实勾连“产”“政”“学”“研”，把脉转型中的安徽发展与舆论引导，为实现社会善治提供智力支持。

自2010年安徽大学舆情与区域形象研究中心成立至今，“深耕安徽、辐射全国、舆情研判、形象建构”已成为本中心的核心定位。这些年来，我们一直紧扣经济社会发展的重大需求，在网络舆情监测与研判、民意调查与分析、重大决策效果测量与评估、区域形象建构与评判等方向开展了卓有成效的工作。

连续举办四届的“舆情与社会发展论坛”，始终坚持“理论视野，现实关怀，规模控制，质量为先”的基本原则，也已在本领域内积累了一定的知名度和美誉度。本套书的连续出版就是我们努力的见证。为此，我们首先要感谢所有与会的学者、嘉宾以及踊跃为论坛投稿的朋友们，是你们的热情让我们从来不敢有半点懈怠。其次，感谢安徽大学新闻传播学院全体师生的大力支持，感谢舆情中心学术部主任李小军老师、行政秘书曹丹丹、科研秘书周彤以及中心学工部各位研究生小伙伴们的辛勤付出。最后，我们还要感谢合肥工业大学出版社朱移山副社长和责任编辑张慧女士，他们细致专业的工作为本书增色不少。

刘　勇

2017年7月27日

于40摄氏度的合肥

（作者系安徽大学新闻传播学院副院长、安徽大学舆情与区域形象研究中心执行主任、安徽大学舆情与区域发展协同创新中心执行主任。）